KB262681

기록·기록관리 지식정보원 시리즈③

국가기록관 지식정보원

노영희·한미경 공저

KSI 한국학술정보㈜

머리글

    기록의 역사는 인류의 역사와 함께한다. 기관 그리고 개인의 업무수행이나 활동진행과 더불어 생산 또는 형성된 기록을 접수·수집하여 체계적으로 관리함으로써 과거를 오늘에 있게 하고 미래로의 전진을 가능케 한다. 종이에 기록되다가 인쇄의 발명과 더불어 시공을 초월하여 유통되었고, 이제는 종이와 전자매체뿐만 아니라 웹상에 기록되어 전 세계에서 실시간으로 이용되기에 이르렀다.

    2006년 공중파 방송의 한 프로그램을 통하여 진주대첩 영웅으로 널리 알려진 김시민 장군과 2007년 8월 처음으로 공개된 이순신 장군의 '선무 공신교서'들은 당시 역사의 산 증거이자 오늘의 우리를 있게 하는 중요기록이기도 하며, 관련 연구에도 매우 큰 보탬이 될 것이다. 한편 기존의 역사적 사건이나 이에 대한 주장과 학설에 관한 새로운 기록이 발견되면서 인류의 문화나 문명과 관련된 중요 내용이 반전 또는 역전되기도 한다. 이처럼 기록의 가치와 영향력은 가히 무한하다 할 수 있다.

    기록은 기록되면서부터 어떠한 방식으로든 관리되었다고 할 수 있다. 다만 근대적인 기록의 관리는 1789년 프랑스혁명의 발발로 시작되었고, 현대적인 기록관리는 1920년 미국의 '국립기록관(Natioanl Archives) 설치법안' 통과와 제1차 세계대전 이후 공공기록물관리에 주력하면서 시작되었다. 유구한 기록의 역사를 지닌 우리나라의 현대적인 기록관리는 1999년 '공공기관의기록물관리에관한법률(2006년 '공공기록물관리에관한법률'로 전부 개정)'이 제정되면서 본격화되었다. 현재 각종 기록관리 관련 법률이 개정 및 제정되고, 지방기록물관리기관, 즉 시도기록관의 설립이 본격화되고 있으며 민간기록물의 집중적인 수집과 관리가 계획·진행되고 있다. 따라서 전문적인 각종 기록관에서의 실무와 교육기관에서의 기록전문가 교육을 위하여 기록관리 관련 각종 지식정보원에 대한 조사와 연구의 필요성이 대두되고 있다.

이러한 필요성에 따라 기획된 '기록·기록관리지식정보원 시리즈'는 기록관련 세계의 기구·단체 및 기록관, 다양한 기록류, 그리고 각종 관련 정보와 정보원을 대상으로 조사한 것이다. 구체적인 발간 목적과 조사방법 및 내용 등은 다음과 같다.

첫째, 기록과 기록관리학에 관심이 있는 일반인과 학생들, 그리고 실무종사자에게 유용한 기록 및 기록관리 관련 지식정보원 제공을 목적으로 하였다.

둘째, 해당 내용은 관련 기구와 단체 및 기록관의 안내서와 보고서, 홈페이지, 홍보자료, 연감(yearbook), 통계자료 등을 통하여 조사하였다. 일부 필요한 경우 전화나 전자우편을 통한 의뢰와 상담을 통하여 보충 조사하였다.

셋째, 기록 및 기록관리 관련 기구, 기관, 단체, 그리고 기록관을 대상으로 조사하였다. 구체적인 관련 정보는 성격, 목적, 연혁, 특성, 기능, 주요사업과 최근사업, 한국과의 관계 등을 대상으로 하였다.

넷째, 기록 및 기록관리 관련 기구, 기관, 단체, 그리고 기록관에서 생산 또는 제공하는 정보원에 대하여 조사하였다. 구체적인 관련 정보원은 출판물(publications) 및 문서류(documentations), 연속간행물, 보고 및 보도자료, 데이터베이스 등을 대상으로 하였다.

본 시리즈의 정보자료 수집과 편집 등에 노고를 아끼지 않은 영국 멘체스터대학(Univ. of. Manchester, UK) 박사과정의 임소진 연구원과 건국대학교 송영림 연구원에게 지면을 빌어 감사드린다.

2009. 5. 1.

노영희·한미경

일러두기

1. 기구의 선정

세계의 국가기록관을 대상으로 101개국의 120여 개관이 조사되었으며, 이들을 해당 세계지역별로 구분하고 다시 국가별로 구분하여 국가기록관명과 홈페이지 중심으로 간략하게 수록하였다. 그리고 본서의 주요 국가기록관 및 정보원 소개의 대상이 되는 국가기록관은 제삼언어 기반의 국가기록관을 제외한 세계의 국가기록관을 중심으로 총 38개국의 43개를 선정하여 상세하게 조사하였다.

2. 기구의 종류

기본적으로 세계 각국의 국가기록관을 대상으로 하였으며, 일부 제2국가기록관 역할의 역사기록관도 포함하였다. 한편, 나라에 따라서는 국가적 차원의 행정기구와 서비스 및 시스템 등이 국가기록관의 기능을 수행하기도 하여 이 또한 포함하였다.

3. 기구의 구분

일차적으로 국제연합교육과학문화기구(UNESCO)의 세계 지역 구분을 참조하여 (1)북미, (2)유럽, (3)남미 및 카리브해, (4)아프리카, (5)아시아 및 태평양 등으로 구분하였다. 이차적으로 각 세계 지역 구분하에서 국가별로 구분하여 각국의 국가기록관을 수록 또는 소개하였다.

4. 수록 내용

본서는 세계의 국가기록관에 대한 정보와 생산·소장·제공되는 기록물 및 정보원에 대한 내용을 수록하고 있다. 각국의 국가기록관에 따라 해당되지 않는 항목의 내용은 생략되었으며, 일부 국가기록관만의 특징적인 내용은 항목을 추가하여 수록하였다.

첫째, 세계의 국가기록관 이해를 위하여 기본적인 각국의 정보를 수록하였다. 이는 각 국가에 대한 이해를 돕는 기본 사항으로 국가기록관과 별개로 처리하였다. 즉, 각 국가기록관 소개부분의 소재사항 중 소재국가의 각주로 처리하였다. 구체적으로 (1)국가의 기본 성립 또는 독립과 관련되는 정보, (2)정식명칭, (3)수도, (4)면적, (5)인구, (6)주요민족, (7)인구구성, (8)주요언어, (9)종교, (10)통화 등을 수록하였다. 만약 한 국가에 두 개 이상의 국가기록관이 있을 경우 처음에 수록되는 국가기록관의 소재국가 부분에서만 해당 국가의 기본사항을 수록하였다.

둘째, 국가기록관 관련 내용은 (1)소재사항(주소, 전화, 팩스, 전자우편, 홈페이지 등), (2)성격, (3)설립연혁, (4)설립목적, (5)운영지침, (6)조직, (7)주요업무, (8)주요활동, (9)관련 법률, (10)주요사업, (11)최근사업, (12)프로그램, (13)프로젝트, (14)주요 서비스, (15)정보보호체계, (16)관련 기관, (17)국제활동, (18)산하 기록관 등을 수록하였다.

셋째, 주요 생산·소장·제공 기록물 및 정보원 관련 내용은 (1)정보원 열람 및 배포 정책, (2)소장기록물, (3)기록그룹(fonds), (4)기록물(정보원) 검색, (5)정보원 종류, (6)정보원 관련서비스, (7)출판물, (8)문서류, (9)데이터베이스, (10)CD－ROMS, (11)보고자료, (12)보도자료, (13)산하 도서관과 기록관, (14)관련 정보원 제공 전문단체 등을 소개하였다. 일부 제공 정보원의 언어가 영어가 아닌 특정 언어의 경우 해당 제공언어를 관련 부분에 특기하였다.

5. 수록순서

수록순서의 기준은 기본적으로 각 국가기록관의 영문 약어명의 알파벳순으로 하였으며, 영문명이 없을 때는 해당 언어명의 한글 발음 가나다순으로 하였다. 각 국가기록관의 명칭은 약어명, 영문명, 해당 언어명(해당 기록관의 경우), 한글명의

순으로 수록하였다.

6. 국기·국장 및 마크

국가기록관의 국기와 국장 그리고 국가기록관 마크 또한 수록하였다. 국기와 국장을 수록한 이유는 국가기록관이 해당 국가를 대표하는 중앙기록물관리기관이고, 일부 국가기록관 마크의 경우 해당 국가의 국기와 국장이 적용되고 있기 때문이다.

7. 약어표 및 색인

본서는 독자의 이해를 돕기 위하여 약어표와 색인을 수록하였다. 본서의 수록대상의 국가기록관에 대한 약어표 외에 본 시리즈 ①의 국제기구 약어표와 ②의 주요기구의 약어표를 권두부분에 실었다. 색인의 경우 수록대상 국가기록관에 대한 국문색인과 영문색인으로 구분하여 권말부분에 수록하였다.

약 어 표

국가기록관 약어표(기록·기록관리 지식정보원 시리즈 ③)

국 제 기 구 약어표(기록·기록관리 지식정보원 시리즈 ①)

주 요 기 구 약어표(기록·기록관리 지식정보원 시리즈 ②)

국가기록관 약어표

(기록 · 기록관리 지식정보원 시리즈 ③)

AF   Archives of the Federation – Bosnia and Herzegovina
보스니아 · 헤르체코비나연방기록관

AG   Archives of Georgia
그루지야기록관

AGAD   Central Archives of Historical Records in Warsaw Archiwum Główne Akt Dawnych w Warszawie
바르샤바중앙역사기록관

ANZ   Archives New Zealand
뉴질랜드기록관

ARS   Archives of Republic of Srpska
스르프스카공화국국가기록관

ARS   Archives of the Republic of Slovenia
슬로베니아공화국기록관

ASA   Archives State Agency
불가리아정부기록관

ASM   Archives of Serbia and Montenegro
세르비아 · 몬테네그로기록관

CSA   Croatian State Archives
크로아티아정부기록관

JARD   Jamaica Archives & Records Department
자메이카기록국

KNADS   Kenya National Archives and Documentation Service

	케냐국가기록 · 도큐멘테이션서비스
LAC	Libraries and Archives Canada
	캐나다도서관 · 기록관
LSAS	Lithuanian State Archival System
	리투아니아정부기록시스템
NA	National Archives
	영국국가기록관
NAA	National Archives of Andorra
	안도라국가기록관
NAA	National Archives of Australia
	호주국가기록관
NAAT	National Archives Administration of Taiwan
	臺灣檔案管理局(國家檔案典藏所)
	대만당안관리국(국가당안전장소)
NAB	National Archives of Bahamas
	바하마국가기록관
NAE	National Archives of Estonia
	에스토니아국가기록관
NAF I	National Archives of France I
	프랑스국가기록관 I
NAF II	National Archives of France II
	프랑스국가기록관 II
NAF III	National Archives of France III
	프랑스국가기록관 III
NAH	National Archives of Hungary
	헝가리국가기록관

NAI	National Archives of India
	인도국가기록관
NAI	National Archives of Ireland
	아일랜드국가기록관
NAJ	National Archives of Japan
	日本國立公文書館
	일본국립공문서관
NAK	National Archives of Korea
	한국국가기록원
NALE	National Archives of Library of Ethiopia
	에티오피아국가기록관 · 도서관
NAM	National Archives of Malaysia
	말레이시아국가기록관
NAN	National Archives of Netherlands
	네덜란드국가기록관
NAN	National Archives of Norway
	노르웨이국가기록관
NARA	National Archives and Records Administration(The National Archives)
	미국국립기록청(미국국가기록관)
NARS-SA	Natioal Archives and Records Service-South Africa
	남아프리카공화국국가기록서비스
NAS	National Archives of Sweden
	스웨덴국가기록관
NAS	National Archives of Singapore
	싱가포르국가기록관

NAT   National Archives of Tunis
            튀니지국가기록관

SAAC   The State Archives Administration of the People's Republic
            of China
            中華人民共和國檔案局(中央檔案館)
            중화인민공화국당안국(중앙당안관)

SAP   State Archives of Poland
            폴란드정부기록관

SARM   The State Archives of the Republic of Macedonia
            마케도니아공화국정부기록관

SASL   State Archival System of Latvia
            라트비아정부기록시스템

SHAC   The Second Historical Archives of China
            中國第二歷史檔案館
            중국제이역사당안관

SNA   Slovak National Archives
            슬로바키아국가기록관

中國第一歷史檔案館
            중국제일역사당안관

국제기구 약어표

(기록 · 기록관리 지식정보원 시리즈 ①)

ACARM Association of Commonwealth Archivists and Records
Managers
영연방기록전문가와기록물관리자협회

AIAF Association Internationale des Archives Francophones
프랑스어권국가의국제기록전문가협회

ARMA International

Association of Records Managers and Administration,
International
국제기록관리자및행정가협회

ARMS UN Archives and Records Management Section
유엔기록관리부

ARSC Association for Recorded Sound Collections
음향기록컬렉션협회

AsF Archivists without Borders
국경없는기록전문가

BAAC Baltic Audiovisual Archival Council
발트해연안국시청각기록협의회

CE－LAD Council of Europe, Library and Archives Division
유럽의회도서관 · 기록국

EBLIDA European Bureau of Library, Information and Documentation
Association
도서관 · 정보 · 도큐멘테이션협회유럽지부

ECPA   European Commission on Preservation and Access
유럽기록보존및접근위원회

GA   General Assembly
유엔총회

IADA   International Association of Book and Paper Conservators
국제서적및문서보존가협회

IAMIC   International Association of Music Information Centers
국제음악정보센터협회

IAML   International Association of Music Libraries, Archives and
Documentation Center
세계음악도서관 · 기록관및도큐멘테이션센터협회

IASA   International Association of Sound and Audiovisual Archives
국제음향및시청각기록관협회

ICA   International Council on Archives
국제아카이브스협의회

ICBS   International Committee of the Blue Shield
국제블루실드위원회

ICCROM   The International Center for the Study of the Preservation
and Restoration of Cultural Property
세계문화유산보존및복구연구센터

ICOMOS   International Council on Monuments and Sites
세계유물및유적지협의회

ICRM   Institute of Certified Recirds Managers
기록관리사인증기구

IDA   Informieren Dokumentieren Archivieren
여성도서관 · 기록관 · 도큐멘테이션센터기구

IFFA/FIAF	International Federation of Film Archives
	국제영상기록관연맹
IFHRO	International Federation of Health Record Organization
	국제건강기록기구연맹
IFLA	International Federations of Library Association and Instotutions
	국제도서관협회연맹
IFTA/FITA	International Federation of Television Archives
	국제텔레비전기록연맹
IIC	International Institute for Conservation of Historic and Artistic Works
	국제역사작품및미술작품보존협회
ILAB	International League of Antiquarian Booksellers
	국제고서적상리그
IRMT	International Records Management Trust
	국제기록관리신탁
JICPA	Joint IFLA/ICA Committee for Preservation in Africa
	아프리카기록보존IFLA/ICA합동위원회
OSA	The Open Society Archives
	개방사회기록관
PAC	International Federation of Library Association Core Programme for Preservation and Conservation
	IFLA보존과유지를위한핵심프로그램
PARBICA	Pacific Regional Branch International Council on Archives
	국제아카이브스협의회태평양지역위원회
PIAF	Portail International Archivistique Francophone

프랑스어권국가의국제기록전문가포털

SOLINET Southeastern Library Network, INC

미국남동부도서관네트워크

UN Documentation Centre

유엔도큐멘트센터

UNESCO Archives

유네스코기록관

UNESCO MOW

Memory of the World

유네스코세계기록유산

UNESCO MOWCAP

Memory of the World Committee for Asia/Pacific

유네스코아시아 · 태평양세계기록위원회

WBGA The World Bank Group Archives

세계은행기록관

WITNESS 위트니스

주요기구 약어표

(기록 · 기록관리 지식정보원 시리즈 ②)

AAA	Association des Amis des Archives Diplomatiques
	외교아카이브스동맹협회
AABC	Archives Association of British Columbia
	브리티시컬럼비아기록협회
AAC	Archivists and Archives of Color Roundtable
	유색인종관련기록전문가및기록라운드테이블
AACF	Association Archives du Communisme Français
	프랑스어권공산주의아카이브스협회
AAF	Association des Archivistes Français
	프랑스기록전문가협회
ABAA	Antiquarian Booksellers Association of America
	미국고서적상협회
ACA	Academy of Certified Archivists
	공인기록전문가아카데미
ACA	Association of Canadian Archivists
	캐나다기록전문가협회
ACPEI	Archives Council of Prince Edward Island
	프린스에드워드섬아카이브스협의회
ACWR	Archivists for Congregations of Women Religious
	여성종교집회기록전문가
AMA	Association for Manitoba Archives
	매니토바주기록협회

AMARC	Associations for Manuscripts and Archives in Research Collections
	연구장서메뉴스크립트및기록협회
ANLA	Association of Newfoundland and Labrador Archives
	뉴펀들랜드및러브라도기록협회
ARANZ	Archives & Records Association of New Zealand
	뉴질랜드기록및레코드협회
ART	Archivists Round Table of Metropolitan New York
	메트로폴리탄뉴욕기록전문가라운드테이블
ASA	Australian Society of Archivists
	호주기록전문가사회
ASGRA	Association of Scottish Genealogists and Research in Archives
	스코틀랜드기록계보학자및연구자협회
ASLAA	Association of St. Louis Area Archivists
	세인트루이스지역기록전문가협회
BAC	Business Archives Council
	경영기록협의회
BAPH	British Association of Paper Historians
	영국종이역사가협회
BCA	Bureau of Canadian Archivists/Bureau Canadiens des Archivists
	캐나다기록전문가지부
BRA	British Records Association
	영국기록협회
CAARA	Council of Australian Archives and Records Authorities)
	호주기록및기록당국협의회

CAML	Canadian Association of Music Libraries, Archives, and Documentation Centers
	캐나다음악도서관 · 기록관및도큐멘테이션센터협회
CAR	Cleveland Archival Roundtable
	클리블랜드기록라운드테이블
CCA	Canadian Council of Archives
	캐나다아카이브스협의회
CHS	California Historical Society
	캘리포니아역사사회
CNSA	Council of Nova Scotia Archives
	노바스코샤기록관협의회
CoSA	Council of State Archivists
	주정부기록전문가협의회
EABH	European Association for Banking & Financial History e.V.
	유럽은행업무및금융역사협회
FoRA	Friends of Rotherham Archives
	로더함기록프렌즈
FRMA	Florida Records Management Association
	플로리다기록관리인협회
GNOA	Greater New Orleans Archivists
	뉴올리언스기록전문가기구
HKAS	Hong Kong Archives Society
	홍콩기록협회
JSAI	The Japan Society of Archives Institutions
	全國歷史史料保存利用機關連絡協議會
	전국역사사료보존이용기관연락협의회

JSAS	The The Japan Society for Archival Science
	日本アーカイブズ學會
	일본아카이브스학회
KAAM	Korean Association of Archives Management
	한국기록관리협회
KCA	Kentucky Council on Archives
	켄터키기록협의회
KSAS	Korean Society of Archival Studies
	한국기록학회
LAMA	Louisiana Archives and Manuscripts Association
	루이지애나기록및메뉴스크립트협회
MAA	Michigan Archival Association
	미시간기록협회
MARAC	Mid-Atlantic Regional Archives Conference
	애틀랜틱중부지역기록컨퍼런스
MLA	Museums, Libraries and Archives Council
	박물관 · 도서관 · 기록관협의회
NAGARA	National Association of Government Archives and Records Administrators
	정부기록관및레코드관리자국가협회
NCA	National Council on Archives
	영국국가아카이브스협의회
NEA	New England Archivists
	뉴잉글랜드기록전문가기구
NEARI	New England Archivists of Religious Institutions
	뉴잉글랜드종교기관기록전문가협회

NEHGS	New England Historic Genealogical Society
	뉴잉글랜드역사계보협회
NWA	Northwest Archivists
	노스웨스트기록전문가기구
NWRCA	North West Regional Archive Council
	북서부아일랜드기록협의회
NY SHRAB	New York State Historical Records Advisory Board
	뉴욕주역사기록자문위원회
NYAC	New York Archives Conference
	뉴욕기록컨퍼런스
RIKAR	Research Institute for Korean Archives and Records
	한국국가기록연구원
RMAA	Records Management Association of Australia
	호주기록관리협회
RMAS	Records Management & Archives Society of Korea
	한국기록관리학회
RMI	Records Management Institute
	기록관리연구소
RMS	Records Management Society
	기록관리협회
RMSJ	The Record Management Society of Japan
	日本記録管理學會
	일본기록관리학회
SA	Society of California Archivists
	캘리포니아기록전문가협회
SAA	Society of American Archivists

미국기록전문가협회

SAAC	The State Archives Administration of the People's Republic of China 中華人民共和國檔案局 중화인민공화국당안국
SAG	Scientific Archivists Group 과학기록전문가그룹
SALA	Society of Alabama Archivists 앨라배마기록전문가협회
SCAA	Saskatchewan Council for Archives and Archivists 서스캐처원기록및기록전문가협의회
SCAA	South Carolina Archival Association 사우스캐롤라이나기록관협회
SEAPAVAA	동남아시아 및 태평양시청각기록관협회 Southeast Asia－Pacific Audio Visual Archives Association
SFA	Society of Florida Archivists 플로리다기록전문가협회
SIA	Society of Indiana Archivists 인디애나기록전문가협회
SMA	Society of Mississippi Archivists 미시시피기록전문가협회
SNCA	Society of North Carolina Archivists 노스캐롤라이나기록전문가협회
SoA	Society of Archivists 기록전문가협회
SOA	Society of Ohio Archivists

| | 오하이오기록전문가협회 |
| | |

SOGA   Society of Georgia Archivists
조지아기록전문가협회

SRMA   Society of Rocky Mountain Archivists
로키산맥기록전문가협회

STA   Society of Tennessee Archivists
테네시기록전문가협회

UArchives   University Archives & Records Center
한국대학기록관협의회

檔案科學技術研究所
당안과학기술연구소

목 차

Ⅰ. 세계 기록관리의 법제화

1. 서양 기록관리의 법제화

선진적인 국가에서는 오래전부터 공공기관의 기록물들을 계획적이고 체계적으로 보존·관리하여 역사적 기록물로서의 사료뿐만 아니라 실생활에 활용되는 정보로 널리 이용하고 있다. 따라서 공공기관의 기록물은 기본적으로 기록 및 기록관리 관련법에 근거하여 수집·관리·보존되고, 기록물 정보공개법에 의하여 합법적으로 공개 및 활용되어야 한다.

1.1 미국

미국의 국가기록물에 대한 관리는 기본적으로 독립기관인 국립기록청(NARA: National Archives & Records Administration)에서 주관하고 있다. 그 산하기관으로 메릴랜드 컬리지파크의 제2국립기록청(Archives Ⅱ), 16개의 연방기록물센터, 13개의 지역기록보존소, 12개의 대통령기록관, 국가역사출판기록위원회와 기록물센터가 있다. 이들을 운영하는 기본 관련법으로 국립기록청법(44 U.S.C. Chapter 21, Section §2101－2118)[1]은 국립기록청장의 책임과 의무에 대한 각종 규정을 기술하고 있다. 그 규정내용을 보면 국립기록관리청 설립, 임원, 행정규정, 의회에 대한 보고, 수집, 기록물의 보존, 사용 및 폐기에 대한 책임, 기록의 보존, 정리, 복제 및 전시, 기록의 이용편의, 보존용으로 수집한 자료, 대통령기록관, 주간(州間) 협정보존소(Depository for Agreements between States), 영화필름, 사진 및 녹음자료의 보존, 보고, 위반사항의 시정, 책임의 한계 및 의회기록에 대해 기술하고 있다.

본 법률 중 제2107조 역사적 보존을 위한 기록물의 수집 a항에 의하면 "미국정부가 계속하여 보존할 만한 역사적 가치 또는 기타의 가치가 있다고 국립기록청

---

1) http://www.archives.gov/about/laws/nara.html

장이 판정한 연방기관, 의회, 의회의사당 또는 대법원의 기록물을 국립기록청에 보존하기 위하여 수집도록” 하고 있다. 또한 b항에 의하면 “국립기록청장은 생산된 지 30년 이상 지난 연방기관의 기록물로서 미국정부가 계속하여 보존할 만한 역사적 또는 기타 가치가 있다고 인정하는 기록물은 국립기록청에 이관토록 지시한다.”라고 규정하고 있다. 여기서 미국에서 말하는 역사적 자료란 제2101조 정의에 의하면 “역사적 또는 기념적 가치가 있는 도서, 서신, 서류, 문서, 팸플릿, 예술작품, 모형, 그림, 사진, 도면, 지도, 필름, 영화, 녹음 및 기타 물건 또는 자료”를 포함하고 있다. 제2110조 ‘기록의 이용편의’는 정보공개 및 열람에 대한 규정이다. 특히 제2118조 ‘의회의 기록’을 보면 상·하원의 사무청장은 각원의 회기가 종료되었을 때, 상·하원 및 소속의원회의 비현용기록물을 인수하고, 상·하원의 명령에 따라 이를 국립기록청에 이관하고 보존토록 규정하고 있다. 이는 국립기록청이 최종적인 영구기록물관리기구이기 때문이다.

그 외 국립기록청장과 총무처장관에 의한 기록물관리법(44 U.S.C. Chapter 29)[2]이 있다. 이는 연방정부기록물의 관리, 각 기관장의 의무, 기록물 검사, 기록물 선별절차 및 기준 등에 대해 규정하고 있다.

한편, 미국의 기록 및 기록관리 관련 법률로서 연방관보법(Federal Register, 44 USC Ch. 15), 대통령기록물법(Presidential Records, 44 USC Ch. 22), 신탁기금법(Trust Fund, 44 USC Ch. 23), 의회기록물법(Records of Congress, 44 USC Ch. 27), 연방기록물센터 기록관리법(Records Management/Federal Agencies, 44 USC Ch. 31), 기록폐기법(Disposal of Records, 44 USC Ch. 33) 등도 있다.[3]

---

2) ‘Records Management by Archivist of the United States and by the Administrator of General Services’ (http://www.archives.gov/about/laws/records - management.html)

3) http://www.archives.gov/about/laws/

1.2 영국

영국의 국가적 차원의 기록관리는 '공공기록법(Public Records Act 1958년 제정, 1967년 개정)'에 의하여 대법원장의 지휘 감독을 받는 국가기록관을 중심으로 이루어지고 있다. 영국의 기록물관리 및 보존업무 체계를 규정하고 있는 본 법률은 공공기록물에 대한 대법원장의 책임, 국가기록관의 기능과 역할, 공공기록물의 선별 및 보존, 보존장소, 기록물의 열람과 폐기, 공공기록물 및 인증사본의 법적 효력, 그리고 법원 기록관리 등에 대해서 규정하고 있다.[4] 본 법의 가장 큰 특징은 열람권을 중시하고 있다는 것이다.

한편 제4조 '공공기록물의 보존장소'를 보면, "대법관은 국가기록관 이외의 장소로서 기록물을 보관·보존할 수 있는 적절한 시설을 갖추고 있고 일반인이 이를 열람하기에 편리하다고 인정되는 장소는, 해당 장소의 기록물 보존에 책임을 지는 자의 동의하에 공공기록물의 보존장소로 지정할 수 있다."라고 규정하고 있다.

따라서 영국의 경우 지방기록관 외에 대학기록관이나 런던법학원 기록관 같은 특수기록관이 존재하며, 이 중 일부는 국가기록관으로부터 공공기록물을 보존하는 보존소로 승인을 받아 공공기록물을 보존 관리하고 있다. 국가기록관과 기타 보존소와의 법적 관계는 국가기록관이 해당 기록보존소의 공공기록물을 위탁 소장하고 있는 경우에만 성립한다(이상민 1997).

1.3 프랑스

프랑스의 기록관리제도와 체계에 대한 규정은 1979년에 제정된 '기록보존에 관한 법(Loi sur les archives)'에 의거한다. 본 법은 6장 32조로 구성되어 있으며, 공공고문서와 개인고문서 및 처벌조항 등에 대하여 기술하고 있다. 본 법의 특징

---

4) http://pro.gov.uk/about/act/act.htm

은 공공고문서에 대한 철저한 관리규정과 처벌 조항을 담고 있다는 것이다.

우선 공공고문서에 대한 관련 규정을 살펴보면, 제3조 3항에서 "공공문서는 소유주가 누구든지 간에 시효소멸이 없다."라고 규정하고 있으며, 제14조에서도 "역사적 문서의 분류는 시효소멸이 없다."라고 규정하고 있다. 또한 제20조에서는 "국가적인 문서 유산의 보호에 필요한 경우에는 국가가 고문서 관리당국의 중개를 통해 일반인에게 매매되는 사적인 고문서들에 대해서 우선매입권을 행사"하도록 함으로써 사적 기록물, 즉 민간기록물에 대한 철저하고 강력한 국가적 차원의 관리 책임 의지를 밝히고 있다(한상완 외 2002).

더불어 비밀유지와 역사적 기록에 대한 철저한 관리를 위해서 강력한 처벌조항을 두고 있는 것도 큰 특징이다. 제28조에 의하면 공무원이 직무 수행 중에 소지하였던 공문서를 착복한 경우에는 고의 유무에 상관없이 처벌하도록 하고 있으며, 제29조는 고문서 관리를 맡은 공무원들이나 대리인이 합법적으로 일반에게 공개될 수 없는 전문적인 기밀사항을 누설한 경우에도 형에 처하도록 규정하고 있다. 특히 제15조에서는 역사적 문서로 분류된 문서의 파괴 행위를 금하고 있으며, 제17조에서는 역사적 문서를 소유한 자는 고문서 관리당국에 고지하고 문서를 양도하도록 규정하고 있다. 또한 제19조에 의하면 개인고문서의 경매 담당공무원은 고문서관리당국에 매매시간과 장소, 문서의 유용성 등을 담은 의견서를 사전에 제출하도록 하고 있으며, 제30조에 의하면 이들 사항을 위반한 경우에도 처벌할 수 있도록 하고 있다.

1.4 독일

독일의 기록관리제도에 대한 근간을 이루는 법은 1988년에 제정된 '연방기록보존소법(Bundesarchivgesetz)'이다. 본 법은 독일 통일 이후인 1992년과 2002년에 개정되었으며, 연방기록보존의 설치 목적과 역할 및 연방기관의 기록관리에 대한 지도감독, 그리고 기록의 이관과 열람 등에 대해서 규정하고 있다[5].

연방기록보존소법은 제1조에서 기록의 학술목적의 이용을 규정함으로써 기록의 활용을 강조하고 있다. 제2조에서는 연방기관들이 생산한 기록 중에서 더 이상 공공 목적에 사용하지 않고 비밀을 유지할 필요가 없게 된 문서들은 연방기록보존소에 의무적으로 이관하도록 규정하고 있다. 그리고 제7조에서는 연방기록보존의 주된 업무는 '독일 역사와 관련된 연구업무'라고 명시하고 있으며, 제9조에서는 기록보존소에 근무하는 공무원들의 비밀 준수의무를 규정하고 있다. 본 법의 가장 큰 특징은 연방기록보존소가 독일 역사연구를 위해서 일반시민과 연구자들에게 기여해야 함을 강조하고 있다는 것이다(송기호, 소매실 2004).

2. 동양 기록관리의 법제화

2.1 중국

중국의 기록관리는 '중화인민공화국당안법(中華人民共和國檔案法)'을 근거로 하고 있다. 본 법은 6장 27조로 이루어져 있으며, 기록관리의 원칙과 기록관리기구들의 임무, 관리, 활용, 공개 및 위법자 처벌 규정 등을 기술하고 있다.

제2조에는 당안(檔案)에 대해 "과거와 현재의 국가기구 사회조직 및 개인이 정치, 군사, 경제, 과학, 기술, 문화, 종교 등의 활동을 통해 형성된 것으로 국가와 사회에 대해 보존할 가치가 있는 각종의 문자, 도표, 시청각자료 등 여러 형식의 역사기록"이라고 정의하고 있다. 제5조는 중국 기록관리행정의 대표적인 '통일영도(統一領導), 분급관리(分級管理)' 원칙을 제시하고 있다. 제4조와 제6조에서는 각급 인민정부가 당안 관리업무의 지도를 강화하고, 국가 당안행정 관리부문은 전국의 당안관리 업무를 주관하며, 현급 이상의 지방인민정부의 당안행정 관리부분

---

5) http://www.bundesarchiv.de

이 본 행정구역 내의 당안 관리 업무를 주관하도록 하고 있다.

그리고 제9조는 기록전문가에 대한 규정으로서 당안관리업무 담당인원은 직무에 충실하고 기율을 엄수하며 전문지식을 구비해야 한다고 명시함으로써 기록담당자의 전문성을 확보하도록 하고 있다. 제12조에서는 "박물관, 도서관, 기념관 등의 기관이 보존하고 있는 문물, 도서자료 또한 당안은 법률과 행정 법규의 규정에 따라 당해 기관이 자체적으로 관리할 수 있다."라고 규정하고 있다. 이는 당안관 이외 기관에서의 당안 보존 이용에 대해 포괄적으로 규정함으로써 당안의 중요성을 강조하고 있는 것이다.

당안의 공개 기한에 대해 언급하고 있는 제19조에서는 국가 당안관이 보관하고 있는 당안은 형성된 날로부터 30년이 경과하면 공개하도록 하고 있으며, 국가안전 및 중대한 이익과 기타 이유로 공개가 적당치 않은 경우에는 연기할 수 있도록 하고 있다. 제24조는 당안 관리에 대해 법적 책임을 부여하고 있는데, 특히 위법 행위를 통해 얻은 소득에 대해서는 몰수하며 판매 및 증여한 당안에 대해서 징발하도록 하고 있다.

그 외 2008년 현재 '전자공문서당안화관리임시시행규칙(電子公文歸檔管理潛行辦法 2003)', '예술당안관리시행규칙(藝術檔案管理辦法 2001)', '기업당안관리규정(企業檔案管理規程 2002)' 등을 제정하여 각종 당안을 체계적으로 수집·관리하도록 하고 있다.

2.2 일본

일본의 대표적인 기록관리 관련 법령으로 '공문서관법(公文書館法)'이 있다. 제5조 2항에 "지방공공단체가 설치하는 공문서관의 설치에 대한 사항은 해당 지방공공단체의 조례로 규정해야 한다."라고 기술하고 있듯이 설치관련 규정은 국립공문서관은 국립공문서관법을 기준으로, 지방공문서관은 지방공공단체의 조례에 따라 정하도록 되어 있다. 또한 문서보존관련규정에 관해서도 중앙정부의 경우는 각

성청(省廳)이, 지방정부의 경우에는 각 지방공공단체가 각각 독자적으로 제정·시행하고 있다.

수집대상 문서 또한 국립공문서관은 각성청의 국가행정문서를, 도부현 및 정부지정도시의 공문서관은 해당 지역에서 생산된 문서를 수집대상으로 한다. 영구보존문서는 일정 기간이 경과하면 이관 받아 보존하며, 영구보존대상이 아닌 문서들도 보존기한이 만료되면 생산기관과 협의하여 역사적 가치가 있는 공문서를 선별·보존하도록 되어 있다.

2.3 한국

우리나라는 1999년에 들어와서야 비로소 '공공기관의기록물관리에관한법률(법률 제5709호)'이 제정되고, 2000년 1월 1일부터 시행되었다. 이에 대한 시행령(대통령령 제17050호)과 시행규칙(행정자치부령 제78호)도 각각 2000년과 2001년에 제정·시행되었다.

그러나 기록물의 전자적 생산, 관리체계의 구축, 기록물의 공개, 열람범위의 확대, 기록관리의 표준화 및 전문화를 높이기 위한 제도의 마련 등 공공기록물의 관리에 관하여 필요한 사항을 정하는 한편, 그 밖에 현행 제도의 운영상 나타난 일부 미비점을 개선·보완하기 위하여 상기 법률을 전부 개정하였다. 즉 '공공기록물관리에관한법률(법률제8025호)'이 2006년 9월 8일 국무회의에서 의결되고, 10월 14일 전부 개정되어 2007년 4월 5일 시행되었다. 본 법률은 기록관리 대상을 종전의 공공기관 기록물뿐만 아니라 국가차원에서 보존할 가치가 있는 중요 민간 기록물로 확대하고, 국가기록관리위원회를 국무총리 소속으로 두고 기록관리 표준화 심의 등 기록관리 정책을 총괄토록 하고 있다.

한편, 각급기관 기록물관리 관련법령으로 국회 회의록의 발간 및 보존 등에 관한 규정, 국회기록물관리규정과 규칙, 법원기록물관리 규칙, 법원 문서 보존 관리 규칙, 헌법재판소 기록물관리 규칙, 선거위원회 기록물관리 규칙, 외교문서 보존 및 공개에 관한 규칙 등을 제정하였다. 이는 국가의 각급 기관의 특성에 따른 기록물관리 관련 법령들로서 기존 법령을 개정하거나 신규 제정한 것이다. 그리고 '지방자치단체 자료관 및 기록물전산관리시스템 설치지침'도 2000년 7월에 정부기록보존소(현 국가기록원)에 의하여 마련된 상황이다.

Ⅱ. 정부간행물의 이해

  정부간행물은 정부기관 또는 국가에서 생성되는 문서 또는 간행물로 국가기록관의 주요 수집 관리 대상자료이다. 따라서 본 장에서는 정부간행물의 정의, 특성, 유형, 분류 그리고 국내외에서의 이용에 대하여 살펴보기로 하겠다.

1. 정부간행물의 정의

  정부간행물 또는 정부기록물은 광의의 기록물 중의 하나이다. 따라서 기록물과 정부간행물의 정의에 대하여 먼저 살펴보겠다.

1.1 기록물의 정의

  기록 또는 기록물에 대하여 *문헌정보학용어사전*은 '기록(record)'이라 명명하며, "사용매체나 특성에 관계없이 영구히 보존되어야 할 문헌을 말하며, 목록이나 기입의 기준이 되는 문헌에 관한 데이터"라고 정의하고 있다. *기록관리학사전*에서는 "매체나 특성에 상관없이 기록된 정보(recorded information)"라고 하여, 문서와 도서를 포함한 모든 기록물(records)을 지칭하고 있다. 따라서 기록 또는 기록물은 모든 매체에 관계없이 인간이 표현한 데이터의 총칭이라 할 수 있다.

  기록물은 인간만이 가지는 고유한 특성으로서, 정부, 공공기관, 민간기관, 단체 그리고 개인 어느 곳에서든 생산·형성된다. 이 중에는 생산되자마자 즉시 소멸되는 것이 있고, 잠재적 또는 영구적 보존 가치가 있어 보존되는 것도 있다. 이 중 보존가치가 있는 자료를 '아카이브스(archives)'라고 한다. 그리고 기록 중에서 일정한 형식이나 주제로 모아 일정한 분량으로 인쇄하여 출판한 것을 '출판물(publications)' 또는 '도서(books)'라고 한다. 이러한 출판물의 일차자료가 되면서 유일성을 띤 원본을 '도큐멘츠(documents)'라고 하며, 광의로는 '레코드(records)'

라고 한다(최정태 2006, 22 – 29). 아카이브스(archives)는 그리스어의 'archeion'에서 파생된 말인데, '궁전(宮殿)', '정부(政府)의 집'을 뜻하고, '그 속에 보관된 기록물' 자체를 겸해서 쓰기도 한다. 아카이브스는 "업무수행에서 생산·수집된 레코드가 기록의 일생주기(the life cycle of record)에 따라 이용된 후 보존가치가 존속되는 기록"이다. 따라서 레코드와 아카이브스는 보존가치 측면에서 차이가 있음을 알 수 있다.

1.2 정부간행물의 정의

정부간행물(government publication)은 '정부기록 또는 정부기록물(government document; government reord)'로도 불리며, 법률상 조직된 정부기관이나 국제기구의 권한과 비용으로 발행되는 간행물로 보통 정부문헌, 공공문헌, 공공기록물 등으로 불리기도 한다. *문헌정보학용어사전*에서는 '정부 및 정부기관이 발행하는 출판물'로서 총서나 단행본일 수 있다. 국가 간 정부간행물 교환에 관한 유네스코 회의에서는 정부간행물을 "의회문서, 의회보고서나 연속간행물, 중앙 및 지방자치단체의 행정자료 및 보고서, 국가서지, 법전, 법원의 판례 등을 정부간행물로 규정"하고 있다. *기록관리학사전*에 의하면 정부간행물(official publications, government publication)은 "정부 및 정부기관이 법률 또는 현장의 요구에 의하여 정부가 재정을 부담하여 발행한 출판물"로서 총서나 단행본일 수 있다. 이때 정부의 범위에는 사법부, 입법부, 행정부를 포함한 중앙정부와 지방자치단체를 포함한 지방 정부 산하 각종 기관 및 연구소가 여기에 포함될 수 있으며, 더 확대하면 외국정부와 국제기구까지도 포함시킬 수 있다. '공공기록물관리에관한법률' 제3조 정의에 의하면 기록물이란 "공공기관이 업무와 관련하여 생산 또는 접수한 문서·도서·대장·카드·도면·시청각물·전자문서 등 모든 형태의 기록정보 자료와 행정박물"을 말하며, 이때 공공기관은 효율적이고 책임 있는 업무수행을 위하여 업무의 입안단계부터 종결단계까지 업무수행의 모든 과정 및 결과가 기록물로 생산·관리될 수 있도록 업무과정에 기반한 기록물관리를 위하여 필요한 조치를 강구하여야 한다(제16조 제1항).

일본의 경우 공문서(公文書)라고 명명하며, "국가가 정책을 시행할 때 작성한 문서"를 의미하며, 미국의 경우 미국법전 제44장(*USC Title 44*) 'Public Printing and Documents' 제19장(Depository Library Program) 제1901조 정의 부분에 의하면 정부간행물은 "법률에 의해 정부의 요구나 경비를 부담하여 개개인의 문서로서 간행되는 정보자료(information matter)"라고 정의되고 있다.[6] 특히 '정보자료'라는 표현은 정부간행물 역시 기록관이나 도서관 또는 정보센터의 주요 정보원의 하나로 취급하고 있는 정의라 할 수 있다.

종합적으로 정부간행물은 다양하게 정의되나 일반적으로 국가 또는 정부기관에서 재정을 부담하여 생산한 문서 또는 간행물을 이르며, 모든 형태의 정부정보원으로 정의될 수 있다.

2. 정부간행물의 특성

안인자(1993, 9-10)는 정부간행물의 특성을 1)공식출판물, 2)1차자료, 3)커뮤니케이션 통로, 4)정보원의 네 가지로 언급하고 있다. 이를 정리하면 다음과 같다.

첫째, 정부간행물은 국가가 직접 생산, 배포하는 공식출판물이다. 따라서 정부간행물은 그 나라의 정보와 활동사항을 파악할 수 있는 국가의 기본자료가 된다.

둘째, 정부간행물은 제1차적으로 작성되는 자료이다. 다시 말해 정부간행물은 정부기구의 예산과 인원, 그리고 조직력을 배경으로 하여 제1차적으로 작성되는 자료로서 이는 한 국가의 정치, 경제, 사회, 문화 등 제 분야를 포괄하는 실무적

---

6) http://frwebgate.access.gpo.gov/cgi-bin/getdoc.cgi?dbname=browse_usc&docid=Cite:+44 USC1901

인 자료일 뿐만 아니라 학술자료로서의 가치를 지닌다.

셋째, 정부간행물은 정부와 국민 간의 커뮤니케이션 통로의 역할을 한다. 현대에 있어서 정부간행물은 정부와 국민 간의 간접적인 의사전달 통로로서의 역할을 수행한다.

넷째, 정부간행물은 이용가능성이 매우 큰 정보원이다. 국가정보자료로서 정부간행물은 다양한 내용과 풍부한 양, 신빙성이 있는 데이터 등으로 현실적 및 잠재적 이용가능성이 매우 큰 정보자료(정보원)이다.

종합적으로 정부간행물은 국가가 제1차적으로 작성하여 직접 생산 및 배포하는 이용가능성이 매우 큰 정보원이자 정부와 국민 간의 간접적인 커뮤니케이션 통로라 할 수 있다.

3. 정부간행물의 유형

정부간행물과는 또 다른 용어로 '행정정보'와 같은 용어가 사용되고 있다. 이는 특히 전자정보법 제2조 제4호에 따르면 행정정보란 "행정기관이 직무상 작성 또는 취득하여 관리하고 있는 자료"라 이른다. 따라서 이해의 편리를 위하여 본 장에서는 행정정보와 정부간행물의 유형에 대하여 살펴보기로 하겠다.

3.1 행정정보의 유형

정부, 즉 행정기관이 직무를 수행하면서 작성 또는 취득 관리하는 자료인 행정정보를 유형화해 보면, 시차적 차원에 따른 정책 과정별 정보, 조직의 수직적 차원에 따른 단계별 정보, 수평적 차원에 따른 업무 기능별 정보 등으로 구분된다(이윤식 1994).

첫째, 정책과정별 정보유형. 이는 정책수행 과정에 따라 구별되는 정보유형으로 정책정보, 계획정보, 집행정보, 평가정보 등이 포함된다. 정책정보는 시정의 현황이나 과제나 논점, 장래예측, 정책 방침 등을 나타내는 것으로 시정 일반에 대한 판단자료가 되며 시의 회의록, 자치단체의 단기 계획, 예산의 개요, 결산분석, 각종 통계, 백서, 보고서 등이 있다. 계획정보는 정책정보보다 좀 더 상세한 것으로 다각적이고 종합적인 정보로서 보통 여러 개의 대안을 제시한다. 집행정보는 대부분 공권력의 행사에 관한 정보로서 인·허가, 보조의 기준, 규제의 범위 및 기준, 그리고 벌칙, 건설계획의 설계세목, 행정서비스 제공의 방법 등이 해당된다. 평가정보는 행정집행상황 및 효과에 관한 객관적인 평가를 표시한 정보이다.

둘째, 조직단계별 정보유형. 이는 직무수행의 각 조직단계별로 활용되는 정보유형으로서 그 특성에 따라 전략정보, 관리정보, 운영정보 등이 포함된다. 전략정보는 최고 관리층의 전략적인 계획수립 및 정책결정에 필요한 정보로 행정방침의 확립, 새로운 정책의 입안, 정책이나 사업 간의 조정을 위한 정보이다. 관리정보는 전술적 계획수립과 의사결정에 필요한 정보로 행정부처의 중간관리자들이 행정 활동의 성과를 측정하고 하위관리자들에 의하여 적용될 새로운 결정규칙들을 설정하고 조직활동에 필요한 제반 자원을 배분하는 데 요구되는 정보이다. 운영정보는 업무계획의 수립과 통제에 필요한 정보로 행정업무담당자인 하위관리자들이 운영통제를 하는 데 요구되는 정보이다. 업무정보는 업무상황, 문의상황 등에 관한 정보로 일상적이고 극히 정례적인 행정활동을 수행하는 데 필요한 정보로서 대개 일선 행정 근무자들에게 활용되는 단순정보가 이에 해당된다.

셋째, 업무기능별 정보유형. 이는 지방자치단체의 행정조직과 세출예산구조를 토대로 분류하는 정보유형으로 일반행정정보, 사회복지행정정보, 산업경제행정정보, 지역개발행정정보, 문화·체육행정정보, 민방위행정정보 등 6개의 대 기능별 정보로 분류된다. 이를 다시 직할시 및 도의 국 수준에서 대 기능별 정보로 나눌 수 있다. 따라서 직할시 및 도의 국 수준에서 기본적으로 기획관리·내무·재무분야의 정보, 사회복지·보건위생·환경녹지 분야의 정보, 농림·수산·상공·교통·

지역경제분야의 정보, 건설·도시개발·주택·수도분야의 정보, 문화공보·체육분야의 정보, 민방위·소방분야의 정보 등 19개 중 기능별 정보로 분류할 수 있다. 한편, 더 나아가 직할시·도의 과 수준의 60개소 기능별로 이것을 다시 154개의 세부기능별 정보로 세분화할 수 있다. 여기서 일반행정과 민방위행정은 유지기능에, 사회복지행정과 문화·체육행정은 복지기능에, 그리고 산업경제행정과 지역개발행정은 개발기능에 해당되는 정보로 파악된다.

이 외에도 행정정보는 유형정보와 무형정보로 구분할 수 있다. 유형정보는 문서 및 대장, 도서, 도면, 사진, 필름, 테이프, 디스크가 주로 해당되는데 일반적으로 문서라고 한다. 무형정보는 형태가 없는 정보로 구두진술(발언)로서 회의가 주로 해당되는데, 회의내용이 테이프나 속기록 등에 의하여 매체에 수록되면 이는 유형정보로 구분된다.

3.2 정부간행물의 유형

최정태(2007)는 정부간행물을 발간기관별, 용도별, 저작자기준별, 공개 여부에 따라 구분하고 있으며, 이외에 정부부처별 유형과 함께 정리하면 다음과 같다.

첫째, 발간기관별 유형. 이는 입법부, 사법부, 행정부의 발간기관에 따라 구분된다. 미국 GPO Access의 'Resources By Brunch' 역시 이와 같은 유형으로 구분하고 있다.[7] 구체적으로 입법부자료(Legislative Resources)에는 법률제정자료, 의사록, 의사심의자료, 의회청문록, 서지 및 참고자료 등이 포함된다. 사법부자료(Judicial Resources)에는 법률자료, 법원간행물 외에 판결 및 판례 색인 그리고 법원공보 등이 포함된다. 행정부자료(Executive Resources)에는 행정법규와 규정집, 행정보고서, 행정통계자료, 행정요람, 백서, 공고·공보·공시자료, 홍보자료 등이 포함된다.

---

7) http://www.gpoaccess.gov/

둘째, 정부부처별 유형. 이는 당대 정부의 각 행정부처별에서 생산되는 상술의 행정정보 유형 중 업무기능별 정부유형과 유사하다. 이는 캐나다의 정부간행물 분류 경우8)와 이하 정부간행물 분류에 대한 한국국가기록원의 조직·기능별 검색과도 유사하다.

셋째, 용도별 유형. 여기에는 순수 행정기록자료, 전문가를 위한 연구자료, 일반인을 위한 정보자료 등이 포함된다.

넷째, 저작자별 유형. 이는 저작자의 유형이나 저작성격에 따른 기준이다. 여기에는 개인저작, 공동저작, 단체저작, 직무저작, 위탁저작, 편집저작 등이 포함된다.

다섯째, 공개여부별 유형, 이는 우선 대내자료와 대외자료로 구분한다. 대내자료는 비공개자료로서 비밀자료와 극비자료가 포함되며, 대외자료는 공개자료로서 실비배포자료와 일반시판자료로 구분된다.

그 외에도 한편 정부간행물의 외적 속성에 따라 일반문서류, 시청각류, 간행물류, 마이크로필름류 등으로 구분되기도 한다.

4. 정부간행물의 분류

정부간행물의 분류는 각국마다 다양한 양식을 보여주고 있다. 참고로 한국국가기록원은 국정분야별, 주제유형별, 조직·기능별로 정부간행물을 분류하고 있으며, 미국과 캐나다는 주제별로 분류하고 있다. 우선 한국의 정부간행물 분류를 표로 정리하면 다음 <표 1>과 같다.

---

8) http://publications.gc.ca/control/publicationProduct?productId=1967

〈표 1〉 한국의 정부간행물 분류

기준	항목	비고
국정분야별	공공질서, 과학기술, 교육, 국가보훈, 국무조정·감사·홍보, 국방·병무, 국토 및 지역개발, 노동, 농림해양수산, 문화체육관광, 법무·법제, 보건, 보육·가족·여성, 사회복지, 산업·중소기업, 수송 및 교통, 에너지 및 자원개발, 외교, 인사·조직·전자정부, 재난방재민방위, 재정·금융, 정보통신, 조달 및 물자관리, 지방행정·재정지원, 통계, 통상, 통일, 환경	
주제유형별	정책·제도, 사업, 역사적 사건, 인물, 조직·기구, 사건·사고, 조약·회담, 회의, 행사·이벤트, 기타	
조직·기능별	건설교통부, 경찰청, 공정거래위원회, 과학기술부, 관세청, 교육인적자원부 국가보훈처, 국무조정실, 국무총리비서실, 국세청, 국토관리청, 기상청, 기획예산처, 노동부, 농림부, 농촌진흥청, 문화관광부, 문화재청, 법무부, 법제처, 병무청, 보건복지부, 산림청, 산업자원부, 식품의약안전청, 여성가족부, 외교통상부, 재정경제부, 정보통신부, 조달청, 중소기업청, 통계청, 통일부	현 정부조직의 개각 및 개명된 부분이 반영되지 않았음.

다음으로 정부간행물에 대한 한국, 미국[9], 캐나다[10]의 주제별 분류를 살펴보면 다음 <표 2>와 같다. 그 중 미국의 경우는 주로 연방정부의 기록물(Fedeal Documents)을 대상으로 한 것이다.

이처럼 정부간행물의 주제별 분류 역시 각국마다 다양하게 적용하고 있음을 알 수 있으며, 이것이 결국 각국의 정부간행물 관련 기록관리의 다양성으로 연결되는 것으로 생각된다.

---

9) http://www.browsetopics.gov/

10) http://publications.gc.ca/control/publicationProduct?productId=1966

〈표 2〉 미국 · 캐나다 · 한국의 정부간행물 주제별 분류

국가	주제	비고
미국	Arts, Business & Economy, Computers & Internet, Defense & Military, Education, Environment, Health & Safety, History, International, People & Cultures, Politics & Law, Recreation & Travel, Reference, Science & Technology, United States	Health & Safety 외에 대체로 다르게 분류됨.
캐나다	Agriculture, Arts · Music · Literature, Economics and Industry, Education and Training, Form Descriptors, Government and Politics, Health and Safety, History and Archaeology, Information and Communications, Labour, Language and Linguistics, Law, Military, Nature and Environment, Persons, Processe, Science and Technology, Society and Culture, Transport	
한국	정책 · 제도, 사업, 역사적 사건, 인물, 조직 · 기구, 사건 · 사고, 조약 · 회담, 회의, 행사 · 이벤트, 기타	

5. 정부간행물의 이용

국내의 정부간행물 이용은 기본적으로 정부간행물 납본기관과 일부 대학도서관을 통하여 가능하며, 그 외 상업적인 기관에서의 구매를 통하여 이용가능하다. 한편 해외의 정부간행물 이용은 각국의 인터넷 리소스와 국내 주요 도서관의 관련 서비스를 통하여 가능하다.

5.1 국내 정부간행물의 이용

1) 정부간행물 납본기관

정부간행물은 정부의 업무활동과 관련된 공식 기록물로 정부의 많은 기록 중

정치·경제·사회·문화 전반에 걸쳐 생산되고 있는 국가적으로 매우 중요한 정책정보원 중의 하나이다. 이러한 정보원은 국민의 알권리 보장을 위해, 그리고 보다 나은 정책개발과 연구를 위해 국민에게 공개되어야 할 것이며, 이러한 요구를 충족시키기 위해 납본제도라는 것을 통해서 정부간행물을 국민에게 공개할 수 있는 제도를 마련해 놓았다. 우리나라의 경우 대표적인 기관으로 국립중앙도서관, 국회도서관, 국가기록원에서 정부간행물을 납본 받아 수집·정리하여 정부간행물의 보존 및 이용을 담당하고 있다.

국립중앙도서관의 자료수집은 납본, 구입, 기증, 국제교환 등에 의해 이루어지고 있으며, 1966년 한·미공문서 교환협정으로 정부간행물의 국제교류를 담당하고 있다. 국내 정부간행물은 도서관법 제3장 제20조에 의거하여 납본으로 수집하고 있다. 수집방법으로는 연초 정부부처, 지방자치단체, 정부투자기관 등을 대상으로 자료제출 협조 공문을 발송하여 납본 홍보를 하고 있다.

국회도서관은 1963년 국회도서관법의 제정으로 국회의 독립기관이 되었으며, 1964년 국회도서관법에 의해 납본이 개시되었고, 국회도서관법 제7조에 의거하여 국가기관, 지방자치단체, 기타 공공단체 및 교육·연구기관이 발행한 자료를 기증 받고 있다. 국가기관, 공공단체, 교육·연구기관, NGO 등 2,011개 처에 발간예정 목록 및 간행물 기증의뢰공문을 발송하여 단행본, 석·박사학위논문, 정기간행물, 법령 및 회의록, 세미나 및 공청회 자료, 팸플릿, 비도서자료 등을 광범위하게 수집한다.

국가기록원은 기록물관리법 제5장 제22조 2항에서 "공공기관은… 간행물을 발간한 때에는 지체 없이 당해 간행물 3부를 각각 관할 기록관 또는 특수기록관과 소관 영구기록물관리기관 및 중앙기록물관리기관에 송부하여 보존·활용되도록 하여야 한다."라고 규정하고 있다. 국가기록원의 수집·관리 대상이 되는 정부간행물은 발간등록번호를 부여받아야 하는 행정부, 입법부, 사법부, 헌법재판소, 중앙선거관리위원회, 군기관, 국가정보원 등 모든 국가기관 및 지방자치단체와 정부간행물의 송부의무만 있는 정부투자기관, 지방공사 및 지방공단, 특별법에 의하여 설립된 법인, 초중고등교육법 및 고등교육법 기타 다른 법률에 의하여 설립된 학교에서 생산된 10쪽 미만의 단순홍보 간행물을 제외한 모든 간행물이다.

그러나 국립중앙도서관은 문화관광부 소속 기관이고, 국회도서관은 입법기관인 국회의 소속이며, 국가기록원은 행정자치부 소속 기관으로, 세 기관이 모두 다른 모체기관에 소속되어 있고, 정부간행물의 통합 관리기구가 없으며, 일정한 기준이나 지침이 없이 개별적으로 운영되고 있는 것이 현실이다. 따라서 정부간행물 관리·서비스 부문에서 매우 비효율적이며, 게다가 중복투자의 문제까지 발생하고 있는 것이다.

한편, 그 외 납본규정으로 '법원사무관리규칙', '한국교육학술정보원법', '사료의수집및보존등에관한법률', '법원사무관리규칙', '정기간행물의등록에관한법률' 등이 있으나 '한국교육학술정보원법', '사료의수집및보존등에관한법률'을 제외하고 모두 강제규정임에도 불구하고 처벌규정이 없어 사실상 실효성이 낮다고 할 수 있다. 납본규정과 대상이 분산되어 있어 납본기관이 혼란스러울 수밖에 없다. 따라서 납본규정을 일원화하고 강제성 및 엄격한 처벌규정을 두어 정부간행물관리의 일원화 및 체계성을 기르도록 해야 할 것이다(홍현진, 노영희 2008).

2) 정부간행물의 구매

상술의 정부간행물 납본기관을 통한 주요 정부간행물의 기본적인 이용 외에도 정부간행물판매센터(http://www.gpcbooks.co.kr/me mber/member01.php)를 통하여 정부간행물을 구매할 수 있다. 정부간행물판매센터는 기본적으로 정부중앙부처, 정부산하기관, 연구원, 협회 및 단체, 주요경제단체, 언론기관, 연감류로 구분하여 분야별 판매 대상의 정부간행물검색을 제공하고 있으며, 이외에 도서명, 저자명, 출판사명으로 검색가능하다. 주요 판매대상이 되는 분야별 기관 등은 다음 표와 같다.

<표 3> 정부간행물판매센터의 정부간행물 구분

분야	해당기관명	비고
정부중앙 부처	외교통상부, 행정자치부, 보건복지부, 노동부, 건설교통부, 산업자원부, 재정경제부, 국방부, 문화관광부, 정보통신부, 환경부, 해양수산부, 교육부, 농림부	
정부산하 기관	국세청, 기획예산처, 기상청, 통계청, 경찰청, 한국은행, 서울시, 산업은행, 한국수출입은행, aT농수산물유통공사	현 정부조직의 개각 및 개명된 부분이 반영되지 않았음.
연구원	산업연구원, 한국조세연구원, 대외경제정책연구원, 세종연구소, 한국노동연구원, 정보통신정책연구원, 해양수산개발원, 한국교통연구원, 환경관리연구원, 한국행정연구원, 통일연구원, 한국환경정책평가연구원, 한국농촌경제연구원, 국방연구원, 한국금융연구원, 국립특수연구원, 한국직업능력개발원, 한국건설산업연구원, 서울시정개발연구원, 국제농업개발원, 보험개발원, 한국청소년개발원, 과학기술정책연구원, 한국금융연수원, 한국문화관광정책연구원, 보험연수원, 경기개발연구원, 국제무역경영연구원, 한국지방행정연구원, 충북개발연구원, 체육과학연구원, 외교안보연구원, 한국증권연구원, 한국노동연구원	
협회 및 단체	국사편찬위원회, 한국소방안전협회, 한강홍수통제소, 대한상공회의소, 한국간행물윤리위원회, 발명진흥회, 한국기계산업진흥회, 한국데이터베이스진흥센터, 한국전자거래진흥원, 한국전자산업진흥회, 한국원자력산업회의, 대한지방행정공제회	
주요경제 단체	대한무역투자진흥공사, 증권거래소	
언론기관	한국언론재단, 전자신문사, 한국관세무역연구원	
연감류	한국공단총람, 한국경제연감, 한국산업단지총람, 한국기업인총람, 중소기업체명부, 한국상품명감, 정보산업연감, 전자정보업체총람, 한국신문방송연감, 정보원총람, 한국대학연감, 한국학교명감, 보도사진연감, 정부조직편람, 문화공보연감, 전국통계연감, 한국대학연구소총람, 건설시공관리총람, 섬유연감, 갤럽여론조사총람, 한국민간단체총람, 환경법전, 종합환경용어사전, 동아연감, 보건연감, 지방행정구역연감, 연합연감, 한국연감, 인물연감, 한국민선시대인물대전, 한국지방자치멀티미디어백과(CD), 총람, 백서류	

　본 센터를 통한 정부간행물의 이용은 온라인상의 회원가입 승인 이후 정부간행물의 주문절차를 거쳐 실비로 구매해야 한다. 이는 특정 정부간행물의 열람이 요

구되는 경우 유용한 경로가 되기도 한다. 이 외에도 일부 상업적 목적의 온·오 프라인의 서점을 통하여서도 정부간행물의 구매가 가능하나, 다만 제공서비스가 완전하지 않은 아쉬움이 있다.

5.2 해외 정부간행물의 이용

해외의 정부간행물 이용의 경우 각국의 정부간행물 발간 및 배포 정책에 따라 상이하다. 일반적으로 국내에서의 해외 정부간행물 이용은 세계 각국의 정부기관 및 정부간행물 관련기관의 관련 서지류와 홈페이지를 활용할 수 있다. 이 외에도 국내에서의 해외 정부간행물의 이용을 위하여 국립중앙도서관의 각국과의 국제교 류 결과 제공되는 OPAC을 통하여 검색할 수 있으며, 각 주제별 자료실과 3층 정부간행물실에서 열람할 수 있다. 이하 국립중앙도서관과 각국과의 교류 등의 주 요내용은 국립중앙도서관의 정책서비스를 참조하여 보충 정리한 것이다.

1) 미국의 정부간행물 이용

미국은 1861년에 정부간행물출판국(GPO: Government Printing Office)을 창설하 였고, 1865년에 문서관리국(SuDocs: the office of Superintendent of Documents) 을 창설하여 정부간행물의 발간 및 배포를 총괄·관할하는 시스템을 운영하고 있 다. 정부간행물출판국(GPO)은 연방정부의 입법부, 사법부 및 행정부의 간행물을 출판·배포하며 이와 더불어 문서관리국을 감독한다. 문서관리국(SuDocs)은 정부 간행물의 판매, 정부간행물에 대한 목록과 색인 편찬, 기탁도서관에 정부간행물 배 포 및 특정 정부간행물 우송 등의 임무를 맡고 있다. 정부간행물출판국에서 발행 하는 대표적인 서지에는 *Monthly Catalog, PRF(Publication Reference File*, 마이 크로피쉬 형태), *Subject Bibliographies, New Books, U.S. Government Book* 등이 있다. GPO Access의 홈페이지(http://www.gpoaccess.gov)를 통하여 검색가능하다.

국립중앙도서관은 '한·미 정부간행물교류협정(Exchange of Official Publications Agreement between the United States of America and Republic of Korea, 1966)'에 의거하여 미국의 정부간행물을 수집하고 있다. 단행본, 연속간행물, 비도서 등 미국 입법부, 사법부, 행정부에서 발행되는 약 21만 종의 연방정부간행물을 소장하고 있다.

2) 캐나다의 정부간행물 이용

캐나다 정부는 정부간행물출판국(CGP: Canadian Government Publishing)을 운영하여, 각 정부부처에 출판서비스를 제공하고 다양한 형태의 정부간행물을 출판·배포하며 정부간행물 저작권 및 라이선스를 관리한다. CGP는 홈페이지(Government of Canada Publication, http://publications.gc.ca)를 운영하여 최근 20년 동안 발행된 약 10만 종의 캐나다 정부간행물에 대한 정보를 제공한다. 또한 캐나다는 1927년부터 기탁제공프로그램(DSP: Depository Services Program)을 운영하여 국내·외 900여 개의 도서관에 정부간행물을 배포한다. 캐나다 정부에서 발행하는 대표적인 서지로는 *Weekly Checklist*가 있으며, CGP는 매주 온라인 상으로 이를 발행한다. 캐나다 의회, 각 정부부처 및 캐나다 통계청에서 발행되는 출판물에 대한 간략한 서지정보를 제공하며 원문을 볼 수 있는 링크 주소(http://publications.gc.ca/control/weeklyChecklistMain)도 제공하고 있다.

국립중앙도서관은 1989년부터 캐나다 정부의 정부간행물기탁제공프로그램(Depository Services Program)에 의거하여 정부간행물을 수집하고 있으며 단행본, 연속간행물, 비도서 등 약 6,000종의 캐나다 정부간행물을 소장하고 있다.

3) 영국의 정부간행물 이용

영국의 경우 1996년 HMSO(현재, OPSI로 통합)로부터 민영화된 정부간행물출판국(TSO: The Stationery Office)이 있다. 이는 영국 최대 정부간행물출판국으로 매년 1만 5천 건의 간행물과 다양한 종류의 CD‑ROM 및 전자출판물을 생산·배포·판매한다. TSO는 영국정부간행물 공식목록인 UKOP(UK Official Publications, http://www.ukop.co.uk)를 관리·운영하며, 정부간행물 최대 온라인 서점 홈페이지(http://www.tsoshop.co.uk)를 운영하고 있다. 의회, 정부기관, 국제기구 등 약 2,500개의 공공기관에서 생산된 각종 출판물에 대한 광범위한 정보를 수록한다. 1980년 이후 발행된, 약 45만 종의 정부간행물에 대한 서지정보를 제공하며, 이 중 약 3만 건에 대해서는 원문을 제공한다. 다양한 필드선택을 통하여 정부간행물을 검색할 수 있으며, 기관별 간행 목록을 제공하여 각 정부기관에서 발행된 정부간행물을 확인할 수 있다. TSO는 온라인상으로 매일 *Daily Lists*를 발행하고 있으며, 구체적으로 환경, 금융, 국방 등 각 분야별로 발행된 최신 정부간행물에 대한 정보를 제공하고 있다(http://www.tsoshop.co.uk/bookstore.asp?FO=38793).

국립중앙도서관은 1969년 'National Lending Library for Science and Technology (現, 영국국립도서관과 통합)'와 처음 국제자료교류를 시작하여 현재, 다양한 종류의 영국정부간행물을 소장하고 있다.

4) 호주의 정부간행물 이용

호주정부는 호주정부정보관리국(AGIMO: The Australian Government Information Management Office, http://www.finance.gov.au/agimo/)을 운영하여 정부간행물 등록업무 및 전자출판업무를 하며, 출판·디자인·인쇄 지침안 등을 제정 및 배포한다. 또한 도서관 기탁프로그램인 LDS(Commonwealth Library Deposit and Free Issue Schemes)를 운영하여 39개 회원도서관에 정부간행물을 제공하고, 정부간행물 검색 웹사이트인 Access to Australian Government Publications (http://www.publications.gov.au)을 운영한다. 정부간행물 웹사이트를 통하여 호주정부간행물 및 정부발간웹자료 검색, 각 정부부처 및 기관 웹사이트 정보, 각종 정부간행물 정보원에 대한 링크정보를 제공하고 있다. 한편, 호주국립도서관은 호주정부에서 발간되는 인쇄 및 전자형태의 모든 간행물을 수집하며 이용자들이 쉽게 이용할 수 있도록 아래와 같은 정부간행물 정보원을 제공한다.

국립중앙도서관은 1969년 호주국립대학도서관과의 국제자료교류를 시작으로, 현재 호주국립도서관, 서부호주대학도서관, New South Wales 도서관, 모나쉬대학도서관, 타스마니아주립도서관, 퀸즈랜드대학도서관 등 총 8개 도서관과 활발히 교류하고 있으며 다양한 종류의 정부간행물을 수집·소장하고 있다.

5) 일본의 정부간행물 이용

일본정부는 일본국립인쇄국(日本國立印刷局, National Printing Bureau)을 운영하여 관보 및 정부간행물을 인쇄·보급한다. 홈페이지(http://www.npb.go.jp)를 통해 신간 정부간행물 및 관보에 대한 정보를 제공하고 관보 검색서비스를 제공한다. 또한 전국관보판매협동조합(全國官報販賣協同組合)을 통하여 온라인(http://www.gov-book.or.jp)으로 관보 및 정부간행물을 판매한다. 일본 국립인쇄국에서는 관보사이트(http://kanpou.npb.go.jp)를 운영하여 1주간 분량의 관보(본지, 호외, 정부조달)를 열람할 수 있도록 인터넷판 관보서비스를 제공한다. 과거 관보에 대해서는 관보 검색서비스를 제공하며, 이는 유료 회원제로 운영되고 있다. 관보 정보검색서비스 규약 승인 후, 관보 정보검색서비스 이용신청서를 작성하여 관보판매소에 신청하면 회원에 가입할 수 있다. 관보검색사이트(http://search.npb.go.jp)에서는 1947년 일본헌법시행일인 소화(昭和) 22년 5월 3일부터의 관보를 검색 및 이용할 수 있다. 정부간행물·관보·관보공고(政府刊行物/官報/官報公告)는 전국관보판매협동조합이 운영하는 정부간행물 및 관보 판매사이트(http://www.gov-book.or.jp)이다. 백서, 통계·조사보고, 인사·법인록, 편람·총람·요람 등 총 63,653책의 정부간행물에 대한 서지정보를 제공하며 매월 각 정부기관에서 발행하는 신간목록(http://www.gov-book.or.jp/asp/Book/NBookList)

을 제공한다. 또한 영문정부간행물에 대한 별도의 검색서비스를 제공하며 1996년 이후의 공보에 대한 목차 검색서비스도 제공한다.

국립중앙도서관은 1969년 홋카이도대학도서관과의 국제자료교류를 시작으로, 현재 일본국립국회도서관, 교토대도서관, 큐슈한국사연구소도서관 등 총 23개 도서관과 활발히 교류하고 있으며 현재 다양한 종류의 정부간행물을 수집·소장하고 있다.

Ⅲ. 국가기록관의 이해

세계의 많은 국가는 한 국가의 역사적인 가치가 있는 기록유산을 영구적으로 보존·관리하기 위하여 영구기록물관리기관으로서 국가기록관을 두고 있다. 본장에서는 국가기록관의 정의와 기능 및 세계의 국가기록관에 대하여 살펴보기로 하겠다.

1. 국가기록관의 용어

국가기록관(National Archives) 관련 명칭으로 국립기록관, 국립문서관, 문서관리소, 문서보존소, 정부기록보존소, 기록문서보존소, 국가기록원 등 다양한 용어들이 사용되어 왔다. 또한 국가기록관은 나라마다 조금은 상이한 명칭을 사용하고 있다. 즉 미국은 국가기록관(The National Archives), 캐나다는 국가기록관(National Archives, 현 National Archives and Library), 중국은 중앙당안관(中央檔案館)또는 역사당안관(歷史檔案館), 일본은 국립공문서관(國立公文書館, National Archives of Japan), 그리고 한국은 국가기록원(National Archives of Korea, 구 정부기록보존소) 등 이라 부르고 있다. 한편, 일부 국가의 경우 정부기록관(State Archives)의 명칭을 사용하기도 한다. 그러나 이들 모두 국가 또는 정부에서 설치·운영하는 중앙기록물전담기관이라는 것이다.

2. 국가기록관의 정의

우리나라의 '공공기록물관리에관한법률' 제3조에 의하면 '기록물관리기관'이라 함은 일정한 시설 및 장비와 이를 운영하기 위한 전문인력을 갖추고 기록물관리업무를 수행하는 기관을 말하며, 영구기록물관리기관·기록관 및 특수기록관으로 구분한다. 그 중 제5항에 의하면 영구기록물관리기관이라 함은 기록물의 영구보존에 필요한 시설 및 장비와 이를 운영하기 위한 전문인력을 갖추고 기록물을 영구적으로 관리하는 기관을 말하며, 중앙기록물관리기관·헌법기관기록물관리기관·지방기록물관리기관 및 대통령기록관으로 구분한다. 그 중 중앙기록물관리기관이 바로 국가기록관(또는 국가기록보존소)을 의미한다. 즉 국가기록관은 "일정한 시설 및 장비와 이를 운영하기 위한 전문인력을 갖추고 기록물관리업무를 수행하는 영구기록물관리기관"이라 할 수 있다. 중국의 경우 중화인민공화국당안법 제8조에서 "중앙과 현급의 각종 당안관은 당안을 집중 관리하는 문화사업기구로서 각 관할 범위 내의 당안을 접수, 수집, 보관 및 이용제공의 책임을 진다."라고 규정하고 있다. 다시 말해 중국은 "중앙의 당안을 집중 관리하는 문화사업기구"라 규정하며, 국가급당안관이라고도 한다.

한편, *기록관리학사전*에 의하면 미국의 국립기록청은 "미국정부에서 국가기록물의 관리와 보존을 위해 설치·운영하는 기관"이라 정의하고 있다. 한국의 국가기록원은 "국가에서 설치·운영하는 기록물 전담기관"이라 정의하고 있다. 이를 통해 국가기록관은 대체로 국가적 차원에서 공공기록물, 즉 국가기록물을 관리·보존하기 위하여 설치·운영하는 기관이라 정의되고 있음을 알 수 있다.

종합적으로 국가기록관은 나라마다 조금은 상이한 용어가 사용되고 있다 하더라도 국가에서 설치·운영하는 영구적인 기록물을 위한 중앙의 전담관리기관이라 정의할 수 있다.

3. 국가기록관의 기능

국가기록관에 대한 용어가 다양하고 나라마다 조금은 상이한 용어가 사용되고 있는 것처럼 국가기록관의 임무에 해당하는 기능 역시 나라마다 다양하다. 즉 미국 국립기록청(NARA, The National Archives)은 1)정책개발기능, 2)감독·지원기능, 3)보존·이용 기능, 4)출판기능의 4대 기능을 수행하고 있다. 영국국가기록관은 1)영구보존기록물의 이관·관리 및 열람에의 제공, 2)기록물 취급기관의 협조 및 조언, 3)기록물관련 규정 및 지침의 제정, 4)역사적 가치가 있는 기록물을 영구보존하는 곳으로 적합한 환경유지를 그 기능으로 기술하고 있다. 한국국가기록원은 1)기록관리혁신기반구축, 2)기록관리 프로세스 및 시스템 정리, 3)기록정보공개·열람 확대, 4)기록물 수집관리 체계강화를 4대 정책 목표로 삼고 있다. 중국의 경우 '중화인민공화국당안법(中華人民共和國檔案法)' 제8조에서 "중앙… 당안관은 당안을 집중 관리하는 문화사업기구로서 각 관할범위 내의 당안을 접수, 수집, 보관 및 이용제공의 책임을 진다."라고 규정하고 있다. 다시 말해 정책개발, 감독 기능, 기록관리, 기록물의 영구보존, 기록물의 수집과 열람 등의 기능이 공통적으로 언급되고 있다.

미국 국립기록청은 연방정부의 영구적 가치를 지닌 기록자료를 선정·보존·관리하고, 연방정부의 활동에 관련되는 적절한 문서관리를 위한 기준을 규정한다. '공공기록물관리에관한법률' 제9조에 의하면 중앙기록물관리기관, 즉 영구기록물관리기관은 다음과 같은 업무를 수행한다(개정 2008. 2. 29). 1)기록물관리에 관한 기본정책의 수립 및 제도의 개선, 2)기록물관리 표준화 정책의 수립 및 기록물관리 표준의 개발·운영, 3)기록물관리 및 기록물관리 관련 통계의 작성·관리, 4)기록물의 전자적 관리체계 구축 및 표준화, 5)기록물관리의 방법 및 보존기술의 연구·보급, 6)기록물관리 종사자에 대한 교육·훈련, 7)기록물관리에 관한 지도·감독 및 평가, 8)다른 기록물관리기관과의 연계·협조, 9)기록물관리에 관한 교류·협력, 10)그 밖에 이 법에서 정하는 사항 등이 주요업무로 기술되고 있다.

종합적으로 기록관리, 기록물의 영구보존, 기록물의 수집과 열람 등의 기능을 기본으로 하되, 특히 한 국가를 대표하는 기록물 전담기구로서 정책과 법률 개발, 감독 및 지원, 교류와 협력 등의 기능이 필수임을 알 수 있다.

4. 세계의 국가기록관

다음은 세계의 국가기록관의 세계 지역별 이하 국가별 리스트이다. 그 중 국가기록관 명칭 우측에 기호 '*'가 첨부된 경우는 다음 장의 주요 국가기록관과 정보원 소개 부분에서 상세히 소개하기로 한다.

4.1 북미

- 미국(USA)

    NARA(National Archives and Records Administration)*

    NA(The National Archives)*

    홈페이지 http://www.archives.gov/index.html

- 캐나다(Canada)

    LAC(Libraries and Archives Canada)*

    홈페이지 http://www.collectionscanada.ca/

4.2 유럽

- 그루지야(Georgia)

    AG(Archives of Georgia)*

    홈페이지 http://archive.gol.ge/meoreeng.htm

- 그리스(Greece)

    GSAG(General State Archives of Greece)

홈페이지 http://gak.att.sch.gr/

• 그린랜드(Greenland)

NAG(National Archives of Greenland)

홈페이지 http://www.natmus.gl/en/

• 네덜란드(Netherlands)

NAN(National Archives of Netherlands)*

홈페이지 http://www.en.nationaalarchief.nl/default.asp

• 노르웨이(Norway)

NAN(National Archives of Norway)*

홈페이지 http://www.arkivverket.no/english/

• 덴마크(Denmark)

DSA(The Danish State Archives)

홈페이지 http://www.sa.dk/content/us/

• 독일(Germany)

AG(Archives of Germany, Bundesarchiv)

홈페이지 http://www.bundesarchiv.de/index.html?lang=en

• 라트비아(Latvia)

SASL(State Archival System of Latvia)*

홈페이지 http://www.arhivi.lv/index.php? & 3

• 러시아(Russia)

  SA RF(State Archives of the Russian Federation)

  홈페이지 http://garf.narod.ru

• 룩셈부르크(Luxembourg)

  Archives Nationales

  홈페이지 http://www.anlux.lu/

• 리투아니아(Lithuanian)

  LSAS(Lithuanian State Archival System)*

  홈페이지 http://www.archyvai.lt/archyvai/selectLanguage.do?language=en

• 리히텐슈타인(Liechtensteinisches)

  Landesarchiv

  홈페이지 http://www.la.llv.li/

• 마케도니아공화국(Republic of Macedonia)

  SARM(The State Archives of the Republic of Macedonia)*

  홈페이지 http://arhiv.gov.mk/j_en/index.php

• 몰타(Malta)

  National Archives

  홈페이지 http://www.libraries－archives.gov.mt/

• 바티칸 시국(市國)(Vatican City)

  AHS(Archives of Holy See, Archivio Segreto Vaticano)

68

홈페이지 http://www.vatican.va/library_archives/vat_secret_archives/visit
/index_it.htm

• 벨라루스(Belarus)
  NAB(National Archives of Belarus)
  홈페이지 http://archives.gov.by/eng

• 벨기에(Belgium)
  GSAB(General State Archives of Belgium)
  홈페이지 http://arch.arch.be

• 보스니아 헤르체코비나(Bosnia and Herzegovina)
  AF(Archives of the Federation)*
  홈페이지 http://www.arhivfbih.gov.ba/eng/starteng.htm

  Arhiv Tuzlanskog Kantona
  홈페이지 www.arhivtk.com.ba

• 불가리아(Bulgaria)
  ASA(Archives State Agency)*
  홈페이지 http://www.archives.government.bg/index.php?lang=en&page=11

• 사라예보(Sarajevo)
  Istorijski Arhiv
  홈페이지 www.arhivsa.ba

• 세르비아(Srbija)

　　Srbija i Crna Gora

　　홈페이지 http://www.gov.yu/arhiv

• 세르비아 · 몬테네그로(Serbia and Montenegro)

　　ASM(Archives of Serbia and Montenegro)*

　　홈페이지 http://www.arhiv.sv.gov.yu/e1000001.htm

• 스르프스카공화국(Republic of Srpska)

　　ARS(Archives of Republic of Srpska)*

　　홈페이지 http://www.arhivrs.org/e_index.asp

• 스웨덴(Sweden)

　　NAS(National Archives of Sweden)*

　　홈페이지 http://www.ra.se/indexengelska.html

• 스위스(Switzerland)

　　FAS(Federal Archives of Switzerland)

　　홈페이지 http://www.bundesarchiv.ch/bar/engine/Home

• 스페인(Spain)

　　Archives of Spain

　　홈페이지 http://www.cultua.mecd.es/archivos

　　NHAS(National Historical Archives of Spain)

　　홈페이지 http://www.cultura.mecd.es/archivos/jsp/plantillaAncho.jsp?id=60

- 슬로바키아(Slovak)

    SNA(Slovak National Archives)*

    홈페이지 http://www.civil.gov.sk/SNARCHIV/uk.htm

- 슬로베니아공화국(Republic of Slovenia)

    ARS(Archives of the Republic of Slovenia)*

    홈페이지 http://www.arhiv.gov.si/en/

- 아이슬란드(Iceland)

    NAI(National Archives of Iceland)

    홈페이지 http://www.archives.is/index.php?node=english

- 아일랜드(Ireland)

    NAI(National Archives of Ireland)*

    홈페이지 http://www.nationalarchives.ie/

- 안도라(Andorra)

    NAA(National Archive of Andorra)*

    홈페이지 http://www.arxius.ad/arxiuIngles/index.htm

- 에스토니아(Estonia)

    NAE(National Archives of Estonia)*

    홈페이지 http://www.ra.ee/?topic=25

- 영국(UK)

    NA(National Archives – United Kingdom)*

홈페이지 hhttp://www.nationalarchives.gov.uk/

- 오스트리아(Austria)

  SAA(State Archives of Austria)
  홈페이지 http://www.oesta.gv.at/

- 우크라이나(Ukraine)

  State Committee on the Archives
  홈페이지 http://www.archives.gov.ua/Archives/index.php?scau

- 유럽연합(EU)

  Historical Archives of the European Union
  홈페이지 http://iue.it/ECArchives

- 이스라엘(Israel)

  CAHJP(Central Archives for the History of the Jewish People of Israel)
  홈페이지 http://sites.huji.ac.il/archives

  The Central Zionist Archvies
  홈페이지 http://www.zionistarchives.org.il/za/pMain.aspx

- 이탈리아(Italy)

  SAI(State Archives of Italy)
  홈페이지 http://archivi.beniculturali.it

- 카탈루냐(Catalonia)

  Archives of Catalonia

홈페이지 http://cultura.gencat.es/arxius

• 크로아티아(Crptian)

　CSA(Croatian State Archives)*
　홈페이지 http://www.arhiv.hr/en/index.html

• 터키(Turkey)

　NAT(National Archives of Turkey)
　홈페이지 http://www.archimac.org/

• 포르투갈(Portugal)

　Instituto dos Arquivos Nacionais/Torre do Tombo(Lisbonne)
　홈페이지 http://www.iantt.pt/

• 폴란드(Poland)

　AGAD(Archiwum Główne Akt Dawnych w Warszawie, Central Archives of Historical Records in Warsaw)*
　홈페이지 http://www.agad.archiwa.gov.pl/eng/index.html

　SAP(State Archives of Poland)
　홈페이지 http://www.archiwa.gov.pl/?CIDA=43

• 프랑스(France)

　NAF I (National Archives of France I)*
　홈페이지 http://www.archivesnationales.culture.gouv.fr/caom/fr/index.html

　NAF II (National Archives of France II)*

홈페이지 http://www.archivesnationales.culture.gouv.fr/camt/

NAF Ⅲ(National Archives of France Ⅲ)*
홈페이지 http://www.archivesnationales.culture.gouv.fr/cnm/fr/

- 핀란드(Finland)
  The National Archives and the Provincial Archives of Finland
  홈페이지 http://www.narc.fi

- 체코(Czech Republic)
  Archiv Prazskeho Hradu
  홈페이지 http://www.nacr.cz/

- 헝가리(Hungary)
  NAH(National Archives of Hungary)*
  홈페이지 http://www.mol.gov.hu/?akt_menu=574&set_lang=466

4.3 남미 및 카리브해

1) 남미

- 도미니카공화국(Dominican Republic)
  AGN(Archivo General de la Nación)
  홈페이지 http://www.agn.gov.do

- 멕시코(Mexico)

  AGN(Archivo General de la Nación Mexico)

  홈페이지 http://www.agn.gob.mx

- 베네수엘라(Venezuela)

  Archivo General de la Nación

  홈페이지 http://www.mpprij.gob.ve/

- 볼리비아(Bolivia)

  Biblioteca Nacionaly Archivo Nacional

  홈페이지 http://www.archivoybibliotecanacionales.org.bo/

- 브라질(Brazil)

  Arquivo Nacional

  홈페이지 http://www.arquivonacional.gov.br/

- 아르헨티나(Argentina)

  Archivo General de la Nación

  홈페이지 http://www.archivo.gov.ar/

- 에콰도르(Ecuador)

  Archivo Nacional

  홈페이지 http://www.ane.gov.ec/

- 엘살바도르(El Salvador)

  Archivo General de la Nación

홈페이지 http://www.agn.gob.sv/

• 우루과이(Uruguay)

Archivo General de la Nación
홈페이지 http://www.rau.edu.uy/universidad/ag/

• 칠레(Chile)

Archivo Nacional
홈페이지 http://www.dibam.cl/archivo_nacional/

• 코스타리카(Costa Rica)

Archivo Nacional
홈페이지 http://www2.h‒net.msu.edu/~latam/archives/project7.html

• 콜롬비아(Colombia)

Archivo General de la Nación
홈페이지 http://www.archivogeneral.gov.co/

• 쿠바(Cuba)

Archivo Nacional
홈페이지 http://www.arnac.cu

• 페루(Peru)

Archivo General de la Nación
홈페이지 http://agn.perucultural.org.pe

2) 카리브해

- 네덜란드령(領) 안틸제도(Netherlands Antilles)
  National Archives
  홈페이지 http://www.nationalarchives.an

- 바하마(Bahamas)
  NAB(National Archives of Bahamas)*
  홈페이지 http://www.bahamasnationalarchives.bs

- 벨리스(Belize)
  BAD(Belize Archives Department)
  홈페이지 http://www.archivesbz.org

- 아이티(Haiti)
  Archives Nationales
  홈페이지 http://www.anhhaiti.org

- 자메이카(Jamaica)
  JARD(Jamaica Archives & Records Department)*
  홈페이지 http://www.jard.gov.jm

- 푸에르토리코(Puerto Rico)
  Archivo Nacional
  홈페이지 http://www.preb.com/devisita/jflores.htm

4.4 아프리카

- 나이지리아(Nigeria)

    NAN(National Archives of Nigeria)

    홈페이지 http://www2.hu‐berlin.de/orient/nae/

- 남아프리카공화국(South Africa)

    NARS(National Archives and Records Service of South Africa)*

    홈페이지 http://www.national.archives.gov.za

    National Archives

    홈페이지 http://www.national.archives.gov.za

- 말라위(Malawi)

    National Archuves of Malawi

    홈페이지 http://chambo.sdnp.org.mw/ruleoflaw/archives/

- 모잠비크(Mozambique)

    Arquivo Historico

    홈페이지 http://www.ahm.uem.mz/

- 보츠와나(Botswana)

    National Archives and Records Services

    홈페이지 http://www.gov.bw/index.php?option=com_content&task=
            view&id=154&Itemid=1

- 스와질랜드(Swaziland)

  NAS(National Archives of Swaziland)

  홈페이지 http://www.gov.sz/home.asp?pid=2002

- 알제리(Algeria)

  National Archives – in Algiers

  홈페이지 http://www.archives – dgan.gov.dz/

- 에리트레아(Eritrea)

  RDC(Research & Documentation Centre)

  홈페이지 http://denden.com/EritreanArchives/main.html

- 에티오피아(Ethiopia)

  NALE(National Archives & Library of Ethiopia)*

  홈페이지 http://www.nale.gov.et/

- 잠비아(Zambia)

  NAZ(National Archives of Zambia)

- 케냐(Kenya)

  KNADS(Kenya National Archives and Documentation Service)*

  홈페이지 http://www.kenyarchives.go.ke

  National Archives

  홈페이지 http://www.kenyarchives.go.ke/

- 튀니지(Tunisia)

  NAT(National Archives of Tunis)*

  홈페이지 http://www.archives.nat.tn/eng/default.asp

4.5 아시아 및 태평양

• 뉴질랜드(New Zealand)

　ANZ(Archives New Zealand)*

　홈페이지 http://www.archives.govt.nz/index.html

• 대만(Republic of Taiwan)

　NAAT(National Archives Administration of Taiwan)*

　홈페이지 http://www.archives.gov.tw/english/index.aspx

• 마샬 군도공화국(Republic of Marshall Islands)

　Alele(Museum, Library, National Archives of Republic of Marshall Islands)

　홈페이지 http://members.tripod.com/~alelemuseum/Archives.html

• 말레이시아(Malaysia)

　National Archives

　홈페이지 http://arkib.gov.my/

• 몽골(Mongolia)

　National Archival Administration, the Government Agency

　홈페이지 http://archives.gov.mn

• 싱가포르(Singapore)

　NAS(National Archives of Singapore)*

　홈페이지 http://www.nhb.gov.sg/NAS

80

- 스리랑카(Sri Lanka)

  NASL(National Archives of Sri Lanka)

  홈페이지 http://www.mca.gov.lk/D_archives/dept_archives.htm

- 이란(Iran)

  NLAIRI(National Library and Archives of IR of Iran)

  홈페이지 http://www.archives.org.ir/

- 인도(India)

  National Archives of India*

  홈페이지 http://nationalarchives.nic.in/

- 인도네시아(Indonesia)

  NAI(National Archives of Indonesia)*

  홈페이지 http://www.anri.go.id/

- 일본(Japan)

  國立公文書館(National Archives of Japan)*

  홈페이지 http://www.archives.go.jp/english/index.html

- 중국(China)

  第二歷史檔案館(The Second Historical Archives of China)

  홈페이지 http://www.shac.net.cn/

  第一歷史檔案館

  홈페이지 http://www.lsdag.com/

中華人民共和國國家檔案局(中央檔案館)
(SAAC: State Archives Administration of China)*
홈페이지 http://www.saac.gov.cn/

Government Records Service of Hong Kong
홈페이지 http://www.grs.gov.hk/ws/index.html

Arquivo Historico de Macau
홈페이지 http://www.icm.gov.mo/ah/C_ah.asp

• 카자흐스탄(Republic of Kazakhstan)
    CSARK(Central State Archives of Republic of Kazakhstan)
    홈페이지 http://www.unesco.kz/archive/e_index.htm

• 캄보디아(Cambodia)
    NAC(National Archives of Cambodia)
    홈페이지 http://www.camnet.com.kh/archives.cambodia/

• 쿡아일랜드(Cook Islands)
    NACI(National Archives of Cook Islands)
    홈페이지 http://www.culture.gov.ck/archives.htm

• 태국(Thailand)
    NAT(National Archives of Thailand)
    홈페이지 http://www.culture.go.th/archives/

- 터키(Turkey)

    General Directorate of Archives

    홈페이지 http://www.devletarsivleri.gov.tr/

- 파푸아뉴기니(Papua New Guinea)

    NAPNG(National Archives of Papua New Guinea)

    홈페이지 http://www.dg.com.pg/~ola/national1.htm

- 파키스탄(Pakistan)

    NAP(National Archives of Pakistan)

    홈페이지 http://www.pak.gov.pk/culture/index.html#National%20Archives

- 필리핀(Philippines)

    NAP(National Archives of Philippines)

    홈페이지 http://www.ncca.gov.ph/about_cultarts/comarticles.php?artcl_Id
            =181

- 한국(Korea)

    NAK(National Archives of Korea)*

    홈페이지 http://www.archives.go.kr

- 호주(Australia)

    NAA(National Archives of Australia)*

    홈페이지 http://www.naa.gov.au

Ⅳ. 주요 국가기록관 및 정보원 소개

1. 북미

1.1 미국

NARA

National Archives and Records Administration

(The National Archives)

미국국립기록청(미국국가기록관)

① 기록관

1) 소재사항

소재국가	미국[11]
주　　소	8601 Adelphi Road College Park, MD 20740 – 6001, USA
전　　화	+1 866 272 6272

---

11) 아메리카 합중국(United States of America)으로 북아메리카에 위치한 연방 국가이다. 본토의 48개 주와 하와이주, 알래스카 주를 포함해 모두 50개 주와 1개 특별구(D.C.)로 이루어져 있다. 1776년 7월 4일 영국으로부터 독립하였다. 수도: 워싱턴 DC (Washington, D.C.), 면적: 963만km², 인구: 약 3억만 명(2006년), 종교: 개신교(56%)·천주교(28%)·유태교(2%), 언어: 영어, 주요민족: 백인(83%)·흑인(12%)·인디언과 동양계(5%).

| 팩　　스 | +1 301 837 3218 |
| 홈페이지 | http://www.archives.gov/index.html |

2) 성격

미국의 국립기록청(NARA: National Archives and Records Administration)이자 국가기록관(NA: The National Archives)으로서 미국의 역사적 기록과 함께 현행 기록물도 비중 있게 관리·보존하는 국가 중추기관이다. 특히 자국민의 가족사 또는 베테랑 군인서비스 등의 중요한 기록들을 보관 및 이용에 제공하는 기관이다.

3) 설립연혁

- 미국역사학회(AHA)의 청원과 1934년 6월 19일 '법률 48의 1122'에 의거 후버(Herbert Hoover) 대통령 시절 처음으로 'National Archives'로 설립되었다.
- 1949년 '법률 63의 381'에 의거 'National Archives & Records Service'로 개칭되고, 총무처에 편입되었다.
- 이후 1984년 10월 19일 '법률 44의 21'에 의하여 현재의 국립기록청(NARA: The National Archives and Records Administration)이라는 독립기관으로 발족하였다.

4) 설립목적

① 기본적으로 미국 시민의 권리와 연방 공무원의 업무수행 그리고 국가의 경험이 축적되어 있는 주요 기록물에 쉽게 접근할 수 있게 하는 것이다.
② 구체적으로 정부와 국민 양측 모두의 정보요구 충족을 위해 지도적 전략계

획으로 기록관리, 기록에 대한 접근, 장소 및 보존, 그리고 국립기록청의
하부구조라는 네 가지 분야에 있어서의 달성 목표를 제시하고 있다.

5) 비전 및 임무

① 국가의 기록유지 기관으로서 모든 미국인들이 민주주의에서의 기록의 중요
한 역할을 이해하도록 한다.

② 현대의 기술과 다방면의 파트너십을 통한 국가기록관의 프로그램 및 소장
기록물들을 이전보다 더 많은 사람들에게 이용이 가능하도록 한다.

③ 정부의 기록을 보호 및 보존하며 국민들이 문서 유산을 발견, 이용 및 학
습할 수 있도록 함으로써 미국의 민주주의에 이바지한다.

④ 주요 기록물과 문서의 지속적인 이용에 대한 미국 시민들의 권리를 보장하
며, 관련 정부의 활동을 보장한다.

⑤ 민주주의를 지속시키고 시민 교육을 장려하며 미국의 국가경험에 대한 역
사적 이해를 촉진시킨다.

6) 조직

국가기록관의 전략적 계획인 '주요 증거로의 접근 준비(Ready Access to
Essential Evidence)'를 기본으로 하여 각 부서들이 조직되었다. 구체적으로 다
음과 같다.

① 미국기록전문가(N: Archivist of the United States)

② 미국부기록전문가·수석(ND: Deputy Archivist of the United States/Chief of
Staff)

③ 정책·기획팀(NPOL: Policy and Planning)

④ 홍보부(NCON: Congressional and Public Affairs)

⑤ 평등고용프로그램부(NEEO: Equal Employment Opportunity and Diversity

Programs)

⑥ 경영진(NGC: General Counsel)

⑦ 정보보안실(ISOO: Information Security Oversight Office)

⑧ 국가역사편찬기록위원회(NHPRC: National Historical Publications and Records Commission)

⑨ 감사실(OIG: Office of the Inspector General)

⑩ 행정실(NA: Office of Administration)

⑪ 연방등록실(NF: Office of the Federal Register)

⑫ 정보서비스실(NH: Office of Information Services)

⑬ 정보서비스 부기록전문가(CIO: Assistant Archivist for Information Services)

⑭ 대통령 직속 도서관실(NL: Office of Presidential Libraries)

⑮ 워싱턴 기록서비스실(NW: Office of Records Services – Washington, DC)

⑯ 지역기록서비스실(NR: Office of Regional Records Services)

7) 주요서비스

- 국민들이 국립기록청에 보존되어 있는 문서유산으로부터 원하는 자료를 발견하고 이용하며 배울 수 있는 것을 보장하고 있다. 이것은 또한 미국국가기록관의 전략적 계획인 '미래보호를 위한 과거보존(Preserving the Past to Protect the Future)'의 초석이기도 하다.

- 정부 주요기관의 정책 및 운영(administration) 과정에 대한 문의점 및 문제점과 관련하여 국회부(Congressional Affairs)가 그 역할을 담당한다. 또한 국민의 정책과정의 참여를 위해서 정책초안(draft policy) 과정에서 원하는 의견을 NARA에 전달하여 국민의 참여를 돕기도 한다.

② 정보원

1) 정보원 열람 및 배포 정책

기본적인 정보원의 검색은 알파벳, 주제, 직종유형 등으로 구분하여 제공하고 있으며, 기록 그룹별 검색 또한 가능하다. 소장정보원은 온라인 열람과 인쇄형태의 열람을 모두 제공하고 있다. 온라인 열람의 경우 일부 자료는 무료열람이 가능하며, 미국국가기록관의 출판물의 경우 홈페이지를 통한 검색 및 열람을 제공하고 있다. 인쇄물 구입은 온라인상으로 주문이 가능하다.

2) 출판물

일반 출판물로 서적, 연구조사보고서, 카탈로그, 학습자료 등을 대상으로 소장하고 있다. 또한 이외에 1년에 네 차례 발간되는 계간 성격의 정기간행물, 대통령 직속 도서관 소장 기록물, 연방정부 등록 기록물 및 계보학 자료도 검색가능하다. 온라인상으로 자료목록의 열람이 가능하며, 각 자료목록의 대표적인 자료는 다음과 같다.

(1) 안내자료(Guides)
- *Guide to Federal Records in the National Archives*
- *Guide to the Holdings of the Still Picture Branch*
- *Holocaust−Era Assets*
- *Guide to the Records of the U.S. House of Representatives at the National Archives, 1789∼1989*
- *Guide to the Records of the U.S. Senate at the National Archives*

(2) 일반정보 리플렛(GIL: General Information Leaflets)

- *Select List of Publications of the National Archives and Records Administration*(GIL 3)
- *Citing Records in the National Archives of the United States*(GIL 17)
- *Cartographic and Architectural Records*(GIL 26)
- *National Archives Gift Collection Acquisition Policy: Motion Pictures and Sound and Video Recordings*(GIL 34)
- *National Archives Gift Collection Acquisition Policy: Still Pictures(GIL 35)*
- *National Archives Regional Archives: Rocky Mountain Region* (GIL 44)
- *National Archives Regional Archives: Great Lakes Region*(GIL 48)
- *National Archives Regional Archives: Central Plains Region* (GIL 49)
- *National Archives Regional Archives: Southwest Region*(GIL 50)
- *National Archives Regional Archives: Pacific Alaska Region: Seattle*(**GIL** 52)
- *Using the Census Soundex[1995](GIL 55)*
- *Rules for Using Historical Records in the National Archives* (GIL 57)
- *National Archives Regional Archives: Pacific Alaska Region* (GIL 60)
- *Research in the Land Entry Files of the General Land Office*(GIL 67)
- *The National Archives in the Nation's Capital*(GIL 71)

(3) 마이크로필름 카탈로그(Microfilm Catalog)

- *The 1790~1890 Federal Population Censuses*
- *The 1900 Federal Population Census*
- *The 1910 Federal Population Census*
- *The 1920 Federal Population Census*
- *The 1930 Federal Population Census*

90

① 미국인디언
② 흑인연구
③ 외교기록
④ 연방법정기록
⑤ 계보학 및 인명연구
⑥ 이민자
⑦ 군사서비스기록

(4) 참고정보논문(Reference Information Papers)

- *Audiovisual Records in the National Archives of the United States Relating to World War II*
- *Records and Policies of the Post Office Department Relating to Place Names*
- *Records in the National Archives Pacific Sierra Region for the Study of Ethnic History*
- *Records Relating to North American Railroads*
- *Records in the National Archives Pacific Region for the Study of Science, Technology, Natural Resources, and the Environment*
- *Records in the National Archives Pacific Sierra Region for the Study of Labor and Business History*

(5) 특별리스트(Special Lists)

- *List of Selected Maps of States and Territories*

(6) 시청각기록(Audio Visual Records)

- *Select Audiovisual Records: Captured German Sound Recordings*
- *Contemporary African Art from the Harmon Foundation*

- *Photographs of the American West, 1861 - 1912*
- *Pictures of Indians in the United States*
- *Pictures of African Americans During World War Ⅱ*
- *Pictures of United States Navy Ships, 1775 - 1941*
- *Sound Recordings: Voices of World War Ⅱ, 1937 - 1945*

(7) 기술정보논문(Technical Information Papers)

- *Archival Copies of Thermofax, Verifax, and Other Unstable Copies*
- *Preservation of Archival Records: Holdings Maintenance at the National Archives*
- *A National Archives Strategy for the Development and Implementation of Standards for the Creation, Transfer, Access, and Long - term Storage of Electronic Records of the Federal Government*
- *Digital Imaging and Optical Digital Data Disk Storage Systems: Long - term Access Strategies for Federal Agencies*
- *Archives Ⅱ, National Archives at College Park: Using Technologies to Safeguard Archival Records*

3) 주요보고서

미국국가기록관의 주요 계획 및 활동 관련 주요보고서는 다음과 같다.

(1) 전략적 계획: 미래보존을 위한 과거보존(Strategic Plan: Preserving the Past to Protect the Future)

이는 향후 10년간의 미국국가기록관의 목표 및 달성목표를 위한 전략 그리고 진행상황에 대한 평가방안에 대한 내용을 구체적으로 제시하는 '미국국가기록관의 전략적 계획 2006~2016'이다. 본 계획은 모든 단계의 직원, 정부 내외의 고객, 관계자 그리고 기록, 역사 및 기록관리 커뮤니티 종사자들의 노력을 바탕으로 기획되었다. 본 계획은 3년마다 갱신되며 새로운 과제 및 결과에 대한 진보를 평가하게 된다. 실제 회계연도는 2007년에서 2016년까지를 기간으로 하고 있다.

(2) 달성계획(Performance Plan)

'정부성과 및 결과법(Government Performance and Results Act of 1993: The Results Act)'에 의하면 각각의 부처가 연간 달성계획의 착수 및 공표할 것을 요구하고 있다. 이에 의거하여 본 계획은 장기전략목표와 부처 내의 전략목표가 직접적으로 연결되도록 하고 있다.

(3) 집행예산(Performance Budget)

미국국가기록관의 집행예산은 매해 2월 초 대통령 예산과 함께 의회에 제출되며, *Performance Budget*는 관련 보고서이다.

(4) 실적 및 회계보고서(Performance & Accountability Report)

*Performance & Accountability Report*는 '2000 정부부처통합보고법(Reports Consolidation Act of 2000)'에 의거하여 제정된 '수석재정사무관법(Chief Financial Officers Act)'의 요구에 따른 보고서이다.

(5) 자본기획(Capital Planning)

*Capital Planning*은 투자를 위한 사업이 부처의 목표 및 목적과 사명에 합당하게 이루어질 수 있도록 자본기획을 세울 것을 요구하는 '1994 연방조달합리화법(Federal Acquisition Streamlining Act of 1994)'과 '1996 정보기술관리혁신법(Clinger－Cohen Act of 1996)'에 따른 보고서이다.

(6) 전략정보관리계획(Strategic Information Resources Management Plan)

미국국가기록관의 전략정보관리계획(IRM)은 모든 정보자원관리를 다룬다. 관리예산실(OMB)은 각 부처가 IRM을 개발 및 유지할 것을 요청하고 있다. *Strategic Information Resources Management Plan*는 관련 보고서로서 NARA의 IRM은 정보자원관리 활동의 설명을 제공하는 전략적 계획을 지원하며, IRM의 결정사항은 조직계획, 예산, 조달, 재정관리, 인적자원 관리 및 프로그램 결정을 포함한다.

4) 주요안내서(Significant Guidance)

- 미국국가기록관은 대중과 연방 커뮤니티에게 정보보안감사와 국가역사편찬기록위원회(NHPRC)의 기록관리 및 인가(Grant-making) 활동 분야에 관한 출판물에 대한 안내서를 제공한다.
- 관리예산실(OMB: Office of Management and Budget)의 보고서 07-02 (*Bulletin No. 07-02*)는 각각의 연방부처는 웹사이트상에서 모든 주요안내서의 현행 전자 리스트를 유지토록하고 있다.

5) 기록물(정보원) 검색

자료 검색은 알파벳별, 주제별, 직종유형별, 기록 그룹별로 브라우징이 가능하다.

(1) 알파벳별 검색

A항목의 'American Originals'에서부터 W항목의 'Woman's War Too: U.S. Women in the Military in World War II'에 이르기까지 소장 기록물을 알파벳순으로 분류하여 검색에 제공하고 있다.

(2) 주제별 검색

인기관심사, 계보학, 군사역사, 대통령 관련 자료, 법률 및 규정, 지도, 정보보안으로 분류하여 검색에 제공하고 있다.

(3) 직종유형별 검색

기록전문가 실제와 이론, 보호 및 보존가, 기록관리, 교사로 분류하여 검색에 제공하고 있다.

(4) 기록그룹별 검색

국가기록관 기록안내, 미디어 종류, 보관소 및 특별리스트, 참고정보논문, 브로셔 및 팸플릿, 시청각기록으로 분류하여 검색에 제공하고 있다.

1.2 캐나다

 Library and Archives Canada   Bibliothèque et Archives Canada

LAC

Libraries and Archives Canada
캐나다도서관 · 기록관

① 기록관

1) 소재사항

소재국가	캐나다[12]
주　　소	395 Wellington Street, Ottawa, ON K1A 0N4 Canada
전　　화	+1 613 996 5115; +1 866 578 7777
팩　　스	+1 613 995 6274
전자우편	webservices@lac－bac.gc.ca
홈페이지	http://www.collectionscanada.ca/

---

12) 캐나다(Canada)는 10개의 주와 3개의 준주로 구성되어 있으며, 1867년 7월 1일 영국
으로부터 독립하였다. 수도: 오타와(Ottawa), 면적: 997만km², 인구: 약 3,300만 명
(2006년), 종교: 천주교(46%)·기독교(36%)·기타(18%), 언어: 영어(62%)·불어(12%),
주요민족: 영국계(28%)·프랑스계(23%)·독일계(3%)·기타(37%).

2) 성격

캐나다도서관·기록관(LAC: Libraries and Archives Canada)은 캐나다의 문서 유산을 수집 및 보존하고 모든 캐나다인들이 이용가능하게 한다. 여기서 유산 이란 출판물, 기록자료, 음성 및 시청각 자료, 사진, 미술작품, 그리고 웹사이 트와 같은 전자 도큐먼트를 포함한다. 또한 자료 공유 및 습득을 위해 가능한 많은 기록관 및 도서관과 긴밀한 협조관계를 유지한다.

3) 설립연혁

구(舊) 캐나다국가도서관(National Library of Canada, 1953년 설립)과 구 캐 나다국가기록관(National Archives of Canada)을 캐나다도서관·기록관으로 통 합하였다. 이는 장관의 감독하에 캐나다 대중서비스 기관으로 운영되고 있다.

4) 비전 및 임무

① 현세대 및 차세대를 위한 캐나다 문서 유산의 보존
② 캐나다의 문화적, 사회적 그리고 경제적 증진에 기여하는 모두가 이용가능 한 지식의 원천으로서의 역할
③ 지식의 습득, 보존, 분포에 관련된 캐나다의 커뮤니티와의 협력 촉진
④ 캐나다 정부 및 기관들의 지속적인 기록 제공

5) 조직

선임사서 및 기록전문가, 기업관리 및 정부기록부 차관보, 전략부 국장, 문서 유 산 수집부 차관보, 정보기술부 선임기술원 및 국장, 프로그램 및 서비스부 차관 보, 커뮤니케이션부 국장이 각 부서를 담당한다. 구체적인 조직은 다음과 같다.

(1) 기업관리 및 정부기록부(Corporate Management & Government Records)

정부기록 지국, 정부기록팀, 기록유지 및 연방 도서관 협력팀, 재정관리실, 기업활동 및 정보실, 인사실, 보안 및 안전관리실로 구성되어 있다.

(2) 전략부(Strategic Office)

전략 정책실, 전략기획 및 기업본부실, 국제프로젝트실, 다문화 이니셔티브실, 토착유산 이니셔티브실로 구성되어 있다.

(3) 도큐먼트유산수집부(Documentary Heritage Collection)

출간 유산 관리실, 캐나다 기록관 및 특별소장 관리실, 수집관리실, 지적관리실로 구성되어 있다.

(4) 정보기술부(Information Technology)

기술대표실, 어플리케이션관리실, 고객 파트너십 관리실, 인프라스트럭처 관리서비스실로 구성되어 있다.

(5) 프로그램 및 서비스부(Programs & Services)

서비스실, 프로그램실, 인물사진 갤러리실로 구성되어 있다.

(6) 커뮤니케이션부(Communications Office)

창의적 서비스실, 마케팅실, 전략적 커뮤니케이션 및 홍보실, 대중관리실로 구성되어 있다.

6) 종합적 국가 이니셔티브(Collaborative National Initiatives)

캐나다도서관·기록관의 국가 역할은 국가목표의 성취를 위한 캐나다 문서 유

산과 리더십에 관한 종합적 국가 전략, 캐나다인을 위한 종합적인 서비스 제
공을 위한 캐나다도서관·기록관 네트워크 역량강화, 새로운 접근법 및 혁신
촉진, 도서관·기록관 네트워크 파트너십에 관한 국가 프로그램 및 서비스 제
공, 국제적 캐나다 경험 기여 및 캐나다 네트워크의 국제개발의 공유, 그리고
문서 유산 및 국가 네트워크 이용에 대한 경제, 문화, 교육 자산의 정부 및 커
뮤니티 인식 강화를 포함한다. 구체적인 내용은 다음과 같다.

(1) 캐나다 디지털 정보전략(CDIS: Canadian Digital Information Strategy)
   디지털 정보와 네트워크화 된 기술은 21세기의 경제성장과 사회복지의 주
   요동력이다. 디지털 정보자산과 인프라스트럭처의 증진을 통하여 국가가
   발전한다는 것은 자명한 사실이다. 이러한 배경을 바탕으로 캐나다는 빠르
   고 결정적으로 대처하기 위하여 모든 캐나다의 시민, 과학자, 창조인, 산업
   인, 학생 그리고 노동자들의 필요에 합당한 전략을 세우기에 이르렀다. 이
   에 LAC는 디지털 정보의 창조, 보존, 분포와 관련된 높은 수준의 협력을
   위한 전략적 접근법을 달성하고자 한다.

(2) 2005 캐나다 메타데이터 포럼(Canadian 'Metadata' Forum 2005)
   캐나다도서관·기록관은 주요 정책결정자와 정보자원관리 분야의 리더들
   을 위한 포럼을 계획하여 2005년 9월 27~28일 양일간 개최하였다. 이 포
   럼은 메타데이터 이행관련 문제를 위하여 2003년 9월에 처음으로 열렸던
   포럼을 기초로 이루어졌다. 당해 포럼에서는 메타데이터 투자의 실현방법
   과 메타데이터 정책의 영향에 대한 사항이 논의되었다.

(3) 종이기록물 이용이 힘든 캐나다인을 위한 정보이용 협의회(The Council
   on Access to Information for Print-Disabled Canadians)
   이 협의회의 홈페이지는 이용자들을 위한 정보보관소로서의 역할을 하도

록 개발되었으며, 특히 종이기록물 이용이 용이하지 않은 캐나다인들에게 정보자원 서비스를 제공하기 위해 만들어졌다.

(4) 공정한 도서관 이용을 위한 이니셔티브(IELA: Initiative for Equitable Library Access)

캐나다도서관·기록관은 장기적 도서관 및 정보이용에 대한 국가 전반적인 파트너십과 활동 및 서비스의 실행을 위한 전략 개발을 요구받아 왔다. 이에 모든 캐나다인들의 이용가능 서비스를 위해 향후 3년간의 프로젝트가 실행된다.

(5) 국가기록관 개발 프로그램(NADP: National Archival Development Program)

이 프로그램은 캐나다의 기록관 및 관련 기관들이 그들의 역량을 강화하고 캐나다 및 캐나다인에 관한 기록자료를 보존 및 이용하기 위한 재정적 지원을 제공한다.

(6) 국가 주요도서관 통계 프로그램(NCLSP: National Core Library Statistics Program)

이 프로그램은 캐나다 도서관의 국가 통계 및 분석을 시행한다.

(7) 자원공유(Resource Sharing)

자원공유라는 개념은 도서관과 이해관계자들 간의 다양한 협력적 활동을 포함하기 위해 개발되었다. 국가자원공유 인프라스트럭처의 개발은 이해관계자들의 정보투입에 의존하는 캐나다 정보자원 공유 전략(Canadian Information Resource Sharing Strategy)에 기술되어 있다.

7) 관련법률

• Library and Archives of Canada Act
홈페이지 http://lois.justice.gc.ca/en/L − 7.7/249401.html

8) 주요 서비스

(1) 대중을 위한 서비스
캐나다도서관·기록관은 대중회원을 위해 다음과 같은 전문가들의 서비스를 제공한다.
• 연구조사 자문
• 질문에 대한 답변
• LAC의 장서 및 자원 이용 지원

(2) 기록관, 도서관, 출판사를 위한 서비스(Archives, Libraries and Publishers)
캐나다도서관·기록관은 홈페이지에서 기록전문가, 사서, 출판자들을 위한 전문화된 자원 시리즈 링크를 제공한다.
• 기록관 커뮤니티를 위한 서비스 및 툴의 제공
• 도서관 커뮤니티를 위한 서비스 및 툴의 제공
• 출판자들을 위해 고안된 LAC 프로그램으로의 링크 제공

9) 정보관리(IM: Information Management)

캐나다 정부(GC: Government of Canada)는 캐나다도서관·기록관이 캐나다 정부의 정보관리(IM)에 있어서 리더십을 제공하며, 각 부처 및 관련부서가 정보관리의 표준 및 모범사례를 개발할 수 있도록 촉진한다.

10) 관련기관

(1) 캐나다도서관·기록관보존센터(Library and Archives Canada Preservation Centre)

퀘벡(Quebec)에 위치하며, 1997년 6월에 개관하였다.

(2) 연방기록센터(Federal Records Centres)

② 정보원

1) 정보원 열람 및 배포 정책

캐나다도서관·기록관은 기본적으로 도서관과 기록관으로 구분하여 분류된 검색창을 통해 주요 정보원과 기록물의 검색을 제공하고 있으며, 캐나다의 주요 도서관 및 기록관의 온라인 자원으로의 직접 링크를 통해서 검색 및 열람을 제공하고 있다.

2) 소장기록물

캐나다도서관·기록관의 기록 및 기록관리 관련 소장기록의 링크 목록은 다음과 같다.

- 토착정보 및 서비스(Aboriginal Resources and Services)
- 캐나다계보학센터(Canadian Genealogy Centre)
- 주제별캐나다정보(Canadian Information by Subject)
- 캐나다전기문학온라인사전(Dictionary of Canadian Biography Online)

- 캐나다민주주의관련LAC포럼(LAC Forum on Canadian Democracy)
- 학습센터(Learning Centre)
- 군(軍)인사기록(Military Personnel Records)
- 다문화정보 및 서비스(Multicultural Resources and Services)
- 캐나다논문포털(Theses Canada Portal)

3) 기록물(정보원) 검색

검색창을 통해 키워드로 검색을 하거나 도서관, 기록관, 웹사이트의 분류로 나누어져 있는 검색창을 이용한 검색을 할 수 있다. 알파벳순, 주제별, 미디어매체별, 그리고 종류별 브라우징을 통한 검색이 가능하며, 그 내용은 다음과 같다.

(1) 알파벳순 검색

A항목의 'Aboriginal Documentary Heritage'에서부터 W항목의 'Written in Stone'에 이르기까지 알파벳순으로 해당 기록정보원을 분류하여 검색에 제공하고 있다.

(2) 주제별 검색

토착민, 예술 및 사진, 인명·사람들, 흑인역사, 재해, 탐험 및 정착, 영화, 원예, 유대문헌, 노동, 문학, 음악, 국가정체성, 신문, 우표 및 우편역사, 정치 및 정부, 인쇄 및 출판, 스포츠, 연극, 대중교통 및 여행, UFO, 전쟁 및 군대로 분류하여 검색에 제공하고 있다.

(3) 미디어매체별 검색

음성파일과 비디오파일로 분류하여 검색에 제공하고 있다.

(4) 종류별 검색

디지털 소장품, 연구보조(research aids), 가상전시회로 분류하여 검색에 제
공하고 있다.

2. 유럽

2.1 그루지야

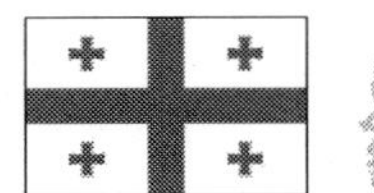 

saqarTvelos
saxelmwifo
arqivebi

AG

Archives of Georgia

그루지야기록관

① 기록관

1) 소재사항

소재국가	그루지야[13]
주 소	380060, Vazha‒Pshavela av.1, The Archival Department of Georgia
전 화	+995 37 28 02
팩 스	+995 94 25 32
전자우편	archivge@geo.net.ge

---

13) 그루지야(საქართველო, Georgia)는 카프카스 남부 흑해 동쪽에 위치한 공화국이다. 1918
년부터 1920년까지는 그루지야 민주공화국이 공식 국호였으며, 1991년 4월 9일 구소
련으로부터 독립하였다. 수도: 트빌리시, 공용어: 그루지야어, 면적, 69,700km², 인구:
4,474,000명(2005년), 통화: 라리.

홈페이지   http://archive.gol.ge/meoreeng.htm

2) 성격

그루지야기록관(AG: Archives of Georgia)은 10세기부터 그루지야 국가와 문화관련 기록물을 유지 · 보존하여 왔으며, 다양한 이름으로 존재하여 왔다. 1990년 소비에트 연방의 붕괴와 함께 독립되어 국가기록관의 역할을 수행하고 있다.

3) 설립연혁

- 고대 및 중세의 그루지야인은 가장 문명화된 민족 중 하나로 알려져 왔다. 당대의 도시들은 많은 정부기관, 도서관 및 기록관을 보유하여 공식기록들을 보존했었다. 즉 그루지야인의 기록관에 대한 열정은 오래된 전통으로 그들의 삶에 살아 존재해 왔다고 할 수 있다.
- 그루지야기록관은 세기를 거스르는 역사를 자랑한다. 그루지야 국가 및 문화와 관련된 기록관 역사는 고대 그루지야 시대로 거슬러 올라간다. 유명한 역사가들의 증언에 의하면 이미 6세기에 지방의 기록관에 보관되어 있는 법적 도큐먼트에 대한 언급이 오가고 있었다. 그루지야 정보원의 데이터베이스량을 보면 적어도 10세기부터 기록관에 대한 유지가 지속되어 온 것을 알 수 있다.
- 10세기에서 12세기 사이 강력한 봉건제도 시기의 그루지야 정부기구는 기록관에 대한 수준 높은 개발에 이르렀다.
- 15세기 이후 그루지야는 서로 다른 왕국과 공국으로 분리되고, 그에 따라 기록관 또한 지방분권화의 영향을 받게 되었다. 기록관의 이름도 지방에 따라 각기 다른 이름으로 불리기 시작하였다. 또한 사설기록관, 즉 민간기록관을 비롯하여 교회 소유의 기록관과 수도원 소유의 기록관이 생겨났다.
- 기록관은 지속적으로 화재나 파괴적인 공격에 피해를 입어 왔다. 그 결과,

많은 고대 도큐먼트와 메뉴스크립트가 훼손되었다. 그루지야의 제정정권(Tsarist) 시작과 함께 부서 및 기관의 성격을 가진 기록관이 형성되기 시작하였다. 그러나 부서적 성격의 기록관 활동을 통합하거나 조정하는 중앙기록관 기관은 존재하지 않았다. 기존의 기록관 활동은 별도의 기금에 의해 처리되도록 제한되었다. 기록관 자료의 이용은 매우 희박하였으며 과학적으로나 실제적으로 중요한 도큐먼트나 자료들의 활용 또한 이루어지지 않았다. 그에 따라 일부 자료들은 쓸모없다고 여겨져 폐기되기까지 하였다.

- 1920년 4월 23일 그루지야 민주공화국 제헌의회(Constituent Assembly of the Georgian Democratic Republic)는 트빌리시(Tbilisi)에 주요 과학기록관을 설립하기 위한 법안을 통과시켰다.

- 볼셰비키 러시아에 의한 그루지야 통합 후, 혁명위원회는 1921년 7월 1일 '기록관 승인 및 중앙화(About the Reorganization and Centralization of the Archives)'에 대한 법령을 만들었다. 이 법령에 의해 기록관이 설립되었으며 중앙기록위원회(Central Archival Board)에 의해 운영되었다. 기록관 업무의 형성 및 개발, 기구원칙 및 개발법 등이 소비에트 추세에 기초하여 구체화되었다.

- 1990년 소비에트 연방의 붕괴와 함께 그루지야 기록관 지부는 소비에트 부속에서 독립하였으며, 그루지야의 모든 주정부 기록관은 그루지야기록부서(State Department of Archives of Georgia)에 속하게 되었다. 이 부서는 주정부기록의 조직적 관리를 수행하게 되었으며 국가기록관으로서의 의무를 이행하게 되었다.

4) 그루지야중앙정부기록관

(1) 그루지야중앙정부기록관(Central State Archives)

1920년에 설립되었으며, 9세기부터 1921년 2월 25일에 이르는 도큐먼트를 보유하고 있다. 기록관 자원은 역사적 메뉴스크립트, 법령, 수기(手記)로 작성된 서적, 개인소장품, 주당국에 의해 관리되는 기록문, 헌법, 군사기록물, 대중 경제, 과학, 문화, 교육 기관 및 기구의 자료 등을 관리한다.

(2) 그루지야현대사관련중앙정부기록관

1927년에 설립되었으며 1921년부터 현재까지의 자료들을 보관하고 있다.

(3) 필름ㆍ사진ㆍ포노그래피도큐먼트그루지야중앙정부기록관

1944년에 설립되었으며 약 305,000장의 사진, 28,000장의 필름, 16,500개의 포노그래피 도큐먼트를 소장하고 있다.

(4) 그루지야과학 및 기술도큐먼트중앙정부기록관

1974년에 설립되었다.

5) 그루지야지방정부기록관

주요 그루지야지방정부기록관 및 기록관련 기관의 목록과 각 소재사항은 다음과 같다.

- Archival Department of Georgia

  소재사항: 380060, Tbilisi, Vazha-Pshavela av. 1
- Central State Archive of Contemporary History of Georgia

  소재사항: 380060, Tbilisi, Vazha-Pshavela av. 1
- Central State Historical Archive of Georgia

  소재사항: 380060, Tbilisi, Vazha-Pshavela av. 1
- Central State Archive of Scientific and Technical Documentation of Georgia

  소재사항: 380060, Tbilisi, Vazha-Pshavela av. 1
- Central State Archive of Literature and Art of Georgia

소재사항: 380060, Tbilisi, Vazha - Pshavela av. 1
- Central State Archive of Film, Photo and Phonograph Documents of Georgia
  소재사항: 380060, Tbilisi, Vazha - Pshavela av. 1
- Quthaisi Central State Archive
  소재사항: 384000, Quthaisi, Phaliashvili Street 33
- Tskhinvali State Archive
  소재사항: 383570, Tskhinvali, Stalin Street 6
- Georgian State Archive of Insurance of Archival Collections
  소재사항: 383060, Dushethi, Stalin Street 92
- Republican Laboratory of Restoration and Microfilming of the Documents
  소재사항: 380060, Tbilisi, Vazha - Pshavela av. 1
- Scientific and Reference Library
  소재사항: 380060, Tbilisi, Vazha - Pshavela av. 1
- Scientific and Technical Processing Service of Institutional Documents
  소재사항: 380060, Tbilisi, Vazha - Pshavela av. 1
- Managerial Department of the Georgian Archival Department and the State Archives
  소재사항: 380060, Tbilisi, Vazha - Pshavela av. 1
- Tbilisi Central State Archive
  소재사항: 380077, Tbilisi, Zaqariadze Street 4
- Rustavi State Archive
  소재사항: 383040, Rustavi, Bathumi Street 17
- Tqkibuli State Archive
  소재사항: 384080, Tqkibuli, Gamsakhurdia Street 30
- Phothi State Archive

소재사항: 384880, Phothi, Leselidze Street 1
- Tsqkaltubo State Archive
  소재사항: 384050, Tsqkaltubo, Rustavi Street 31
- Chiathura State Archive
  소재사항: 383950, Chiathura, Thkhelidze Street 39
- Archival Department Abkhazethi's Autonomous Republic
  소재사항: 380060, Tbilisi, Vazha – Pshavela av. 1
- Archival Department Ajara's Autonomous Republic
  소재사항: 384945, Bathumi, Gorgasali Street 126
- Central State Archive of Ajara's Autonomous Republic
  소재사항: 384945, Bathumi, Gorgasali Street 126
- Qeda Regional State Archive
  소재사항: 384550, Qeda
- Qobulethi Regional State Archive
  소재사항: 384410, Qobulethi, Rusthaveli Street 141
- Khelvachauri Regional State Archive
  소재사항: 384545, Khelvachauri
- Khulo Regional State Archive
  소재사항: 384570, Khulo
- Shuakhevi Regional State Archive
  소재사항: 384560, Shuakhevi

6) 주요업무

(1) 자료입수(Acquisition)

그루지야기록관에 의한 자료입수의 과정은 정부부처 및 기관 등을 통해 다양한 방법에 의해 이루어진다. 영구보존으로 분류된 도큐먼트와 기록들은 그루지야 정부기록관에 15년 동안 보관된다. 시청각 도큐먼트는 그루지야필름·사진·포토그래피중앙정부기록관에 5년 동안 보관된다.

(2) 도큐먼트 보존(Preservation of the Documents)

곰팡이나 벌레에 의한 훼손을 막기 위하여 그루지야 정부기록관에 소장된 도큐먼트들은 훈증 소독되어(fumigated) 보관된다. 훈증과정을 거친 도큐먼트 및 기록들은 직사광선 및 고온과 습기, 먼지 등으로부터 보호된다.

(3) 마이크로필름화(Microfilming)

중요하고 자주 사용되는 기록관 도큐먼트와 기록들은 훼손되기 쉽기 때문에 원본을 보존하기 위해 이들을 마이크로필름으로 매체변형을 시킨다. 약 155,364점의 마이크로필름이 이미 제작되었고, 지속적으로 이용되고 있다.

(4) 복구(Restoration)

그루지야정부기록관에 소장되어 있는 도큐먼트들은 오랜 시간이 지남에 따라 부패되기 쉬우므로 특별연구소의 전문가들에 의해 복구작업을 거친다.

(5) 대중이용(Public access to and the Documents)

대중의 기록관 도큐먼트 이용을 용이하게 하기 위해 자료이용 안내서가 제공된다.

7) 국제활동

(1) 국제아카이브스협의회(ICA) 회원

국제아카이브스협의회는 기록관의 개발에 기여하고자 하는 목적을 공유하는 여러 국가의 기록관들 간의 교류를 촉진하고자 1950년에 설립되었다. 이는 유네스코에 기반을 둔 국제비정부기구로서 그루지야기록관은 1996년에 국제아카이브스협의회의 회원이 되었으며, 기록관에 대한 국제의회(International Congress on Archives)와 기록관에 대한 국제컨퍼런스 원탁회의(International Conference of Round Table on Archives) 연간회의에 대표를 보내고 있다. 그루지야국가기록관은 또한 특별 기록관련 토의에 관여하고 다른 국가의 기록관 및 기록전문가들과의 정보교환을 통한 국제교류를 활발히 행하고 있다.

(2) 그루지야국가기록관친구들(Friends of the Georgian National Archives)

국가기록관친구들은 국제단체(International Society)로서 1955년에 미국에 설립되었다. 이 단체는 그루지야정부기록관과 케케리쯔(K. Kekelidze) 메뉴스크립트 연구소와의 프로젝트를 실행 중이다. 프로젝트의 일부는 인터넷과 관련된 것들이다. 또한, 그루지야 기록전문가들을 유명한 외국대학이나 도서관에 보내서 이 분야에서 더 높은 자격을 갖출 수 있도록 하는 계획을 세우고 있다.

(3) 협력체계

그루지야기록부서는 또한 독립국가연합(CIS)의 대부분의 국가 및 터키, 루마니아, 불가리아, 그리스, 독일 그리고 프랑스와 공식적으로 협력체결안에 합의하였다. 모든 협력국가들은 기록분야에서의 경험을 공유하며 기록관 도큐먼트의 사본을 제공하고 또한 공동 전시회를 조직한다.

(4) 국제교류

그루지야국가기록관은 직원들이 다른 국가의 기록관을 방문하여 그들의 시설 및 서비스에 대해 배울 수 있도록 한다. 또한 다른 국가의 기록관 직원들의 방문을 통해 국제교류를 촉진하고 있다.

② 정보원

1) 정보원 열람 및 배포 정책

그루지야기록관의 모든 정보는 그루지야어 및 러시아어로 제공된다. 그루지야
기록관의 공식적인 출판물로는 1925년부터 그루지야 정부기록관이 발간해 오
고 있는 '역사메신저(*Historical Messenger*)'라는 연속간행물이 있다.

2) 소장기록물

현재 그루지야국가기록관은 약 4,700,000 건의 기록물과 28,000장의 필름,
305,000장의 사진 및 16,500 건의 포노그래피(phonograph) 도큐먼트를 소장하
고 있다.

2.2 네덜란드

nationaal **archief**

NAN

National Archives of Netherlands

네덜란드국가기록관

① 기록관

1) 소재사항

소재국가	네덜란드[14]
주　　소	Prins Willem Alexanderhof 20, 2595 BE Den Haag, Netherlands
전　　화	+31 70 3315400/3315444
팩　　스	+31 70 3315540
전자우편	info@nationaalarchief.nl
홈페이지	http://www.en.nationaalarchief.nl/default.asp

---

14) 네덜란드(Nederland)는 네덜란드 왕국을 구성하는 서유럽에 있는 입헌 군주국이다. 수
　도: 암스테르담(Amsterdam), 인구: 약 1,600만 명, 면적: 41,548㎢(내해수면 제외 시
　37,305km²), 주요민족: 화란민족(게르만족의 1개 분파), 주요언어: 네덜란드어(영어·불
　어·독일어 통용), 종교: 천주교(32%)·개신교(17%)·비종파(38%).

2) 성격

네덜란드국가기록관(NAN: National Archives of Netherlands)은 약 1,000년이 되어 가는 네덜란드 역사가 담겨 있는 네덜란드의 가장 큰 공공기록관이다. 국가기록관은 네덜란드 역사연구 및 문화연구에 대한 대표적 센터이다.

3) 설립연혁

네덜란드국가기록관은 2002년 6월 4일부터 공식적으로 활동하고 있다. 그러나 실제 네덜란드의 국가기록관 서비스는 200년 이상의 기간 동안 존재해 왔다.

4) 비전 및 임무

① 기록관의 기록물의 내용을 기본으로 대중에게 역사적 정보의 제공
② '국가기억(National Memory)'으로서 역사적으로 중요한 정부기록뿐 아니라 국가역사에 있어서 중요한 부분을 차지하는 개인기록도 관리
③ 여러 종류의 기록물의 입수(또는 수집)
④ 기록물을 좋은 상태로 유지
⑤ 많은 대중에의 이용 실현

5) 조직

- 국가기록관의 전반적인 관리는 국장과 부국장에 의하여 수행되며, 크게 대중담당부(Public), 소장기록담당부(Collection), 그리고 행정부(Administration)로 구분된다.
- 국장과 함께 부장들은 운영팀(MT: Management Team)으로 구성되며, 또한 각각의 부서는 산하 여러 팀으로 구성되어 운영된다.

• 각각의 부서는 부서장에 의해 운영, 관장된다.

6) 기록지원체계

기록관의 주요 기록물들은 중앙정부, 쥐드·홀란드지방 및 홀란드 구지방 (Province of Zuid - Holland and the Former County of Holland), 그리고 민간기관 및 개인에 의해 지원되고 있다.

(1) 중앙정부기록관(Central Government Archives)

이곳에서는 국가정부 도큐먼트와 서신 등의 다양하고 많은 기록자료를 찾아볼 수 있다. 지금의 네덜란드가 있을 수 있었던 모든 계획과 활동들에 대한 기록을 보유하고 있다. 또한, 외교관, 공무원, 군인으로 일했던 사람들에 대한 매우 많은 양의 정보를 소장하고 있다.

(2) 민간기록관(Private Archives)

국가기록관의 관리 하에 있는 민간기록관은 일반적으로 정부기록관과 관련되어 있다. 네덜란드의 정치나 사회적 역사에 있어서 중요한 역할을 한 개인이나 기구 또는 협회나 재단 대부분은 민간기록 형태로 기록물을 제공하고 있다.

7) 지원기관(Friends)

네덜란드의 많은 박물관, 기록관, 도서관들은 '프렌즈(Friends)'라는 협회에 의해 활동지원을 받고 있다. 2002년 6월부터 국가기록관도 '프렌즈' 지원기관에 포함되었다. '국가기록관 프렌즈(Friends of the Nationaal Archief)' 재단의 주목적은 국가기록관의 활동과 소장품에 관심이 있는 이들의 결성이다.

8) 국제활동

네덜란드국가기록관은 50여 개국 이상의 국가에 대한 기록을 보유하고 있다. 인도네시아, 수리남, 네덜란드령 앤틸리스제도(Netherlands Antilles)와 아루바 (Aruba)에 대한 자료가 대표적인 예이다. 국가기록관은 이러한 현재 또는 과거의 외부영토와 좋은 관계를 유지하고 있으며, 유럽의 국가들과도 긴밀한 협조를 이루고 있다.

(1) 인도네시아, 스리랑카, 인도, 남아프리카(Indonesia, Sri Lanka, India and South Africa)와의 협력

한때 네덜란드 동인도회사의 주요 무역영역이었던 인도네시아, 스리랑카, 인도, 남아프리카 등 국가들의 기록서비스와 협력하기 위해 국가기록관은 '새 시대의 파트너십을 향해서(Towards a New Age of Partnership)'라는 프로젝트를 수행하였다. 이 프로젝트의 목적은 기록자료의 보존 및 이용의 협력에 있다.

(2) 수리남, 네덜란드령 앤틸리스제도와 아루바(Surinam, the Netherlands Antilles and Aruba)와의 협력

수리남, 네덜란드령 앤틸리스제도와 아루바의 기록서비스와의 긴밀한 관계 또한 유지되어 왔다. 이 협력관계는 기록자료의 보존에 주요목적이 있으며, 학계연구의 이용도를 높이기 위한 목적 외에 계보학 및 지역연구학자들을 위한 데이터 제공 목적도 있다. 한편, 네덜란드국가기록관은 수리남의 새로운 주정부기록관의 형성과정에 관련되어 있다.

(3) 유럽(Europe)과의 협력

유럽에서의 네덜란드국가기록관은 벨기에의 기록전문가들과 독일 북부 라

인·웨스트팔리아(North Rhine – Westphalia)의 기록전문가들과의 긴밀한 관계를 유지하고 있다. 구체적으로 연간 교환방문 프로그램을 운영하고 있다. 헝가리, 폴란드, 발트해 국가들과 같은 다른 국가들과의 정규적인 교환 프로그램도 운영하고 있다. 이러한 교환프로그램은 보호 및 복구 방법에 대한 교환을 주목적으로 수행되고 있다.

(4) 국제보호센터(International Conservation Centre)
네덜란드국가기록관은 국제아카이브스협의회(ICA)의 회원기관이다. 이와 관련하여 국가기록관은 기록관련 전산화와 보호와 관련된 다양한 분야의 프로젝트에 참여하고 있다.

② 정보원

1) 정보원 열람 및 배포 정책

네덜란드국가기록관은 6,000여 개가 넘는 기록관을 관리하고 있다. 이 모든 기록관을 전산화하는 것은 많은 비용과 시간을 들이는 사업으로 기록관을 전산화하여 모든 도큐먼트를 온라인상으로 열람하기까지 수년의 작업기간이 필요하다. 따라서 현재 직접 열람실을 방문하여 자료를 열람하는 것만이 가능하다. 다만 온라인서비스가 가능한 기록관이 있으며, 이 경우 기록 그룹을 주제별로 정리하여 목록서비스를 통해 관련 기록정보원의 검색이 제공되고 있다.

2) 정보원 검색

네덜란드국가기록관은 다음과 같은 주제별 기록 그룹으로 기록물의 검색을 제공하고 있다.

- 네덜란드에서 호주까지: 1946~1991년의 이민역사(Emigrants)
- 정부회원(Government Members)
- 일본검색안내(Japan Search Guide)
- 쥐드·홀란드 기업등록(Zuid-Holland Companies Register)
- 네덜란드 음성등록(Dutch Sound Registers)
- 노예해방(Freed from Slavery)
- 수리남해방(Free in Surinam)
- 노동계약(Contract Labour)
- 식민시대의 수리남(Colonial Surinam)

2.3 노르웨이

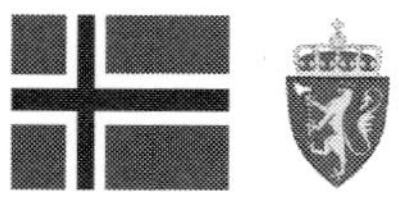

NAN

National Archives of Norway

노르웨이국가기록관

① 기록관

1) 소재사항

소재국가	노르웨이[15]
주　　소	Folke Bernadottes vei 21, Postboks 4013 Ulleval stadion, N-0806 Oslo, Norway
전　　화	+47 22 02 26 00
팩　　스	+47 22 23 74 89
전자우편	riksarkivet@arkivverket.no
홈페이지	http://www.arkivverket.no/english/

---

15) 노르웨이 왕국(Kongeriket Norge, Kongeriket Noreg)은 1905년 10월 26일 스웨덴으로부터 독립하였다. 수도: 오슬로(Oslo), 인구: 약 450만 명, 면적: 386,963km², 주요 민족: 노르웨이인 · Sami족(1%), 주요언어: 덴마아크어의 영향을 받은 Bokmal어와 노르웨이 지방 고유어인 Nynorsk어(두 개 언어 모두 공식언어로 통용), 종교: 루터복음교(94%, 헌법상 국교로 지정, 신앙의 자유 보장).

2) 성격

노르웨이국가기록관(NAN: National Archives of Norway)은 정부부처 및 중앙부처의 현용기록이 아닌 비현용기록들(Non－current Records)을 주로 보존·관리하는 국가기관이다.

3) 설립연혁

- 노르웨이의 국가기록관 및 지역정부기록관은 노르웨이국가기록관서비스(National Archival Services of Norway)에서 비롯되었다. 노르웨이 국가기록관 서비스는 문화부 산하의 독립적인 정부당국이다. 총장(Director General)과 국가기록관서비스의 권한은 1992년에 제정된 '기록법(Archival Act)'에 의해 보호받고 있다.
- 관련기관의 도큐먼트 중 이용 중이 아니거나 25년 이상이 된 것들은 국가기록관으로 이전된다. 가장 오래된 완전한 도큐먼트는 기원전 1189년의 것이다.
- 지역기록관들은 주정부행정의 지역 및 지방지국의 도큐먼트를 보존한다. 노르웨이는 현재 총 8개의 지역기록관을 운영하고 있다.

4) 비전 및 임무

노르웨이국가기록관 및 지역정부기록관의 기본적인 임무는 다음과 같다.
① 정부기관의 기록자료 보존
② 보존중인 기록의 대중이용
③ 내각, 지역 및 지방당국의 행정기록 업무에 대한 관리
④ 민간기록 보존에의 기여

5) 특별 서비스

노르웨이국가기록관은 다음과 같은 국가기록관서비스(National Archival Services)를 수행하고 있다.

(1) 구성
노르웨이국가기록관서비스는 국가기록관과 8개의 지역정부기록관으로 구성된다.

(2) 의무
노르웨이국가기록관서비스의 기관들은 모든 정부행정기관의 기록물을 유지하며 민간기관의 기록물도 유지할 의무가 있다.

(3) 서비스 헌장
서비스 헌장은 국가기록관과 지역정부기록관의 공공서비스를 정의하고 있다.

(4) 목적
노르웨이국가기록관서비스의 목적은 개인이용자가 편한 마음으로 이용할 수 있도록 공공서비스를 제공하는 데에 있다.

(5) 정보제공
노르웨이국가기록관서비스의 기본전제는 기록자료를 모든 이에게 이용가능하도록 하는 것이다. 다만 다른 공무원과 마찬가지로 국가기록관서비스의 직원들도 개인정보를 보호하는 차원에서 기밀유지의 의무를 가지고 있다.

(6) 기록출처(Sources)

노르웨이국가기록관서비스는 기본적으로 노르웨이 주정부당국(Norwegian State Administration)으로부터 기록자료를 이전받아 보존하며 대중의 이용이 가능하도록 하고 있다. 이러한 기록자료들은 국가기록관에 보관되었던 중앙부처의 자료와 개별정부기록관에 보관되어 있던 지역 및 지방당국의 자료에서 그 출처를 찾을 수 있다.

(7) 디지털기록관

전통적인 자료의 형태는 텍스트 기반의 문서형태인 종이기록물이었다. 1960년대부터 노르웨이 주정부 행정당국은 디지털 형태의 미래형 기록자료 형성을 위해 컴퓨터시스템 사용을 시작하여 왔다. 1985년부터 노르웨이국가기록관서비스는 디지털형태의 자료를 접수받기 시작하였다. 1998년부터 국가기록관서비스는 디지털기록관을 통한 인터넷상에서의 자료 검색서비스를 시작하였다.

6) 관련법률

- 1992년의 기록법(Archival Act)

7) 기록 이용자(Using the Archives)

국가기록관 및 지역정부기록관은 지방 및 중앙 정부당국에 의해 등록되거나 처리된 대부분의 문제에 대한 기록을 보존하고 있다. 가장 많이 이용하는 사람은 계보학자, 연구원 및 대학생, 기자, 역사에 관심 있는 개인, 변호사 등이다.

② 정보원

1) 정보원 열람 및 배포 정책

노르웨이국가기록관의 소장정보원은 방문열람 또는 인터넷서비스를 통하여 검색 또는 열람이 제공되고 있으며, 키워드에 의한 자료 검색이 가능하다. 한편, 온라인상의 '디지털기록관(Digital Archives)'을 통한 다양한 기록관의 관련기록물의 이용이 가능하다. 다만 검색서비스 및 디지털기록관의 이용 서비스는 노르웨이어로만 제공된다.

2) 소장기록물

국가기록물과 모든 지역정부기록물관 그리고 기업, 기구, 정치단체, 개인에 의한 민간기록물도 관리하고 있다.

3) 디지털기록관(Digital Archives)

- 국가기록관 총장은 정보 및 문서를 위한 출처로서 기록관의 중요성을 강조하고 있다. 디지털기록관은 이러한 점을 바탕으로 1998년부터 운영되어 왔으며, 그로부터 인터넷 서비스의 이용이 점점 더 증가되고 있다.
- 디지털기록관은 이미지, 문자화 된 텍스트와 데이터베이스의 형태를 갖춘 디지털화 된 기록자료에 대한 노르웨이국가기록관의 출판경로이다. 이 출판물들은 원서 또는 마이크로필름의 전자출처 및 전통적 문서출처 모두의 기록자료를 포함한다.
- 디지털화된 자료는 국가기록관 또는 지역정부기록관의 디지털화 부서에서 처리된다. 일부자료는 또한 외부협력을 통해 제작된다.

- 베르겐지역정부기록관(Regional State Archives of Bergen)은 디지털기록관의 매일 매일의 관리에 대한 책임을 맡고 있으며 선임편집장의 역할을 하고 있다.
- 디지털기록관은 외부기관, 기구 및 개인의 인터넷상에서의 디지털화된 기록자료의 출판을 허가하고 있다. 자료를 제출한 기관, 기구, 개인의 자료는 '디지털저장소(Digital Inn)'를 통하여 출판된다.

4) 온라인전시관(Online Exhibition)

온라인전시관에서는 사진, 지도, 아름답고 유일한 도큐먼트, 역사적으로 중요한 도큐먼트, 오래되고 가치 있는 도큐먼트, 특별한 주제나 사건을 다루고 있는 도큐먼트 등을 찾아볼 수 있다. 온라인전시관에서 선보이는 자료들은 노르웨이국가기록관 서비스부에서 소장하고 있는 자료의 일부에 불과하다. 다시 말하면, 온라인전시관에서는 국가기록관 및 지역정부기록관 자료의 샘플을 제시하고 있는 것이다.

5) 정보원 관련서비스

다음과 같은 종류의 정보원 제공관련 서비스가 제공되고 있다.

(1) 인터넷서비스

노르웨이국가기록관서비스는 홈페이지를 통한 정보원을 제공하고 있다. 홈페이지 운영의 목적은 국가기록관 자료의 목록을 온라인 카탈로그를 통해 이용자들이 열람하고자 하는 기록을 손쉽게 검색할 수 있도록 하는 데에 있다.

(2) 방문열람서비스

- 국가기록관 및 지역정부기록관은 열람실을 운영하여 기록자료의 열람을

원하는 이용자들이 열람할 수 있도록 하고 있다.

- 이용가능 시간은 운영시간 내 최대 5시간 동안이며, 월요일부터 금요일까지 개방되고 있다. 또한, 토요일 오후에도 열람실이 개방되고 있다.
- 열람방법은 열람실에 배치되어 있는 카탈로그를 통해 원하는 자료를 찾은 후 직원에게 요청하면 30분 이내에 신청 자료를 열람실에서 받아 볼 수 있다. 또한, 열람실 방문 이전에 원하는 자료를 미리 신청할 수도 있다.

2.4 리투아니아

LSAS

Lithuanian State Archival System

리투아니아정부기록시스템

1 기록관

1) 소재사항

소재국가	리투아니아[16]
주　　소	Mindaugo 8, LT 03106 Vilnius, Lithuania
전　　화	+370 5 265 1137
팩　　스	+370 5 265 2314
전자우편	arch.dep@archyvai.lt
홈페이지	http://www.archyvai.lt/archyvai/selectLanguage.do?language=en

---

16) 리투아니아(Lietuva)의 공식 명칭은 리투아니아 공화국(Lietuvos Respublika)이다. 제1차 세계대전이 일어나자 리투아니아는 러시아 제국으로부터 1918년 2월 독립을 선언하였다. 제2차 세계대전의 발발 이후 1940년 소비에트 연방에 편입되었다가 1990년 3월 소비에트 연방으로부터의 독립을 선언하였다. 수도: 빌리우스(Vilnius), 인구: 약 350만 명, 면적: 65,300km², 주요민족: 리투아니아인(81.3%)·러시아인(8.4%)·폴란드인(7.0%), 주요언어: 리투아니아어(공용어)·러시아어, 종교: 천주교.

2) 성격

현재 리투아니아정부기록시스템(LSAS: Lithuanian State Archival System)은 리투아니아 전역의 기록 및 기록관리 관련 기관에 대한 중앙화 형태이다. 오늘날의 각 주정부기록관들은 대중기록의 이용과 보존을 위한 활동에 있어서 중요한 역할을 하고 있다.

3) 설립연혁

리투아니아의 기록관은 역사적인 리투아니아의 형성과 깊은 연관이 있다.

- 13세기 초반 리투아니아에 기록관이 등장하였다.
- 옛 리투아니아 대공국 공문서기록관은 많은 전쟁과 화재에 의해 소멸되었고, 중세시대에 이르러 마을, 교회, 토지에 대한 기록관이 형성되었다.
- 1795년 러시아제국이 리투아니아를 점령하게 되고, 리투아니아의 주요 기록관은 러시아에 속하게 되었다.
- 19세기 중반에 이르러 축적되고 보존된 기록을 위한 특별 기관으로 첫 기록관이 설립되었다. 1852년에는 리투아니아의 공문서를 보관하고자 하는 목적으로 빌니우스(Vilnius) 중앙기록관이 설립되었다.
- 19세기에서 20세기에 이르는 러시아 점령 기간 동안 빌니우스 구베르니야(Gubernya)의 제정러시아(Tsarist Russia) 기관에 속해 있던 기록들은 1872년에서 1876년 사이에 설립된 빌니우스 기관 합동기록관에 보관되었다.
- 리투아니아 공화국 독립선언 후 1921년 10월 19일 카우나스(Kaunas)에 중앙정부기록관들이 설립되었다. 이 기록관들의 설립목적은 독립정부 이전의 모든 기록들을 수집하고 보존하기 위해서였다.
- 1940년부터 소비에트 점령기간 동안 리투아니아 기록관들은 소비에트 형식에 따라 재구조화되었으며 러시아 내무부 산하기관으로 귀속되었다.
- 1961년 장관협의회 산하 기록관위원회가 설립되었다. 1957년에서 1968년에

걸쳐 중앙기록관 및 지역기록관을 구성하기 위한 정부기록관 네트워크의 기초가 마련되었다.

- 1990년 3월 11일 리투아니아 재독립이 이루어진 후 현재와 같은 기반의 주 정부기록관의 현대시스템이 형성되었다.

4) 비전 및 임무

① 국가기록의 원천 보존
② 도큐먼트의 이용 실현
③ 시민의 법적관심 보호
④ 대중서비스 제공

5) 조직

리투아니아정부기록시스템은 리투아니아공화국정부 산하의 리투아니아기록국, 리투아니아정부역사기록관, 리투아니아중앙정부기록관, 리투아니아정부현대기록관, 리투아니아특별기록관, 리투아니아 문학 및 예술기록관, 그리고 10개의 지방기록관으로 이루어진다.

6) 정보보호체계

(1) 개인사생활에 대한 정보 및 개인데이터(Information on Personal's Private Life and Personal Data)를 다루고 있는 도큐먼트의 이용
이상과 같은 종류의 도큐먼트의 이용은 '리투아니아공화국도큐먼트및기록에관한법(Law on Documents and Archives of the Republic of Lithuania)'에 의해 정해진다.

(2) 데이터보호(Data Protection)

'리투아니아공화국개인정보의법적보호에관한법(Law on Legal Protection of Personal Data of the Republic of Lithuania)'은 개인정보의 처리에 관한 개인 프라이버시 보호권리를 정하고 있다. 또한 '리투아니아공화국도큐먼트및기록관에관한법'은 개인정보의 정형화된 일부 정보에 대한 이용의 제한된 기간을 정하고 있다.

7) 관련법률

- 리투아니아공화국도큐먼트및기록에관한법(Republic of Lithuania Law on Documents and Archives)
- 리투아니아공화국대중을위한정보규정에관한법(Republic of Lithuania Law on Provision of Information to the Public)
- 리투아니아공화국공공행정에관한법(Republic of Lithuania Law on Public Administration)
- 주정부기밀및극비문서에관한법(Law on State Secrets and Official Secrets)
- 개인정보의법적보호에관한법(Law on Legal Protection of Personal Data)

8) 관련기관

다음은 리투아니아정부기록시스템 관련기관이다.
- 리투아니아마르티나스마르즈비아스국가도서관(Martynas Mazvydas National Library of Lithuania)
  홈페이지: http://www.lnb.lt/about_e.html
- 리투아니아과학학회도서관(Library of the Lithuanian Academy of Sciences)
  홈페이지: http://www.mab.lt/rankrasciai_eng.html
- 빌니우스대학역사컬렉션도서관(Historical Collections of the Vilnius University

Library)

홈페이지: http://www.unesco.org/webworld/mdm/visite/vilnius/eturinys.htm

- 기록관연구(Archival Studies)

홈페이지: http://www.kf.vu.lt/?do=eng

- 국제아카이브스협의회(ICA: International Council on Archives)

홈페이지: http://www.ica.org

- 유럽연합역사기록관(Historical Archives of the European Union)

홈페이지: http://www.iue.it/ECArchives/EN/

- 라트비아정부기록관(State Archives of Latvia)

홈페이지: http://www.arhivi.lv/engl/en−lvas−frame.htm

- 에스토니아국가기록관(National Archives of Estonia)

홈페이지: http://www.ra.ee

- 폴란드정부기록관(State Archives in Poland)

홈페이지: http://www.archiwa.gov.pl/index.eng.html

- 벨라루스기록관(Archives of Belarus)

홈페이지: http://www.archives.gov.by/eindex.htm

- 러시아기록관(Archives of Russia)

홈페이지: http://www.rusarchives.ru/new.shtml

② 정보원

1) 정보원 열람 및 배포 정책

리투아니아정부기록시스템은 소장정보원 중 제한된 기록물을 제외한 모든 기록물을 대상으로 방문열람, 참고서비스, 복사서비스 등을 제공하고 있다. 온라

인상의 검색은 '국가기록데이터(National Archival Data)'를 통해 키워드 검색
이 가능하다. 다만 대부분의 정보원은 리투아니아어로만 제공되고 있다.

2) 정보원 관련서비스

(1) 서비스의 종류

- 리투아니아정부기록시스템은 열람실을 운영하여 이용자들의 자료열람을
  돕고 있다. 열람실 이용시 자료열람뿐 아니라 기록전문가들에 의한 문의
  서비스도 이용가능하다.
- 그 외에 기관 및 기구에 도큐먼트 관리와 보호에 관한 자문서비스를 제
  공하기도 한다. 기관뿐 아니라 개인문의에 대한 답변서비스도 제공받을
  수 있다.
- 복사 및 마이크로필름 복사도 가능하다.
- 교육을 위한 방문서비스 및 도큐먼트에 관한 전시회 등이 대중을 위해
  제공되고 있다.

(2) 방문열람서비스

리투아니아정부기록시스템은 대중에게 개방되어 있다. 단, 방문 시 신분증을
지참하여야 한다. 제한된 기록을 제외한 모든 기록의 열람이 가능하다.

① 리투아니아중앙정부기록관

소 재 지   O. Milašiaus 21, LT 10102 Vilnius, Lithuania

전화번호   +370 5 247 7811

팩스번호   +370 5 276 5318

전자우편   lcva@archyvai.lt

② 열람실 이용시간

월요일~목요일 9:00~17:00, 금요일 9:00~15:30
토요일 8:30~15:30

2.5 라트비아

SASL

State Archival System of Latvia

라트비아정부기록시스템

① 기록관

1) 소재사항

소재국가	라트비아[17]
전　화	+371 67226532
팩　스	+371 67225564
전자우편	digna.berze@arhivi.gov.lv
홈페이지	http://www.arhivi.lv/index.php? & 3

---

17) 라트비아(Latvija)의 공식 명칭은 라트비아 공화국(Latvijas Republika)이다. 1991년 구
소련의 점령에서 독립하였다. 수도: 리가(Riga), 면적: 64,590km², 인구: 2,348,784명
(2003년), 종교: 루터 종파·천주교·러시아 정교, 언어: 라트비아어(공용어)·리투아
니아어·러시아어·기타, 인종: 라트비아인(58%)·러시아인(30%)·벨로루시(4%), 통
화: 라트비아 라트(Ls).

2) 성격

① 라트비아정부기록시스템(SASL: State Archival System of Latvia)은 라트비
아정부역사기록관(Latvia State Historical Archive), 라트비아정부기록관
(State Archive of Latvia), 라트비아시청각도큐먼트정부기록관(Latvia State
Archive of Audio – visual Documents), 인사파일정부기록관(State Archive
of Personnel Files), 11개의 지역정부기록관(Regional State Archives), 기록관
감사국(Archival Inspection), 보존연구소(Conservation Laboratory), 도서관
및 기록교육센터(Archival Training Centre with Library)로 구성된 국가적
차원의 기록 및 기록관리 관련 시스템이다. 모든 활동은 라트비아정부기록
관총국(Directorate General)의 지침과 감독에 의해 이루어진다.

② 정부기록관들은 정치적, 사회적, 문화적 역사를 담고 있는 자료 및 13세기
로 거슬러 올라가는 가장 오래된 자료 등 수많은 축적된 자료들을 소유하
고 있다. 필수증거의 보존 및 입수를 보장하기 위해 정부기록관들은 정부
기관 및 지역커뮤니티의 기록관리를 감독한다.

③ 라트비아의 다른 기관과 비정부기구 기록관과의 협력활동은 문화유산의 보
존 및 축적을 위한 다양한 프로젝트의 일부로 이루어진다.

3) 설립연혁

• 라트비아공화국은 1918년 국가영토 전역에 축적된 문서유산의 통일된 시스
템의 형성을 위한 선조건을 갖출 수 있도록 하였다.

• 1919년 독립하면서 통일된 국가기록관시스템이 시작되었다. 즉, 그해 가을
라트비아주정부역사기록관의 설립을 시작하면서 라트비아의 기록관들은 지
금까지 합동시스템을 성공적으로 개발하여 왔다.

• 라트비아정부기록관(LSA)의 활동은 1991년 3월 26일에 승인되고, 1993년
11월 4일에 개정된 기록법(Law 'On Archives')의 기본원칙의 정의 및 경영방

침을 바탕으로 운영되고 있다.

• 1993년에 개최된 국제아카이브스협의회에서 라트비아정부기록관총국(Directorate General of Latvia State Archives)은 라트비아기록관을 대표하게 되었다.

4) 조직

(1) 라트비아정부기록총국(Directorate General of Latvia State Archives)

총국은 라트비아공화국 문화부의 감독하에 15개 주의 기록관, 실험실, 특별도서관과 협동적으로 활동한다.

(2) 기록감사국(Archival Inspection)

기록감사국은 독립적인 조직으로 라트비아 공공기록관 활동의 감사 및 통제를 담당하며 기록시스템의 옴부즈맨으로서의 역할을 수행한다.

(3) 라트비아시청각도큐먼트정부기록관(Latvia State Archive of Audio – visual Documents)

본 기록관은 1963년 11월 20일에 설립되었다. 본 기록관의 보관자료들은 19세기부터 현재에 이르기까지 라트비아의 역사에 관한 영화, 사진, 오디오 도큐먼트 중 라트비아 내 유일한 소장품들이라 할 수 있다.

(4) 인사파일정부기록관(SAPF: State Archive of Personnel Files)

1994년 설립된 본 기록관은 1999년 1월 11일에 비로소 주정부 기록관 중 하나로 인정되었다.

(5) 지역정부기록관(Regional State Archives)

• 1963년에서 1964년에 걸쳐 설립된 지역정부 기록관들은 총 11개로 이루

어진다.

- 1944년부터 1991년까지 소비에트 점령기간 동안의 지역정부행정, 지역기업, 지역공공기관, 지역기구 등의 약 4,800,000개 이상의 기록이 지역정부기록관에 보관되어 있다.
- 1991년 라트비아공화국 독립 이후, 각각의 지역기록관은 지역당국으로부터 중앙기록보관소로 옮겨졌던 자료들을 다시 돌려받기 시작했다. 1993년 특별보관소가 만들어져 민영화되거나 폐지 또는 파산한 국영기업의 인사기록이 보존되었다.

(6) 정부기록특별도서관(Special Library of State Archives)

본 도서관은 정부기록을 위해 도서관기금이 하나로 통합되면서 1987년부터 독립적으로 운영되어 왔다. 기록전문가와 연구원 등이 이용할 수 있다.

(7) 중앙마이크로사진복사및도큐먼트복원실(Central Microphotocopying and Document Restoration Laboratory)

중앙마이크로사진복사및도큐먼트복원실의 주요임무는 기록관 국가자료의 보존을 확실시하는 것이다.

5) 관련법률

(1) 기록법(Law 'On Archives')

1991년 3월 26일 제정·시행 이후 1993년 10월 21일에 개정되었다. 라트비아공화국의 '기록법'은 라트비아국가기록관 정보의 형식, 보존, 관리에 관한 기본원칙을 정하고 있다.

(2) 정보자유법(Freedom of Information Law)

정보자유법은 정부행정기관 및 지역정부기관의 관리에 있는 정보의 대중
이용을 보장하기 위한 법이다. 이 법은 통일된 절차를 정하고 있다.

(3) 개인정보보호법(Personal Data Protection Law)

개인정보보호법은 기본적인 인권과 특히 사생활 불가침에 관한 자유인으
로서의 자유를 보호하기 위한 법이다.

6) 관련기관

다음은 라트비아정부기록시스템의 관련기관이다.

- 국제아카이브스협의회(ICA: International Council on Archives)

  홈페이지: http://www.ica.org/

- 유럽기록관네트워크(European Archival Network)

  홈페이지: http://www.european-archival.net/

- 보관소 및 1차정보원(Repositories and Primary Sources)

  홈페이지: http://www.uidaho.edu/special-collections/Other.Repositories.html

- 기록사회(Open Society Archives)

  홈페이지: http://www.osa.ceu.hu/index.htm

- DLM포럼(DLM Forum)

  홈페이지: http://ec.europa.eu/historical_archives/

- 유럽사회과학데이터기록협의회(Council of European Social Science Data
  Archives)

  홈페이지: http://extweb3.nsd.uib.no/cessda/home.html

② 정보원

1) 정보원 열람 및 배포 정책

라트비아정부기록시스템의 소장기록물 중 제한된 기록물을 제외하고 대부분의
기록물은 누구나 무료로 열람할 수 있도록 제공하고 있으며, 방문열람 및 복
사서비스 또한 제공하고 있다. 온라인상의 'Database' 란과 'Service' 란을
통해 소장정보원이 제공되고 있다. 데이터베이스를 통한 검색은 라트비아어
로만 가능하며, 영문으로 제공되는 출판물은 '발트해연안기록관 국제컨퍼
런스(International Conference of the Baltic Archives Abroad)'에 제출된 논문
(Articles and Papers)뿐이다.

2) 정보원 관련서비스

다음과 같은 종류의 정보원 제공관련 서비스가 제공되고 있다.

(1) 이용서비스

라트비아의 기록의 대중이용은 '기록법'에 의해 명시되어 있다. 법률에 따
르면 특별한 제한 없이 대중기록의 이용을 가능하게 해야 한다. 단, 국가안
보나 개인비밀보장 등의 이유가 해당될 때는 기록 이용을 제한할 수 있다.
이에 따라 주정부기록관의 열람실은 누구나 무료로 자료를 이용할 수 있다.

(2) 방문열람서비스

기록전문가를 통하여 기록관자료 검색에 대한 내용 및 구조에 대한 안내
를 받을 수 있다. 열람실에서는 참고문헌, 목록(Catalog), 설명서, 색인(Index),
자료리스트를 제공하여 대중의 자료열람을 돕고 있다.

(3) 복사서비스

개인이나 기관의 요청에 따라 기록관 도큐먼트의 사본제작이 가능하다.

2.6 마케도니아

 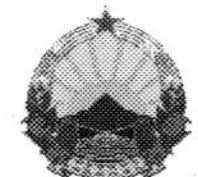 

SARM

The State Archives of the Republic of Macedonia

마케도니아공화국정부기록관

① 기록관

1) 소재사항

소재국가	마케도니아공화국[18]
주　　소	Grigor Prlichev No. 3, 1000 Skopje, Macedonia
전　　화	+389 2 3237 211; +389 2 3115 783; +389 2 3165 947; +389 2 3116 571
팩　　스	+389 2 3165 944
홈페이지	http://arhiv.gov.mk/j_en/index.php

---

18) 마케도니아 공화국은 1918년 세워진 세르비아 · 크로아티아 · 슬로베니아 왕국(후에 유고슬라비아 왕국)의 일부가 되면서 국가로의 형성을 시작하였고, 1991년 유고슬라비아로부터 독립한 국가이다. 수도: 스코페, 주요민족: 마케도니아인(65%) · 알바니아인(22%) · 터키인(4%) · 로마인(2.7%) · 세르비아인(1.8%)(2003년), 주요언어: 마케도니아어(공용어, 68%) · 알바니아어(25%) · 터키어(3%) · 세르보크로아트어(2%) · 불가리아어 및 기타(2%), 면적: 25,333km², 인구: 2,034,000명(2005), 통화: 디나르.

2) 성격

마케도니아공화국정부기록관(SARM: The State Archives of Macedonia)은 마케도니아를 대표하는 국가기록관의 역할을 수행하는 정부기관이다. 마케도니아공화국정부기록관 본부는 1995년 '기록에관한법' 제정에 의거하여 마케도니아기록관(Archives of Macedonia)으로 개명되었으나, 현재 마케도니아공화국정부기록관(SARM) 명칭을 사용하고 있다.

3) 설립연혁

- 마케도니아공화국정부기록관은 1951년 4월 1일에 설립되었다.
- 1926년부터 1941년까지의 기간 동안 주정부기록관은 베오그라드(Belgrade)에 위치한 세르비아주정부기록관의 관리하에 있었다. 입수된 기록물의 가장 큰 부분이 베오그라드로 이전되었다.
- 기록자료의 입수 및 보호에 대한 주장은 제2차 세계대전 당시에도 있었으며, 국가교육부가 마케도니아국가도서관의 일부로서 기록관 설립의 의도를 밝힌 바 있다. 이후 1945년 5월 31일 2543호 법령이 통과된 후 교육부에 의해 기록자료입수위원회(Committee for the Collection of Archive Materials)가 구성되었다. 이 위원회는 기록관 자료 입수 및 지시에 관한 임무를 수행할 교육부직원의 활동 지침을 개발하였다. 그러나 그 임무는 제대로 시행되지 못하였다. 1946년에서 1947년에 걸쳐 새로운 국가역사연구소가 설립되어 위원회가 마련하였던 활동을 본격적으로 시작하였다.
- 1949년 마케도니아공산당중앙위원회(Central Committee of the Communist Party of Macedonia)에 의해 역사기록관이 설립되었으며, 이 기록관은 노동자들의 활동에 대한 기념자료들과 기록자료들을 수집 및 처리하는 임무를 맡게 되었다. 이곳에 보관된 입수자료들은 오늘날 마케도니아기록관의 자료로 남아 있다.
- 1950년 '유고슬라비아주정부기록일반법(General Law on State Archive in

Yugoslavia)'의 제정은 1951년 1월 6일의 마케도니아인민공화국 국가의회에 의한 '주정부기록관법(Law on State Archives)'의 근거가 되었으며, 이 법은 곧 마케도니아 기록관 형성을 가능하게 하였다. 1953년에서 1960년까지 9개의 지역역사기록관이 설립되어 활동을 시작하였다.

- 마케도니아공화국정부기록관의 설립에 따라 기록관 네트워크 기관이 설립되었다. 이 기관은 국립박물관의 기록관부서로서의 기능을 담당하였다. 1990년부터 마케도니아의 기록관 서비스가 통합됨에 따라 독립적인 기록관 기관들이 정부기록 부서로 옮겨졌다.

- 새로 형성된 마케도니아공화국정부기록관 본부는 1969년부터 그 기능을 시작하였다.

3) 비전 및 임무

마케도니아공화국정부기록관의 기본목표는 기록관에 기록물을 보관하고 대중의 이용이 가능하도록 하는 데에 있다. 즉 마케도니아의 기록물은 주정부기록관에 의해 처리되며 과학연구자들, 기록관 소유자, 그리고 마케도니아공화국 국민이면 누구나 이용이 가능하다. 한편, 마케도니아공화국주정부기록관의 본부는 기록물 생산자 및 소유자에 관한 사법권을 행사할 수 있다.

4) 조직

- 조직구조는 기록관의 기능 및 활동을 중심으로 편성되었다. 마케도니아공화국정부기록관은 마케도니아공화국 정부행정의 기본적 구조를 바탕으로 한 행정기관의 지위에 있다.

- 정부기록관은 수직적 구조로서 마케도니아공화국 정부와 직접적으로 연결되어 있으며 기록관은 정부의 책임권 안에 있다. 주정부기록관 관장은 정부기관 공무원으로서의 권한을 갖고 있으며 마케도니아공화국정부기록관의 전반

적인 기능에 대한 책임을 맡고 있다. 세부 조직구조는 다음과 같다.

(1) 기록보존 및 감사부문(Sector for Preservation and Inspectoral Supervision of Archive Records)

기록소유자 감사수행부(Department for Performing Inspectoral Supervision at the Archive Owners)와 기록소유자 기록보존 및 기록정리 및 기술부(Department for Preservation of Records at the Archive Owners and Arrangement and Description of Records)로 구성되어 있다.

(2) 마케도니아공화국주정부기록관 내 기록 보존·정보·이용 및 출판부문(Sector for Preservation, Information, Use and Publishing of Records within the State Archives of the Republic of Macedonia)

마케도니아공화국주정부기록관 내 기록보존부(Department for Preservation of Records within the State Archives of the Republic of Macedonia)와 마케도니아공화국주정부기록관 내 기록에 대한 정보·이용 및 출판부(Department for Information, Use and Publishing of Records within the State Archives of the Republic of Macedonia)로 구성되어 있다.

(3) 일반부문(General Sector)

인적 자원 및 재정관리부(Department for Management with Human Resources and Finances)와 데이터자동처리부(ADP: Department for Automatic Data Processing)로 구성되어 있다.

(4) 관련부서

협력체제, 연구조사사업, 출판활동 등이 마케도니아공화국정부기록관 본부에 의해 진행된다. 또한 마케도니아공화국정부기록관은 보존과 복구

144

를 위한 연구실과 마이크로필름화를 위한 연구실을 운영하고 있다.

5) 정보시스템

통합된 정보시스템을 위한 프로젝트는 마케도니아공화국정부기록관 본부가 정보과학, 기술적 보존시스템, 자동화환경시스템의 세 가지 모델을 운영할 수 있는 초석이 되었다. 관련모델이 형성되고 개발됨에 따라 본 시스템이 마케도니아공화국 부서에 영입되기 시작하였다.

6) 관련법률

기록서비스 및 기록법에 대한 제정은 마케도니아공화국의 설립과 함께한다.

- 1945년에서 1971년의 기간 동안 연방기록관법률은 공화국기록관법률에 따랐다. 최초의 중요 법률은 1951년부터 시행된 '주정부기록관법(Law on the State Archives)'이다. 이 법에 의해 마케도니아인민공화국주정부기록관 및 9개의 지방정부 기록관이 설립되었다.

- 1995년 '기록에관한법(Law on Records and Archives)'이 통과되었고, 이에 따라 '주정부기록관(State Archives)'은 '마케도니아기록관(Archives of Macedonia)'으로 명칭이 변경되었고, 지방기록관은 역사기록관으로 변경되었다. 1968년과 1975년 두 차례에 걸쳐 지시사항이 통과되어 좀 더 발전된 시행법이 전달되었다.

- 1973년에는 '기록관활동에관한법(Law on the Archive Activity)'이 통과되어 기록관법률은 비로소 유럽형 모델을 도입하기 시작하였다.

- 마케도니아 기록관련 법률의 기본적인 성격은 기준시스템에 의한 시행에 있다. 기록관련 법률은 주정부기록관 및 기록관 소유자들의 기록관 운영 발전에 폭 넓은 영향을 주고 있다.

7) 관련기관

다음은 마케도니아공화국정부기록관의 관련 기관이다.

- 세르비아·몬테네그로정부기록관(State Archive of Serbia and Montenegro)

  홈페이지: http://www.arhiv.sv.gov.yu/
- 크로아티아정부기록관(State Archive of Croatia)

  홈페이지: http://www.arhiv.hr/
- 슬로베니아공화국정부기록관(State Archive of Republic of Slovenia)

  홈페이지: http://www.arhiv.gov.si/
- 그리스정부기록관(The State Archives of Greece)

  홈페이지: http://arhiv.gov.mk/
- 불가리아정부기록관(The State Archives of Bulgaria)

  홈페이지: http://www.archives.government.bg/

② 정보원

1) 정보원 열람 및 배포 정책

마케도니아정부기록관은 총 1,144개의 기록그룹으로 분류되어 있는 소장기록물에 대한 키워드를 통한 자료 검색 서비스를 제공하고 있다. 그러나 기본적으로 원본의 열람은 제공되고 있지 않으며, 사본 및 기타 매체 전환된 기록물에 대한 제한적인 방문열람서비스를 통한 관내열람만이 가능하다. 그 외에 영문 온라인 열람서비스는 제공되지 않고 있으며, 기록물은 모두 마케도니아어로만 제공되고 있다.

2) 소장기록물

마케도니아공화국정부기록관에는 총 1,144개의 기록 그룹과 23개의 기록컬렉션이 운영되고 있다. 기록관에 보관되어 있는 가장 오래된 도큐먼트는 12세기의 것이다.

- 1915년에서 1918년까지의 불가리아 행정시대의 마케도니아의 지방자치 및 커뮤니티 기록 그룹의 자료가 보존되어 있으며, 1918년에서 1941년까지의 세르비아 행정시대의 마케도니아의 바르다르의 바노비나(Vardar's Banovina) 기록 그룹의 자료가 보존되어 있다.
- 1941년에서 1944년간의 불가리아 통치시대의 마케도니아 기록 그룹은 지방 및 커뮤니티 행정 기록물과 경찰서 기록 그리고 법원기록물을 보존하고 있다.
- 마케도니아의 국가독립전쟁(National Liberation War of the Macedonian People) 시대의 기록은 1941년부터 1944년까지의 국가독립전쟁 부문에 보존되어 있다.
- 또한, 전쟁 이후 1944년과 1945년의 기록, 1945년에서 1990년에 이르는 마케도니아 정부 기록 그룹, 1945년에서 1990년 사이의 의회기록이 보존되어 있다.

3) 기록이용(Use of the Archival Records)

- 기록관 기록법 제8항에 의거, 1995년 5월 마케도니아공화국주정부기록관 관장에 의해 '기록관 내 기록의 이용에 대한 일반 및 특별사항 규제집'이 제작되었다. 모든 이용자들은 이 규제집에 기술된 내용에 의해 기록을 이용할 수 있다.
- 기록 그리고 소장물에 대한 사본 및 도큐먼트 제작, 마이크로 필름화 및 기록관기록 복사 등은 주정부기록관 내에서 이용하는 것이 원칙으로 되어 있다.
- 만약 기록의 이용이 개인 신상에 침해를 주는 경우가 아니라면 기록관은 기

록물 이용에 대한 제한을 두지 않는다.

- 기록원본 및 역사·문화적으로 중요한 일부 도큐먼트들은 정부기관과 과학 및 문화기관에 의한 요청을 제외하고는 원본이용이 제한되고 있다.

4) 정보원 관련서비스

정보원 관련 서비스의 일종으로 방문열람서비스를 제공하고 있다.

- 마케도니아공화국정부기록관의 열람실은 총 10개의 좌석이 마련되어 있으며 4개의 마이크로필름 열람기구와 1개의 마이크로필름 프린터가 구비되어 있다.
- 마이크로필름, 복사 등은 이용자의 요구에 따라 이루어진다.
- 열람실 이용가능 시간은 기록관 운영시간 중 오전 8시부터 오후 2시까지이다.

2.7 보스니아 · 헤르체코비나

Arhiv Federacije

AF

Archives of the Federation

보스니아 · 헤르체코비나연방기록관

1 기록관

1) 소재사항

소재국가	보스니아 · 헤르체코비나[19]
주　　소	Reisa Čauševića 6, 71000 Sarajevo, Bosnia and Herzegovina
전　　화	+387 33 214 481
전자우편	info@arhivfbih.gov.ba
홈페이지	http://www.arhivfbih.gov.ba/bh/index.php

---

19) 보스니아 · 헤르체코비나(Босна и Херцеговина, Bosna i Hercegovina)는 1992년 4월 5일 유고슬라비아로부터 독립하였다. 이 나라는 보스니아인, 크로아티아인 중심의 보스니아 헤르체코비나 연방(전 영토의 51%)과 세르비아인 중심의 스르프스카 공화국(49%)으로 사실상 양분되어 있다. 수도: 사라예보(Sarajevo), 인구: 3,990,000명(2003. 7.), 면적: 51,209km², 언어: 세르보 · 크로아티아어, 통화: 마르크(KM).

2) 성격

보스니아 · 헤르체코비나연방기록관(AF: Archives of the Federation)은 역사기록 및 현용기록들을 담당하는 연방행정법 조항 27에 의한 독립적인 연방기관으로 행정기구이다.

3) 설립연혁

- 보스니아 · 헤르체코비나연방기록관은 1994년 정부부처 및 주행정법에 의거한 기관들에 의해 주행정기구로서 설립되었다. 주행정법 조항 22에 따르면 기록관의 활동은 전문적이어야 하며 등록, 정리, 기록과정, 보존, 기록의 이용, 방법론적 가이드라인 제안, 기록관 서비스를 위한 표준 및 규정, 연방 내 기록관 서비스의 개발, 현존하는 기록 및 기록관 보존의 전문적 감사, 기록관이 소장하고 있는 자료에 대한 대중 도큐먼트 제작, 기록관 직원에 대한 전문적 교육, 국제기록관 협력, 그리고 출판을 주로 하고 있다.
- 보스니아 · 헤르체코비나연방기록관은 1997년 7월 1일자로 그 활동을 시작하였으며, 연방정부는 이 기록관의 소장 및 부소장을 선출하였다.

4) 비전 및 임무

① 기록관련 정리, 처리, 지원방법 모색, 기록관 자료 출판, 이용가능한 기록의 형성, 기록전시회의 주관 및 조직 등을 수행한다.
② 기록관의 보존을 위한 기술 및 기술적 측정을 시행한다.
③ 이용자들이 기록을 손쉽게 사용할 수 있도록 제공한다.

5) 조직

보스니아·헤르체코비나연방기록관은 크게 다음과 같은 세 개의 부서로 구성되어 있다.

(1) 기록보존관리국(Department for Administration and Preservation of Archives)
본 부서는 기록서비스관련 법률 및 규정에 대한 초안 및 연간 행동강령의 초안을 마련한다. 또한, 기록의 보존상태 및 최근 기록의 수집에 대한 조사를 행하며 기록관 설립 시 필요한 조언을 제공하기도 한다. 최근 기록의 선정을 돕기도 하며 무책임한 설립자나 기록관 소유자들을 예방하기 위한 표준과정을 제공한다.

(2) 기록유지보존처리국(Department for Keeping, Preservation and Processing of Archives)
본 부서는 기록서비스 관련 법률 및 규정에 대한 초안 및 연간 행동강령의 초안의 준비과정에 참여한다. 교환, 보관, 증여 등을 통해 기록을 조사, 수집, 수여 기능을 수행한다. 또한, 평화시뿐 아니라 예외적 상황, 전쟁 등의 상황에서의 기록 보존에 대해 평가한다.

(3) 정보과학연구·출판·문화교육활동국(Department for Informational Scientific Research, Publishing and Cultural – educational Activities)
본 부서는 다른 부서와 함께 기록서비스 관련 법률 및 규정에 대한 초안 및 연간 행동강령의 초안의 준비과정에 참여하며, 기록정보시스템을 위한 데이터를 생성한다. 또한, 기록관련 정보를 이용자들에게 제공하며 기록관 및 도서관의 이용을 보장한다. 다른 기관 또는 관련 과학자들과의 협력을 통하거나 독자적으로 출판활동을 하기도 한다.

6) 관련법률

보스니아·헤르체코비나연방기록서비스는 '보스니아·헤르체코비나연방행정법'에 의해 시행된다. 그 외 기록관련 규정들이 홈페이지에 보스니아어의 PDF 원문으로 제공되고 있다.

7) 관련기관

다음은 보스니아헤르체코비나연방기록관 관련기관이다.
- 사라예보기록관(Istorijski Arhiv Sarajevo)
  홈페이지: http://www.arhivsa.ba
- Arhiv Tuzlanskog Kantona
  홈페이지: http://www.arhivtk.com.ba
- 스르프스카공화국국가기록관(Arhiv Republike Srpske)
  홈페이지: http://www.arhivrs.org
- 크로아티아국가기록관(Hrvatska)
  홈페이지: http://www.arhiv.hr
- 오스트리아국가기록관(Austrija)
  홈페이지: http://www.oesta.gv.at
- 프랑스국가기록관(NAF)
  홈페이지: http://www.archivesnationales.culture.gouv.fr
- 세르비아정부기록관(Srbija i Crna Gora)
  홈페이지: http://www.gov.yu/arhiv
- 마케도니아국가기록관(Makedonija)
  홈페이지: http://www.arhiv.gov.mk
- 슬로베니아국가기록관(Slovenija)
  홈페이지: http://www.gov.si/ars/indexa.html

- 터키기록관(Turska)

  홈페이지: http://www.archimac.org
- 국제아카이브스협의회(ICA)

  홈페이지: http://www.ica.org

② 정보원

1) 정보원 열람 및 배포 정책

보스니아·헤르체코비나연방기록관의 최근 소식이나 소장기록물에 대한 온라인검색이 제공되고 있으나, 모두 보스니아어로만 제공된다.

2) 기록물 검색

온라인상에서 키워드검색이 제공되고 있으며, 기록물의 배열의 기준은 다음과 같다.

- Newest First
- Oldest First
- Most Popular
- Alphabetical
- Section/Category

2.8 불가리아

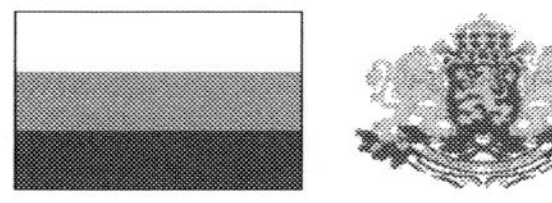

ASA

Archives State Agency

불가리아정부기록관

① 기록관

1) 소재사항

소재국가	불가리아[20]
주　　소	1000 Sofia, 5 Moskovska str., Bulgaria
전　　화	+359 2 9400101; +359 2 9400120; +359 2 9400176
팩　　스	+359 2 980 14 43
전자우편	daa@archives.government.bg
홈페이지	http://www.archives.government.bg/index.php? lang=en&page=11

---

20) 불가리아(България, Bulgaria)의 공식 명칭은 불가리아 공화국(Република Българ
   ия)이다. 1879년, 오스만 제국의 자치령 상태에서 불가리아 공국이 세워졌으며, 1908년,
   불가리아 왕국이라는 이름으로 오스만 제국으로부터 독립하였다. 수도: 소피아(Sofia), 인
   구: 7,786,000명(2003), 면적: 110,000km², 언어: 불가리아어, 통화: 레바(Leva, L).

2) 성격

불가리아정부기록관(ASA: Archives State Agency)의 역할은 불가리아 장관협
의회기록국(GDA: General Department of Archives at the Council of
Ministers)에 의하여 수행된다. 불가리아정부기록관은 역사적 가치가 있는 기
록 도큐먼트의 수집, 보존, 조직에 대한 국가적 차원의 정책을 시행하는 불가
리아의 주정부기관이다.

3) 설립연혁

- 불가리아정부기록관은 1951년 10월 10일 내무부의 기록관부서로서 국가 대
  통령배 총회에 의해 조직되었다.
- 불가리아정부기록관은 1961년 교육문화부, 1963년 예술문화위원회, 1971년
  정보통신부의 기록관 업무를 이양 받았으며, 1976년부터 현재의 명칭을 사
  용하여 활동하고 있다.
- 1952년 4월 18일자로 정부는 불가리아주기록관의 건물을 관리하기 시작하
  였다. 그 이전인 1944년에는 중앙기록관을 중앙역사기록관과 중앙정부기록
  관으로 분리되었다.
- 1974년 중앙정부기술기록관을 형성하였으며, 1992년 모든 기록관들은 하나
  의 중앙정부기록관으로 통합하였다.

4) 조직

특별운영부(Special Administration)는 정부기록기금관리팀(Management of State
Archival Fund)을 비롯한 27개의 지방정부기록관(State Archive), 정부기록기금
홍보팀(Publicity of State Achival Fund), 중앙정부기록관(Central State Archive),
중앙군(軍)기록관(Central Military Archive), 그리고 불가리아 연구소(Bulgarian
research institute)로 구분된다.

(1) 중앙군(軍)기록관(CMA: Central Military Archive)

중앙군기록관은 장관협의회기록국(GDA)의 이사회(Direction)이다. 이는 1951년 국방부 산하로 조직되었고, 2000년 1월 1일 중앙군기록관은 장관협의회기록국으로 이전되었다. 2001년 1월 1일 중앙군기록관의 자원은 총 3,810개이며, 여기에는 482,841개의 파일이 포함되어 있다.

(2) 불가리아연구소(BRI: Bulgarian Research Institute)

오스트리아 비엔나(Vienna)에 위치한 이 연구소는 1977년 외무부 산하로 설립되었으며 1991년 장관협의회기록국(GDA)으로 이양되었다. 이 연구소의 주요활동은 다음과 같다.

① 'Lectorium Bulgaricum'라는 기본구조를 바탕으로 한 불가리아 및 발칸 역사와 문화 그리고 세계와의 관계에 대한 컨퍼런스, 세미나, 강연 개최

② 정기간행물인 *Miscelanea Bulgarica*와 *Miitalungen*의 출판

③ 불가리아 역사 문제에 관한 불가리아 및 오스트리아의 연구자들과 그 외의 전문가들의 연구활동 지원 및 협력

④ 불가리아 역사 및 문화에 관한 전시회 준비의 협력

⑤ 연구소 도서관의 이용 및 지원

(3) 지방정부기록관(State Archives)

1992년 12월 31일자로 모든 지역정부기록관들은 장관협의회기록국(GDA) 산하로 영입되었다. 도큐먼트의 이용을 위한 도서입수, 정리, 보존, 이용 등이 주 업무이다.

5) 중앙정부기록관(CSA: Central State Archives)

(1) 성격

중앙정부기록관은 장관협의회기록국(GDA)의 이사회(Direction)로서 120년 이상 된 불가리아 역사에 관한 도큐먼트를 보존하고 있다.

(2) 조직

중앙정부기록관은 비현용기록(Old Archives), 현용기록(New Archives), 정당기록 및 대중기구(Party Archives and Public Organizations), 민간기금(Private Funds), 외국기록보관소 보관의 불가리아 역사관련 도큐먼트(Documents Concerning the Bulgarian History Preserved in Foreign Archival Depositories), 기술·보존 및 이용(Accounts, Preservation and Use), 자동화(Automation) 등의 총 7개의 부서로 이루어져 있다.

6) 정부기록기금(SAF: State Archival Fund)

정부기록기금은 가치 있는 이용이 자유로운 도큐먼트와 기밀 도큐먼트의 조합형태이다. 이 자원의 관리는 장관협의회기록국(GDA), 중앙정부군기록국(CSA), 중앙군기록관(CMA) 그리고 주정부기록관이 담당한다.

7) 국제활동

- 불가리아의 장관협의회기록국은 유네스코 국제아카이브스협의회(ICA: International council of Archives)의 A범주 회원이며, ICA가 주최하는 국제포럼이나 의회, 원탁회의 및 컨퍼런스 등에 참여하고 있다.
- 2000년 ICA의 유럽지부인 EURBICA가 설립되면서 불가리아의 장관협의회기록국은 EURBICA의 정회원으로 활동하고 있다.

② 정보원

1) 정보원 열람 및 배포 정책

불가리아의 장관협의회기록국의 발간자료와 일부 출판물 외에 불가리아주정부 기록관의 두 종류의 공식적인 정기간행물의 목록이 홈페이지에 제공되고 있다. 다만 소장정보원은 일부 불가리아인과 합법적으로 실제 불가리아에 거주 중인 일부 외국인에 한해서 이용이 허용되고 있다. 복사 및 제본과 관련하여 재무부에 의해 정해진 일정의 이용요금이 요구된다.

2) 출판물

다음과 같이 분류되어 각 정보원의 목록이 제공되고 있다.

(1) 기록관련참고문헌(Archival Reference Books)

2008년 현재 홈페이지에 1권(Vol.1)에서부터 11권(Vol.11)까지 기록 및 기록관리 관련 참고문헌을 제공하고 있으며, 대표적으로 다음과 같다.

- Volume 1. ***Guide Book on the Bulgarian Communist Party Funds, Preserved in Central State Archives***
- Volume 6. ***Guide Book on the Memoir Documents for Bulgarian Communist Party, Peserved in Central State Archive***
- Volume 7. ***Guide Book of the Sofia Central State Archive(1944－2000)***
- Volume 10. ***Inventory of the Archival Collections and Books in Greek Language in Varna***

(2) 말하는 기록관(Archives are Speaking)

2008년 현재 홈페이지에 1권(Vol.1)에서부터 40권(Vol.40)까지 기록 및 기록관리 관련 참고문헌을 제공하고 있으며, 대표적으로 다음과 같다.

- Volume 1. Viktorin Galabert. *Diary Part 1(1862~1866)*
- Volume 9. *Sources for the Bulgarian Medieval History(7th~15th C.) in the Austrian Manuscript Collections and Archives*
- Volume 11. *Municipal Administration of Sofia Town(1878~1879)*
- Volume 18. *Venetian Documents for the History of Bulgaria and Bulgarians to 12th till 15th Centuries*
- Volume 20. *Bulgaria During the World War One*. German Diplomatic Documents. Part I(1913~1915)
- Volume 22. *Austria－Hungary and Bulgaria in the Documentary Heritage of D－r Constantine Stoilov(1883~1899)*
- Volume 29. *Bulgarian National Banc*. Records Collection. Part IV(1930~1947)
- Volume 39. *Bulgaria During the First World War German Diplomatic Documents*

(3) 기타(Other Publications)

- *State Archives*
- *The White Emigration in Bulgaria 1918~1945*
- Christo Vakarelski. *My Way Towards and Through the Ethnography*
- *Revolutionary Fights in the Region of Tikvesh Town: Memories and Materials*
- *Mustafa Kemal Ataturk and Turkish－Bulgarian Relationships in Documents (1913~1938)*

- *Jubilee Booklet "100 Years to the Ilinden Uprising in 1902~1903"*
- *Central State Archive*
- *The Bulgarian Lands from the Antiquity to the Recent Days in Atlases, Maps, Engravings and Books from the Collection of Dr. Simeon Simov*

3) 연속간행물

다음과 같은 두 종류의 연속간행물이 출판되고 있다.

(1) *Journal of the State Archives*
이는 불가리아주정부기록관의 공식적인 정기간행물로서 홈페이지에 Book 85~92까지 제공하고 있다.

(2) *Archival Review*
이는 각 기록관련 평가 자료로서 홈페이지에 2003년의 1~2호(Issue)에서 부터 2006년 3~4호까지 제공하고 있다.

2.9 세르비아

ASM

Archives of Serbia and Montenegro

세르비아 · 몬테네그로기록관

① 기록관

1) 소재사항

소재국가	세르비아 · 몬테네그로[21)
주　　소	Vase Pelagica 33,11000 Beograd, Serbia
전　　화	+381 11 3690 252/253/261/262
팩　　스	+381 11 3066 635
전자우편	arhivscg@eunet.yu
홈페이지	http://www.arhiv.sv.gov.yu/e1000001.htm

---

21) 유럽 동남부 발칸반도의 서쪽에 위치한 2003년 2월 4일부터 2006년 6월 5일까지 존재한 유럽의 옛 나라이다. 2006년 6월 5일, 세르비아와 몬테네그로로 분리되어 오늘에 이르고 있다. 정식명칭: 세르비아 · 몬테네그로공화국(Serbia and Montenegro Republic). 수도: 베오그라드, 인구: 약 2천330만 명, 면적: 25만 5,800km², 종교: 세르비아정교 · 가톨릭, 정체: 사회주의 연방공화국, 언어: 세리보 · 크로아티아어.

2) 성격

세르비아 · 몬테네그로기록관(ASM: Archives of Serbia and Montenegro)은 2003년 4월 세르비아와 몬테네그로가 연합국으로 형성된 연합국가의 한 조직으로 기록 및 기록관리 활동을 전개한다.

3) 설립연혁

세르비아 · 몬테네그로기록관은 2003년 4월 세르비아와 몬테네그로가 연합국으로 형성되면서부터 유고슬라비아기록관을 계승한 것이다. 구체적인 역사적 전개과정은 다음과 같다.

- 1918년에 형성된 유고슬라비아 기록관의 이니셔티브는 1922년 현재의 세르비아인 베오그라드(Belgrade) 주정부기록관 위원회에 의해 시작되었다.
- 법률프로젝트를 끝내기 위한 준비와 업무는 1935년까지 지속되었으나, 제출된 법률안은 채택되지 못하였고, 기록관 설립은 시도에 그치고 말았다.
- 2차 세계대전 후, 1950년 '주정부기록에대한일반법(General Law on State Archives)'이 통과되었다. 본 법안으로 '유고슬라비아 연방인민공화국(FPRY: Federal People's Republic of Yugoslavia)의 주정부기록관'이라는 이름의 기록관을 설립할 수 있도록 하였다. 그 이후 이 기록관은 수차례에 걸쳐 명칭이 바뀌었다. 연방법규의 직접적 실행 및 주정부기록관에 대한 일반법은 기록관 자료의 조직적인 수집을 위해 특히나 중요했다. FPRY의 주정부기록관은 과학문화부(Ministry of Science and Culture) 산하기관으로 운영되었다. '주정부기록에대한일반법'은 FPRY의 주정부기록관의 설립뿐 아니라 국가 전체적으로 다른 여러 기록관의 설립에 영향을 주었다.
- 1964년 연방의회는 '유고슬라비아연방공화국(FRY: Federal Republic of Yugoslavia)기록에대한법'을 채택하였다. 이 법안에서는 '유고슬라비아기록관'이라는 기록관 명칭을 명기하고 있다. 또한 등록, 수집, 분류, 처리, 유지,

출판, 이용 등에 대한 사항을 규정하였다. 특별관심사에 대한 기록관의 기록으로는 중앙당국의 기록관 기록, 중앙기관 및 사회정치적 중앙부처, 유고슬라비아 왕국의 다른 기구들에 대한 기록들이 해당된다. 이 법안에 의해서 유고슬라비아 기록관은 문화분야에서 기관지위를 얻게 되었고, 경쟁적인 연방당국에 의해 활동이 관리되었다.

- 1973년 유고슬라비아 기록관에 관한 새로운 법안이 통과되었고, 이로써 유고슬라비아기록관은 연방부처의 기능을 수행할 의무를 갖는 기관으로 거듭나게 하였다. 유고슬라비아 기록관 활동관련의 정당함은 사법 및 일반행정 연방본부(Federal Secretariat for Justice and General Administration)에 의해 부여되었다. 즉, 1976년 개정법안이 통과된 후, 기록관 활동의 관리는 과학문화연방위원회(Federal Science and Culture Committee)로 옮겨졌다.

- 1978년 유고슬라비아사회주의연방공화국(SERY: Socialist Federal Republic of Yugoslavia) 의회에 의해 채택된 '정부행정및연방기구에대한연방기관구조법(Law on the Structure and Remit of the Federal Agencies of Government Administration and Federal Organizations)'에 의해 유고슬라비아 기록관은 연방기구로서의 지위를 획득하였고, 정부행정 연방기관으로서의 연방행정의 일부가 되었다.

- 1986년 유고슬라비아사회주의연방공화국(SERY) 의회는 '연방기록관기록에관한법(Law on the Archival Records of the Federation)'을 통과시켜 유고슬라비아 기록관의 지위를 명확하고 완전하게 통제하기 시작하였다.

- 1992년 '유고슬라비아연방공화국(FRY)헌법과헌법이행을위한헌법상의법(Constitutional Law for the Implementation of the FRY Constitution)'의 공포 이후, 1998년 3월 FRY 헌법과 SFRY 법안의 조화를 위한 유효기간을 지키는 의미에서 'FRY기록에관한법'이 통과되었다.

- 유고슬라비아연방공화국(FRY)은 2003년 2월 그 존재가 사라지고 세르비아·몬테네그로로 구성된 연합국가가 탄생하였다. 2003년 2월 4일의 '세르

비아·몬테네그로연합국가헌법헌장의이행을위한법(Law on the Implementation of the Constitutional Charter of the State Union of Serbia and Montenegro)'에 의해 유고슬라비아 기록관은 지속적으로 그 활동을 유지할 수 있게 되었다.

- '세르비아·몬테네그로기록관(Archives of Serbia and Montenegro)'이란 이름은 2003년 6월 10일에 채택된 '내각·조직·서비스장관협의회설립에관한법령(Decree on the Establishment of Ministries, Organizations and Services of the Council of Ministers)'에 의해 정해졌다. 이 법령은 기록관을 연합국가의 하나의 조직으로 인정하면서 기록관의 일반적인 활동에 대해 정의하고 있다.

3) 조직개발(Organizational Development)

세르비아·몬테네그로기록관의 구조는 국가단계에서의 기록관 보호에 대한 필요성과 기회를 바탕으로 지속적으로 개발되어 왔다. 이러한 개발로 기능의 범주 확장, 기록관 자료 증가, 기록관 운영기술의 향상, 기록관 상태의 변화에 영향을 받아 왔다. 구체적으로 다음과 같다.

- 1950년에서 1959년에 이르는 기록관 구조화 기간 동안 기록관의 책임인 위치지정, 등록, 수집, 공기록 정리 등이 우선적으로 이루어졌다. 이 기간 동안에 기록관은 기록관업무를 이양하는 과정에서 직원수 부족과 양질의 직원보급에 관한 심각한 문제를 겪었다.

- 1959년 연방집행위원회(Federal Executive Council)는 '기록관구조에관한첫번째결의안'을 채택하였다. 이는 정부당국에 의해 통과된 첫 결의안이면서 기록관 기록정보를 위한 기록관 내 별도의 부서를 설치했다는 면에서 의미가 있다.

- 기록관 구조에 관한 다음 법안은 1965년에 통과되었다. 이 법안은 그 이전

의 것보다 훨씬 더 복잡하며 좀 더 세부적으로 정의를 내리고 있다. 또한 기록관 외부의 기록관 기록을 보호하기 위한 도서관이 이 법안을 기초로 설립되었다.

- 기록관에 관한 법이 채택된 후 1973년에 새로운 구조가 형성되었다. 한편, 1978년 또 다른 구조적 변화가 있었으며, 이때 기록관은 정부행정구조로 영입되었다. 그 후 2000년까지 기록관 구조에 대한 지속적인 변화가 있었다.

- 2000년의 기록관 구조는 기록관 기록의 감독·보호·분류·처리·이용국(Department for Supervision, Protection, Sorting out, Processing and Use of Archival Records)과 정보기술적용·기록출판·문화 및 교육활동·국제협력국(Department for the Application of Information Technologies, Publishing of Archival Records, Cultural and Educational Activity and International Cooperation)으로 나뉜다. 이 두 개의 부서에 이어 법·행정부(Section for Legal and Administrative Affairs)가 생성되었다.

- 2003년에 이르러 '기록관구조에관한법(Act on the Structure of the Archives)'이 세르비아·몬테네그로 연합국에서 처음으로 통과되었다. 기록관의 임무는 크게 기록 보호, 정보, 이용국(Department for the Protection of Archival Records, Information and Use), 기록 분류 및 처리국(Department for Sorting out and Processing of Archival Records), 기록 정보기술적용 및 기술적 보호국(Department for IT Applying and Technical Protection of Archival Records)의 세 개의 부서를 통해 이루어진다. 이 세 개의 부서 이외에, 법과 물자·재정 및 행정부(Legal, Material – Financial and Administrative Affairs Section)가 있다.

4) 임무

2003년에 통과된 '기록관구조에관한법(Act on the Structure of the Archives)

에 의하면 기록관의 임무는 다음과 같다.

① 기록 보호, 정보, 이용

② 기록 분류 및 처리

③ 기록 정보기술적용 및 기술적 보호

5) 주요행사

대표적인 주요행사는 다음과 같다.

① 유고슬라비아 1918~1998년(Yugoslavia 1918~1998)

② 1920~1939년의 유고슬라비아 왕국 정부와 법정을 통한 러시아인 이주 (Russian Emigration through Letters to the Court and the Government of the Kingdom of Yugoslavia 1920~1939)

③ 유고슬라비아 기록관 반세기(Half a Century of the Archives of Yugoslavia)

④ 유고슬라비아 교사협회(Yugoslav Teachers' Association)

⑤ 유고슬라비아 기록관 기록소장품에 대한 보도자료 1918~1941년(Press Material in Archival Holdings of Archives of Yugoslavia 1918~1941)

6) 주요활동

① 기록관 외부 기록자료 보호(Protection of Archival Materials Outside the Archives)

② 기록관 내의 기록자료 수령, 보관, 유지(Reception, Housing and Keeping Archival Materials in the Archives)

③ 기록자료 분류 및 처리(Classification and Processing of Archival Material)

④ 기록관 내의 소장기록물 및 기록자료에 대한 정보 안내(Imparting Information on Archival Holdings and Archival Material in the Purview of the Archives)

⑤ 기록관 자료 이용을 위한 상태 확보(Ensuring Conditions for the Use of Archival Material)

⑥ 기록관 자료의 출판, 검색도구, 기록관 자료 이용을 촉진하는 출판사업

⑦ 기록관 자료 전시, 강연조직, 문화교육행사(Displaying Archival Material, Organizing Lectures and other Cultural and Educational Events)

⑧ 기록관 소장기록물을 보충할 수 있는 국내외 기록자료에 대한 연구 및 설문(Research and Surveying of Archival Material in the Country and Abroad to Supplement the Holdings of the Archive)

⑨ 기록자료의 기술적 보호 확보(Ensuring Technical Protection of Archival Material)

⑩ 국내외 기록관련 기관 및 협회와의 협력(Cooperation with Archives and Other Related Institutions and Associations in the Country and Abroad)

7) 관련법률

세르비아·몬테네그로기록관의 관련 법률은 상술의 설립연혁과 조직개발의 전 과정에 걸쳐 여러 종류의 법률이 제정되었다. 최근 2003년 '기록관구조에관한 법(Act on the Structure of the Archives)'이 제정되어 세르비아·몬테네그로 기록관의 기록관리의 근간이 되고 있다.

8) 국제활동

① 세르비아·몬테네그로기록관의 국제 활동은 외국 기록관 및 다른 유사한 기관 및 협회와의 협력, 연구원 교환, 전시회 교환, 기록전문가 국제모임 참여, 국제기록관서비스 협회 및 국제기구 회의 및 모임 참여로 이루어진다.

② 본 기록관은 국제아카이브스협의회(ICA)에서 카테고리 A 회원 지위에 있다.

9) 관련기관

다음은 본 기록관 관련기관이다.

- 국제아카이브스협의회(ICA)

  홈페이지: http://www.ica.org/

- 보존과이용유럽위원회(ECPA)

  홈페이지: http://www.knaw.nl/ecpa/

- 유럽기록네트워크(European Archival Network)

  홈페이지: http://www.european-archival.net/

- 외무부(Ministry of Foreign Affairs)

  홈페이지: http://www.mfa.gov.yu/History/arhiv_e.html

2 정보원

1) 정보원 열람 및 배포 정책

세르비아·몬테네그로기록관의 기록물은 중앙정부기관과 정치기관, 도서관 등
에 보관되어 있다. 세르비아·몬테네그로기록관에 전체 소장 기록물은 총 777
개 기록 그룹으로 분류되어 있다. 일반적으로 방문열람을 통한 기록물 열람이
제공되고 있다.

2) 소장기록물

(1) 유고슬라비아 왕국시대의 기록자료(Archival Material from the Period of
the Kingdom of Yugoslavia)

기록 그룹을 분류하고 처리하는 과정에서 유고슬라비아 왕국 시대의 기록들은 따로 분리·처리하고 있다. 총 145개의 기록 그룹 또는 부분적 그룹이 생성되어 있으며, 검색도구를 통한 자료 검색이 가능하다.

(2) 사회주의 유고슬라비아 기간의 기록자료(Archival Material from the Period of the Socialist Yugoslavia)

사회주의 유고슬라비아의 기관 및 조직의 도큐먼트를 담고 있는 기록 그룹은 가장 다양하고 가장 많은 분량의 자료를 소장하고 있다. 그러나 이 기록 그룹에 속한 자료들은 아직까지 적절히 정리 및 보관되지 못하고 있다. 이 기록 그룹은 총 579개 이상의 기록 그룹으로 형성되었다. 이 시기의 기록 그룹 중 기록관에 보관된 기록관 자료는 유고슬라비아의 사회경제 개발 및 전환기의 증인역할을 하고 있다.

(3) 개인기록관 및 소장자료(Personal Archives and Collections)

유고슬라비아 왕국 및 사회주의 유고슬라비아 기간의 기록 그룹 기록자료에 이어, 개인기록 및 소장품들이 기록관의 중요한 도큐먼트로 구성되어 있다. 이는 53개의 개인기록으로 구성되어 있다.

3) 기타 기록관 소장의 관련기록물

몇몇 외국기록관 및 영국국가기록관(National Archives of Great Britain), 이태리중앙정부기록관(Central State Archives of Italy), 프랑스국가외교군사기록관(National, Diplomatic and Military Archives of France), 맑시즘·레니니즘연구소중앙당기록관(Central Party Archives of the Institute of Marxism - Leninism), 모스크바현대역사도큐먼트연구센터(Centre for Custody and Research of Documents of Recent History in Moscow) 등이 보유하고 있는 유고슬라

비아에 대한 중요 기록들은 1918년에서 1945년 기간 동안에 분실된 주요기록의 일부를 대신하고 있다.

4) 정보원 관련서비스

정보원 제공관련 서비스로 방문열람서비스가 제공되고 있다. 열람실 방문가능 시간은 월요일부터 금요일, 오전 9시부터 오후 6시까지이다.

2.10 스르프스카공화국

ARS

Archives of Republic of Srpska

스르프스카공화국국가기록관

☐ 기록관

1) 소재사항

소재국가	스르프스카공화국[22]
전　화	+51 301 528(교환원); +51 301 609(국장)
전자우편	arhivrs@inecco.net
홈페이지	http://www.arhivrs.org/e_index.asp

2) 성격

스르프스카공화국국가기록관(ARS: Archives of Republic of Srpska)은 기록 및 기록관리를 책임지는 교육문화부 산하의 공화국 관리기구이다.

---

22) 스르프스카공화국(Республика Српска, Republika Srpska)은 보스니아·헤르체고비나에 있는 세르비아계 공화국이다. 언어: 세르비아어·크로아티아어·보스니아어, 수도: 바냐루카, 면적: 24,811km², 인구: 1,490,993명(2001년), 민족(1996년): 세르비아인(90%)·보스니아인(7%)·기타(3%).

3) 설립연혁

- 공화국기록관 중 하나인 반자루카시기록관(Archives of the City of Banja Luka)은 1953년 4월 20일 4,735명의 반자루카시의 시민위원회(Decision People's Committe)의 결정에 의해 설립되었다.

- 1956년 5월 30일자로 승인된 보스니아·헤르체코비나연방국가운영협의회 '결의안 1719 - 14'에 의해 반자루카시기록관은 반자루카와 프리제도르(Prijedor) 지역을 담당하는 주기록관으로 승급되었다. 설립자 권리는 1956년 6월 29일 의 '결의안 2170'에 의해 반자루카주시민위원회로 인계되었다. 이는 또한 1956년 2월 15일의 '결의안 1291'에 의거 프리제도르주의 시민위원회의 동 의를 얻었다.

- 1958년 한 해 동안 기록저장소 역할을 하는 '노바토폴라지역사회사무소(Local Community Office Nova Topola)'는 보산스카그라이스카(Bosanska Gradiska) 주의 기록을 접수하게 되고 그에 따라 '보산스카그라이스카기록수집센터'로 자리잡게 되었다.

- 몇 년 후 이 기록관은 250여 개의 기록관 그룹과 북서 보스니아 지역의 사 회, 정치, 경제, 문화 등의 중요한 연구기록소장품을 포함하는 인정받는 기 관이 되었다. 그 후 1961년부터 조직적 기록인수의 과정이 이루어졌다.

- 1953년 드디어 반자루카본부를 포함한 보산스카크라지나(Bosanska Krajina) 기록관으로 불리는 지역기록관이 설립되었다. 이 기록관은 반자루카주와 비 하크(Bihac)주를 포함한다. 이 지역관은 여전히 개발 중에 있으며 새로운 수 집센터들이 프리제도르 등에 설립되었다. 이 지역관의 1967년 1월 1일 보스 니아 헤르체코비나 연방 사회주의자들이 주 및 설립자들의 권리와 활동에 대한 예산권리를 넘겨받았다.

- 1969년 10월 27일 반자루카지역에 대규모의 지진이 발생하였고, 기록관서비 스 개발에 지대한 영향을 미쳤다. 1973년 중반에 이르러서야 기록관 기록관

리에 대한 문제에 대한 일부 대안이 마련되었다. 보산스카 크라지나 박물관과 함께 기록관은 부분적으로 새로 지어진 '카르느카 쿠차(Carska kuca)' 빌딩으로 이전되었다.

- 헌법과 영토변화 후, 1974년 1월 1일부터 재정권리는 23개의 지방자치단체로 인수되었다. 지방자치단체는 1976년 연방으로부터 설립자권리를 넘겨받게 되었다.
- 1981년 비하크 기록수집센터가 폐지되고 비하크 역사기록관이 설립되어 주변지방자치단체를 포함한 기록관의 활동을 시작하게 되었다. 1983년 프리제도르 기록수집센터는 폐지되었다.
- 1992년에서 1995년까지의 보스니아 헤르체코비나에서의 갈등사태는 기록관 활동에 많은 부정적인 영향을 미쳤다. 1993년 중반까지 스르프스카공화국의 영토에 있던 기록관의 활동은 지속될 수 있었다.

4) 비전 및 임무

① 스르프스카공화국 영토 전체의 기록관련 활동의 수행
② 문화적 가치의 보호를 위한 중앙기관으로서의 임무 담당

5) 조직

스르프스카공화국국가기록관은 다음과 같은 두 개의 기본적인 기구로 운영된다.

(1) 기록 분류 및 분석 섹션(Section for Classification and Analysis of the Records)
본 섹션은 기록분류와 분석의 두 부서로 구성되며, 국가 전체를 다섯 개의 지역으로 구분하여 관리하고 있다.
① 기록분류 및 분석부(Department for Classification and Analysis of the

Records)
   · 저장소 운영 및 기록의 기술적 보호
   · 정보 및 문서 운용
   · 기록의 분류 및 분석 시행
   · 이용자 서비스제공 및 정보제공
   · 도서관 운영
② 기록연구조사 및 발표부(Department for the Research Work and Presentation of the Records)
   · 기록발표 및 활동출판 업무
   · 과학적 연구조사
   · 문화, 교육, 정보활동 운영

(2) 등록 및 법적 감독 섹션(Section for Supervision of the Registry Offices, Legal and General Affairs)
본 섹션은 다음과 같은 부서로 구분되어 운영된다.
① 기록관 외 기록보호부(Department for Protection of the Records Outside the Archives)
② 등록사무소 감독운영부(Operations of Registry Offices Supervision)
③ 자료등록사무소 운영자들을 위한 전문가 운영부(Operations of Giving Expert Help to the Possessors of the Registry Office Material)
④ 법률부(Department of Legal and General Affairs)
⑤ 일반, 법률, 인사부(General, Legal and Personnel Affairs)
⑥ 재정 및 회계부(Financial and Accountancy Affairs)

6) 주요활동

(1) 스르프스카공화국기록관 홈페이지 운영

유네스코기록포털 홈페이지(http://www.unesco.org/webworld/portal_archives)에 등재된 스르프스카공화국국가기록관 홈페이지(http://www.arhivrs.org) 운영을 책임진다.

(2) 온라인기록관

이는 온라인기록관으로 2003년 7월 25일에 스르프스카공화국국가기록관에서 운영하고 있다.

7) 전시회

스르프스카공화국국가기록관은 다음과 같은 주제의 온라인 전시회를 제공한다.

- 'Mrguda'
- 1929~1933년 시대의 왕들(Meetings with the King 1929~1933)
- 연극포스터(Theatre Poster)
- 베셀린 마슬레사의 필적(Veselin Maslesa's Handwriting)
- 크로아티아의 독립국가(Independent State of Croatia)
- 터키연례행사(Turkish Annual)
- 브르마스 바낫의 왕립운영(Royal Bannat Administration of Vrbas Bannat)
- 국가해방위원회(National Liberation Committee)
- 카라노박 채석장 인부들의 파업(Strike of Workers in Karanovac Quarry)
- 오스트리아·헝가리 지도(Austro-Hungarian Map)
- 도서관 규칙(Rules of Library)
- 신문과 잡지(Newspapers and Magazines)
- 사진 및 엽서(Photos and Postcards)

② 정보원

1) 정보원 열람 및 배포 정책

스르프스카공화국국가기록관의 소장기록물은 규정에 따라 제한적인 이용이 가능하며, 일부 서면요청에 의한 소장기록물의 대출이 가능하다. 출판물과 전시회와 같은 온라인상으로 제공되는 정보원은 대부분 목록으로 실제적인 열람은 가능하지 않다. 일부 제공되는 자료는 세르비아(Serbia)어와 같은 제삼언어로 제공되고 있으며, 일부 영문으로 제공되는 경우 직접 문의 후 열람 여부를 알 수 있다.

2) 소장기록물

홈페이지상으로 제공되고 있는 정보원으로 출판물과 전시품의 목록은 다음과 같다.

(1) 출판물

- *Archivalia: Witness of Time*
  전시회 카탈로그이다.
- *Mrguda*
- *Documents on Workers Movement in Bosanska Krajina 1919－1941*
- *Meetings with the King 1929－1933*
- *Arhives of Bosanska Krajina Banjaluka 1953－1983*
- *Protection of Records in Registries*

(2) 전시품

- *Archival Document: A Witness of the Truth on Struggle of Working*

Class(1965)

- *Banjaluka on Old Postcards*(1966)
- *Labour Movement in Area of Bosanska Krajina*(1973)
- *Life and Work of Veselin Maslesa*(1976)
- *Poster: Historical Origin*(1980)
- *Archival Document: A Witness of Past*(1981)
- *Manuscripts of Veselin Maslesa*(1986)
- *Medieval Parish Vrbas*(1987)
- *Sport and Physical Education in Banja Luka*(1989)
- *The Press in Banjaluka to 1941*(1990)
- *Banjaluka, the Centre of Vrbaska Banovina*(1994)
- *Thirthy Years Later*(1999)
- *Jews: Our Fellow: Citizens that do not Exist Anymore*(2000)
- *Archivalia: Witness of Time: Marking 50 Years of Organized Archive Work*(2003)

3) 기록그룹(Data on the Records)

(1) 기록그룹

스르프스카공화국국가기록관은 다음과 같은 667개의 기록그룹으로 소장기록물을 분류하고 있다.

- 반자루카(Banjaluka) 본부: 463개(세르비아어)
- 도보(Doboj) 지역지부: 97개(세르비아어)
- 포카(Foca) 지역지부: 90개(세르비아어)

(2) 등록사무소의 기록보호 감독

스르프스카공화국국가기록관은 총 24,747개 등록사무소의 기록보호에 대한 감독을 시행하고 있다. 가장 오래 보관된 기록 도큐먼트는 동양 메뉴스크립트와 도큐먼트 소장 목록에서 찾을 수 있다. 기록관은 역사 및 기록 내용을 다루는 13,950개의 도서관 이름을 갖고 있다.

4) 기록관 이용조건(Terms of Using)

(1) 이용규정
- 열람실의 개관시간은 오전 9시에서 오후 2시 사이이다. 토요일과 일요일은 운영하지 않는다.
- 기록과 도서관 자료는 규정에 한해 대중이용이 가능하다. 기록이용의 허가는 서면에 의한 요청에 따라 기록관의 분류 및 분석섹션의 장이 결정한다.
- 외국인 거주자의 기록이용은 국제협정에 따른다.

(2) 기록 및 도서관 자료의 정보

기록관련 정보의 이용은 기록관의 분류 및 분석섹션의 장 또는 사서에게 문의가능하다.

(3) 기록의 대출

기록 및 서적은 서면에 의한 요청 시 대출이 가능하며, 적어도 이용 하루 전에는 신청해야 한다.

(4) 기록의 이용

기록 및 서적은 기록관의 열람실에서만 이용가능하다.

2.11 슬로바키아

SNA

Slovak National Archives

슬로바키아국가기록관

1 기록관

1) 소재사항

소재국가	슬로바키아[23]
주 소	Drotárska cesta 42, 817 01 Bratislava, Slovak
전 화	+421 2 672 981 11, 628 011 78/81/83/85
팩 스	+421 2 628 012 47
전자우편	archiv@sna.vs.sk
홈페이지	http://www.civil.gov.sk/SNARCHIV/uk.htm

---

23) 슬로바키아공화국(Slovenská Republika)은 1993년 체코슬로바키아로부터 독립하여 슬로바키아공화국이라는 이름으로 새롭게 태어났으며, 2004년 5월에는 유럽연합(EU)에 가입하였다. 수도: 브라티슬라바(Bratislava), 인구: 약 550만 명(2003년), 면적: 49,035km², 주요민족: 슬로바키아인(Slovak 86%) · 헝가리인(Hungarian 11%) · 체코인(Czech 1%), 주요언어: 슬로바키아어(Slovak), 종교: 천주교(60%) · 개신교(6%).

2) 성격

슬로바키아국가기록관(SNA: Slovak National Archives)은 슬로바키아 공화국의 가장 크고 중요한 공공기록관이다. 동시에 이 기록관은 기록 및 기록관리 관련 연구의 전문화를 위해 주요 과학연구조사 및 교육센터의 역할 또한 수행하고 있다.

3) 설립연혁

1918년까지 슬로바키아는 한 번도 독립국가이거나 자치행정을 가진 적이 없이 헝가리의 지배하에 있었다. 이러한 슬로바키아에 국가기록관이나 중앙기록관이라 불릴 만한 기관의 존재는 불가능했으나 실제 슬로바키아는 지방자치, 교회, 가족 기록관에 보관된 풍부한 기록관 자료를 보유하고 있었다. 구체적인 역사적 전개과정은 다음과 같다.

- 1918년 체코슬로바키아의 형성과 함께 슬로바키아 기록관의 조직과 관리 및 기록관연구에 대한 문제제기가 시작되었다. 그러나 불행히도 제출된 제안서 중 한 건도 채택되지 못하였다.
- 1928년 구 지방구조의 해체와 새로 조직된 공공행정의 결과로 지방시스템이 형성되었다. 슬로바키아는 체코슬로바키아의 한 지방이 되었으며, 정치적이나 행정적인 지방자치사무소가 생겨났다. 1928년 9월 28일에 비로소 '지방기록관(Provincial Archives)'이 설립되었다.
- 그러나 이상의 지방기록관은 1939년 12월 31일자로 폐지되었다. 기록관의 업무는 내무부로 옮겨졌다. '내무부기록관(Archives of the Ministry of the Interior)'은 비엔나와 부다페스트의 기록관들과 공동 작업으로 이루어졌으며 슬로바키아의 중앙정부기록관의 설립을 위한 법안 제안을 목적으로 운영되었다.
- 1945년 내무부의 기록관은 '내무부위원회기록관(Archives of the Commission

of the Interior)'으로 옮겨지게 된다. 1951년에는 내무부위원회에 의해 통과된 법안에 의해 지역국가협의회 산하 주정부지역기록관이 설립되었다. 여러 노력에도 불구하고 내무부위원회기록관은 슬로바키아 기록관 관리 역할을 제대로 수행하지 못하였다. 그러나 긍정적인 단계로서 지역기록관이 생겨났고 '슬로바키아기록위원회(Slovak Archives Board)'도 설립되었다.

- 1951년 1월 9일 정부의 결정으로 '주정부기록관위원회(State Archives Board)'가 내무부 산하기관으로 설립되었다. 1952년 5월 20일 위원회 법의 일환으로 '슬로바키아중앙기록관(Slovak Central Archives)'이 설립되었다. 이 기관의 구조 및 활동은 1952년 12월 29일 이사회의 결정을 바탕으로 정해졌다.

- 1954년 10월 1일 슬로바키아 중앙기록관을 대신하는 '슬로바키아중앙정부기록관(Central Slovak State Archives)'이 설립되었다.

- 1956년 1월 1일부터 슬로바키아중앙정부기록관은 1947년 '농업 및 토지개편위원회(Commission of Agriculture and Land Reform)' 산하기관으로 설립된 '농업기록관(Agricultural Archives)'의 기록에 대한 행정을 맡기 시작했다.

- 1959년 '내무부와교육문화부(Ministry of Education and Culture)'는 박물관에 보관되어 온 기록관 도큐먼트 제한에 대한 결의문에 동의했다. 1960년 1월 1일자로 '슬로바키아국립박물관기록관(Archives of the Slovak National Museum)'은 폐지되었으며, 소장품들은 슬로바키아중앙정부기록관으로 이전되었다.

- 기록관 자료의 분량이 늘어남에 따라 새로운 기록관 건물의 필요성이 절실해졌다. 1957년 3월에 이미 내무부장관이 이러한 상황에 대해 보고한 바 있으며, 1957년 4월 2일 새로운 기록관 빌딩에 대한 허가가 이루어졌다. 그러나 실제적인 건물증축은 20년이나 지체되었다. 동시에 슬로바키아 국가기록관 형성에 대한 제안이 다시 이루어졌으나 무산되었다.

- 1960년 슬로바키아 국가위원회의 장관위원회가 폐지됨에 따라 슬로바키아

중앙정부 기록관은 위원회 사무실에 있던 현존자료의 엄청난 분량을 모두 보관할 상황에 처해졌고, 1963년 봉건주의역사국, 자본주의역사국, 사회주의 역사국, 연제국으로 나뉜 새로운 조직이 형성되었다. 이 새로운 기구조직은 각각 다른 역사적 시기별 전문가로 이루어져 운영되었으며, 1964년 슬로바 키아중앙정부기록관은 두 권의 소장자료 목록을 편찬하였다.

- 1975년 슬로바키아중앙정부기록관은 '슬로바키아사회주의공화국중앙정부기록관(Central State Archives of the Slovak Socialist Republic)'으로 이름이 바뀌게 되었다. 1978년 1월 1일 기록관은 독립된 기관으로 변경되고, 1979년 기구조직에도 변화가 있었다.
- 1989년의 정치사회적 변화가 기록관에도 영향을 미치게 되고, 1991년 기록관은 또다시 현재의 '슬로바키아국가기록관(Slovak National Archives)'으로 명칭이 변경되었다.

4) 비전 및 임무

① 도큐먼트의 입수와 보존
② 도큐먼트의 전문적이고 과학적인 처리
③ 국가적으로 중요한 자료의 보관장소 제공

5) 조직

슬로바키아국가기록관은 행정부(Administration Division), 기록관부(Archival Division), 경제기술부(Economic－technical Division)로 구성되어 있다. 한편 자료입수 위원회(Acquisition Committee)를 두고 있으며, 구체적으로 다음과 같다.

(1) 성격

기록관의 자료입수위원회는 기록관 자문의 역할을 한다. 1993년부터 슬로바키아국가기록관 조직의 일부로 활동해 오고 있다.

(2) 역할

① 위원회의 역할은 텍스트, 그래픽, 비디오, 오디오, 또는 다른 형태의 기록에 대한 입수 및 평가를 수행한다.

② 위원회 구성원은 이 자료들의 가치를 평가하며 기록관 자료로 인정하는 단계를 책임진다.

③ 위원회의 활동은 기록관이 슬로바키아의 문화, 정치 등의 요소를 포함한 주요 개인자료를 입수하는 것이다.

6) 관련법률

도큐먼트 이용과 관련하여 2002년에 제정된 '슬로바키아공화국국가협의회법(Act of the National Council of the Slovak Republic No. 395/2002 Coll.)'이 있다.

② 정보원

1) 정보원 열람 및 배포 정책

슬로바키아국가기록관의 소장정보원은 출판물, 컨퍼런스 및 세미나 자료, 조직원에 관한 자료 등으로 분류하여 제공되고 있으며, 이용과 관련하여 2002년 제정된 '슬로바키아공화국국가협의회법(Act of the National Council of the Slovak Republic No. 395/2002 Coll.)'에 의거하고 있다. 기본적으로 방문열람서비스가 제공되고 있으며, 검색실에서 도큐먼트의 사본이 제작되어 '자료이용료'라는 명목으로 유료로 제공되고 있다. 모든 자료는 슬로바키아어로 제공되고 있으며, 영문 홈페이지상에서는 온라인 검색 및 열람서비스가 제공되고 있지 않다.

2) 도큐먼트의 이용(Use of Archival Documents)

도큐먼트의 이용은 2002년 제정된 '슬로바키아공화국국가협의회법(Act of the National Council of the Slovak Republic No. 395/2002 Coll.)'에 의해 규정되었으며, 구체적으로 다음과 같다.

① 도큐먼트는 기록관 관장의 허가에 의해 연구되어질 수 있다.

② 도큐먼트의 자문에 대한 허가는 보장되어 있지 않으며, 또한 거절될 수도 있다.

③ 도큐먼트는 개인정보를 포함하고 있기도 하다. 개인정보에 대한 데이터 또한 개인정보보호법에 의하여 자문 및 연구에 대한 허가가 거절될 수도 있다.

④ 개인이나 기관의 요구에 따라 기록관은 도큐먼트에 기초하여 증명서나 사본 등의 행정적인 서비스를 제공하기도 한다. 이 경우 일정의 정보이용료가 부가된다.

3) 정보원 관련서비스

기본적으로 방문열람서비스가 제공되고 있다. 구체적으로 다음과 같다.

① 자문, 연구, 기록관 도큐먼트의 이용은 슬로바키아국가기록관의 검색실에서 가능하다. 검색실의 이용은 월요일부터 목요일까지 오전 8시부터 오후 3시 15분까지만 이용이 가능하다.

② 검색실에서는 도큐먼트의 사본제작이 가능하다. 도큐먼트의 재생산과 관련하여 2003년 1월 31일부터 일정의 자료이용료가 부가된다.

③ 개인 노트북의 이용이 가능하며, 휴대전화의 사용은 금지되어 있다.

2.12 슬로베니아

ARS

Archives of the Republic of Slovenia

슬로베니아공화국기록관

① 기록관

1) 소재사항

소재국가	슬로베니아[24]
주　　소	1127 Ljubljana, Zvezdarska 1, p.p. 21, Slovenia
전　　화	+386 1 24 14 200/250
팩　　스	+386 1 24 14 269
전자우편	ars@gov.si
홈페이지	http://www.arhiv.gov.si/en/

---

24) 슬로베니아(Republika Slovenija)는 발칸반도에 위치한 작은 국가로서 1992년 유고슬
라비아로부터 독립을 선언했으며, 2004년 5월 1일부로 유럽연합(EU)에 가입하였다.
수도: 류블랴나(Ljubljana), 인구: 1,986,969명, 면적: 20,273km², 주요민족: 슬로베니
안 민족(90%)·이태리와 헝가리 민족 등, 언어: 슬로베니아어(Slovene)·영어·이태
리어·독일어, 종교: 천주교(90%)·그리스 정교(3%)·회교도·유대교(소수).

2) 성격

슬로베니아공화국기록관(ARS: Archives of the Republic of Slovenia)은 슬로베니아의 수도인 류블랴나(Ljublijana)에 위치한 슬로베니아의 대표적인 공공기록관이자 국가기록관이다.

3) 설립연혁

- 1773년 기록관 본부 건물의 착공식에 이어, 1809년에서 1813년에 걸쳐 새로운 남쪽건물이 지어졌다. 19세기 후반에 들어 건물의 북쪽과 남동쪽이 추가되었다. 건물의 남동쪽 부분은 1970년대에 완전히 개조되었다. 본부 외에 6개의 지역에 기록관 지부를 두고 있다.
- 기관으로서의 기록관의 시작은 카니올란(Carniolan) 역사사회가 지방기록관의 설립을 제안한 1859년으로 볼 수 있다. 그 이전 시기의 기록자료는 다양한 종류의 기관, 협회, 개인에 의해 수집되고 묘사되었다. 1887년 류블랴나에 현재의 국립박물관인 '카니올란지방박물관(Carniolan Provincial Museum)'의 건설이 완성된 후, 그 시점까지의 모든 기록관 자료는 이 박물관에 보관되었다. 이러한 점에서 슬로베니아 기록관의 기원은 이 지역박물관에서 찾을 수 있다. 1926년 유고슬라비아 왕국에서 주정부기록관이 공식적으로 설립되었을 때에도 조직단위로서의 박물관 내에서의 운영은 지속되었다.
- 1945년 11월 31일, 슬로베니아국가정부(National Government of Slovenia)는 '슬로베니아중앙정부기록관(Central State Archives of Slovenia)'을 설립하여 독립적인 기관으로 운영하기 시작했다. 1953년 이 기록관은 '슬로베니아주정부기록관(State Archives of Slovenia)'으로 명칭이 바뀌었다.
- 이후에도 지속적으로 1966년에는 '슬로베니아기록관(Archives of Slovenia)'으로, 1979년 '슬로베니아사회주의공화국기록관(Archives of the Socialist Republic of Slovenia)', 1991년 '슬로베니아공화국기록관(Archives of the

Republic of Slovenia)' 등으로 여러 차례에 걸쳐 명칭이 바뀌었다.

- 1990년 정치적 변화 이후, 소위 말하는 '특별기록관(Special Archives)'은 국가기록관으로 통폐합되었다. 1990년 '슬로베니아공산주의중앙위원회역사기록관(Central Committee of the League of Communists of Slovenia)'은 국가기록관으로 통합되었으며, 1992년에는 후에 '현대역사연구소(Institute of Contemporary History)'로 이름이 바뀐 '구(舊)노동운동역사연구소기록관(Former Archives of the Institute of the History of the Labour Movement)'이 국가기록관으로 통합되었으며, 1998년에는 국가안전국(National Security Agency)의 기록을 보관하던 '내무부기록관(Archives of the Ministry of Internal Affairs)'의 일부가 되었다.

4) 목적

슬로베니아공화국기록관의 주요목적은 슬로베니아공화국 국가기록유산의 수집, 보존, 정리, 기술, 이용촉진에 있다. 그 외에도 문화부의 조직구조 내 행정기관으로서의 기록관의 전문적이고 행정적인 활동들은 슬로베니아공화국의 현저한 기록의 보존을 목적으로 한다.

5) 주요업무

슬로베니아공화국기록관의 업무는 정부당국 및 공법에 해당되는 관련기관에 의해 작성된 공공기록자료 및 문서와 관련이 있다. 기록관은 민간기록 및 영상기록자료를 보존할 임무도 수행하고 있다. 기록관은 그 외에 다음과 같은 임무를 위해 활동한다.

① 기록자료의 등록, 수집, 처리(Registering, Collecting and Processing)
② 기록안내서, 목록, 검색도구 편집(Compilation of Archival Guides, Inventories and Other Finding Aids)

③ 공공기록물과 민간기록물의 등록유지(Keeping of Registers of Public and Private Records Created by Legal and Natural Persons)

④ 컴퓨터 기반의 정보시스템 관리(Management of a Computer-based Information System)

⑤ 공법 및 전문적 감독하에 있는 기관에 의한 기록평가(Appraisal of Records)

⑥ 문서기록 관리자 교육(Training of Documentation Records Managers)

⑦ 민간기록물 소유자와의 협력, 상담, 감독(Co-operation, Consultancy and Supervision)

⑧ 기록관 자료의 보존(Custody and Preservation of Archival Material)

⑨ 보안의 목적을 위한 기록 보존, 복구, 재생산(마이크로필름화 및 스캐닝)(Conservation, Restoration and Reproduction (Microfilming and Scanning))

⑩ 슬로베니아 및 슬로베니아인과 관련된 외국기록의 검색도구 및 안내서 편집과 기록관 소장기록물의 보완을 위한 관련 자료의 재생산(Compilation of Finding Aids and Guides)

⑪ 슬로베니아 및 슬로베니아인에게 중요한 역사이면서 외국기록관 및 슬로베니아 기록관에 보관되었던 기록자료들의 편찬(Publishing of Archival Sources which are Kept in the Archives and in Foreign Archives and are of Significance to the History of Slovenia and Slovenes)

⑫ 이용가능한 기록자료 제작, 기록 도큐먼트에 기반을 둔 인증서 및 기록 도큐먼트의 사본 발급(Use, Issuing Transcripts and Copies of Archival Documents)

⑬ 기록자료와 관련된 문화 활동 및 교육(Cultural Activities, Education and Training Related to Archival Material)

⑭ 기록과학, 역사 및 다른 관련 분야에서의 연구활동(Research in Archival Science, History and Other Related Disciplines)

⑮ 기록관 활동내용 편찬(Publishing Activities)

⑯ 기록서비스 내용 및 절차에 대한 조직 및 협력(Organization and Coordination of Matters and Procedures in Archival Service)

6) 조직

슬로베니아기록관의 조직구조는 일반서비스팀(General Services Office), 기록보존국(Division of Records Preservation), 슬로베니아 영상기록관국(Division; Slovene Film Archives), 중앙 기록보존 및 유지국(Division; Centre for Preservation and Conservation of Records), 전자기록관 및 컴퓨터 지원국(Division on Electronic Archives and Computer Support)으로 구성되어 있다.

(1) 기록보존국

정보ㆍ문서ㆍ기록보존부(Department of Information, Documentation and Records Preservation), 1945년 이후 정부행정기록부(Department of Government Administration Records after 1945), 기록관 제1부(Department I), 기록관 제2부(Department II)로 조직되어 있다.

(2) 기록관 제1부

기존의 사회주의 슬로베니아중앙위원회역사기록관(former Historical Archives of the Central Committee of the League of Communists of Slovenia)과 기존 내무부기록관(Archives of the former Ministry of Internal Affairs)의 일부를 담당한다. 또한, 기록관 제1부는 1989년부터 있었던 당대역사협회의 기존 노동당 역사협회기록관(former Archives of the Institute of the History of the Labour Movement)에 대한 내용을 담당한다.

7) 슬로베니아영상기록관(Slovene Film Archives)

슬로베니아영상기록관 또는 SFA로 불리는 이 기록관의 기능은 슬로베니아공화국 기록관의 일부로 영상기록 및 기록관리 관련 업무를 수행한다. 또한 이 기록관은 국제영상기록연방(FIAF: International Federation of Film Archives)의 회원기구이다.

(1) 설립역사 및 관련법안
- SFA의 시작은 1966년 기록관 자료법의 승인에서 찾아볼 수 있다.
- 1968년 슬로베니아공화국기록협회(Association of the Archives of the Republic of Slovenia)는 슬로베니아공화국기록관 내에 '영상부(Film Department)'를 설치하였다. 이 결정은 영상자료와 교육에 대한 필요성에 의해 이루어졌으며, 영상부는 슬로베니아 영상보관 역할을 담당하였다.
- 1966년에 통과된 법안에 의하여 모든 영상기록물 소유자들은 형성시점에서 30년이 된 영상자료들을 SFA로 이전시켜야 했다. 상기 법안은 1974년에 변경되어 모든 영상기록물 소유자들은 영상물 완성시점에서 6개월 안에 완벽한 사본을 ARS로 제출해야 했다. 다만 원본은 그 소유자가 보유할 수 있었다. 1981년 '자연과문화유산법(Natural and Cultural Heritage)'에 의해 영상제작자들은 완전한 형태의 두 개의 사본을 ARS에 제출해야 했다.
- 1997년 새로운 '영상자료및기록법(Law of Film Material and Archives)'에 의하여 영상자료의 필름과 사본은 모두 기록영상자료로 인정되었다.

(2) 기록영상자료의 목록 및 수집(Catalogue and Acquisition of the Archival Film Material)
- SFA의 설립시점에서 2000년 말까지 SFA는 총 5,300개 이상의 영상물

또는 1905년에서 2000년까지의 22,000개의 영상필름을 수집하였다. 약 50명 이상의 영상 제작자를 카테고리화하였다.

- SFA는 또한 슬로베니아 영상물에 대한 설명 작업을 담당하였다. 슬로베니아의 몇몇 영상물들은 크로아티아, 자그레브, 유고슬라비아, 오스트리아, 독일 등에 보관되어 있다.
- 영상자료 수집 활동에 이어 SFA는 영상제작자 관련 기록물도 수집 및 보관하고 있다.

(3) 영상물 보관소(Storage of Films)

매체의 특성상, 영상 테이프는 특별한 보관 상태를 요한다. 따라서 SFA는 환경적 조건에 맞는 별도의 영상물보관소에 영상물을 보관하고 있다.

(4) 영상자료 처리(Processing of the Film Material)

SFA는 전산화된 기록유지시스템을 운영하고 있다.

(5) 영상자료 대여(Rental of Film Material)

기록영상자료는 학습, 과학, 연구, 문화과학 및 상업적 목적의 이용자들에게 공개되고 있다. 기록자료는 '기록자료및기록관법(Law of the Archival Material and Archives)'에 의해 정의된다.

(6) 저작권(Copyright)

저작권 및 유사권리법(Law of Authors' and Similar Rights)에 의해 이용자들은 도덕적 권리와 자료권리를 존중해야 한다.

8) 관련법률

- 1997년 제정된 '영상자료및기록법(Law of Film Material and Archives)'
- '기록자료및기록관법(Law of the Archival Material and Archives)'

2 정보원

1) 정보원 열람 및 배포 정책

슬로베니아공화국기록관의 소장기록물(정보원)은 종이기록, 영상기록, 비디오자료, 마이크로자료 등을 대상으로 하고 있다. 특히 원본 또는 사본의 기록물로 구성되어 있으며, 원본과 사본 모두 소장 기록물의 경우 사본제공을 원칙으로 하고 있다. 기본적인 방문열람서비스를 통한 관내열람만이 제공되며, 일일 열람가능한 기록물은 수량 또한 제한적이다. 그 외에 기록 및 기록관리 관련 데이터베이스를 홈페이지상에 탑재하여 제공하고 있다. 다만 모든 자료와 정보원들은 슬로베니아어로만 제공되고 있다.

2) 소장기록물

- 2004년 말을 기준으로 기록관은 총 1,809건의 기록원을 소유하고 있다. 기록자료들은 16,356 미터의 문서기록, 5,651개의 영상물, 909개의 비디오자료, 3,745점의 마이크로필름과 릴(reel) 등으로 구성되어 있다.
- 주정부 행정당국을 비롯한 국가기관의 기록물 외에 다른 형태의 이전 정부 시대의 기록들을 소유하고 있다.
- 각 시대별 특징에 따라 구분하여 기록물이 보관되어 있으며, 메뉴스크립트 형태의 자료를 비롯하여 영상자료도 기록관 자료에 포함되어 있다. 영상자료 중에는 만화도 포함되어 있다. 90% 이상의 슬로베니아 영상자료가 보관·유지되어 있다.

3) 정보원 관련서비스

정보원 관련 서비스로 방문열람서비스가 제공되고 있다. 구체적인 사항은 다음과 같다.

- 기록관 자료의 이용은 기록관에 설치되어 있는 열람실을 통해서만 가능하다. 열람실의 이용시간은 기록관 운영시간 중 오전 8시부터 오후 1시까지이다.
- 기록물 신청은 직접 방문하여 열람실에서 신청하여도 되나, 우편, 전화, 팩스, 이메일로도 신청이 가능하다. 모든 자료는 오후 1시 이전에 신청하여야 하며, 절차대로 신청하면 다음날에 이용이 가능하다. 오후 1시 이후에 신청된 자료는 이틀 후에 열람가능하다.
- 방문자들은 경비원에게 신분을 증명할 수 있는 자료를 보여야 하며, 가방 등의 소지품의 열람실 반입이 금지되어 있다. 첫 방문 시에는 열람실 이용을 위한 신청서 작성이 필요하다.
- 열람실 이용자들은 하루 최대 다섯 점의 기록자료 열람이 가능하다. 만약 기록관 보관 기록물이 원본 이외에 사본도 보관되어 있는 경우, 사본만이 열람가능하다.
- 기록관은 자료보호 차원에서 임시적으로 자료열람을 금지할 수도 있다.
- 만약 이용자들이 자료를 훼손한 경우, 자료 복구 및 관리에 드는 비용을 책임져야 한다.
- 또한 개인이나 단체 기록관 견학이 가능하다. 견학은 기록관 운영시간 중 오전 8시부터 오후 3시까지이며, 미리 예약하여야 한다.

4) 데이터베이스

데이터베이스의 정보원은 다음과 같은 방법을 통해 검색된다.

- 퐁(fonds)과 장서에 대한 카탈로그 데이터를 이용한 브라우징
- 구조(structure)를 바탕으로 한 카탈로그 브라우징

- 일반검색(Searching)
- 디지털화된 19세기부터의 지도자료(Cadastre Mps)
- 슬로베니아영상기록관(Slovene File Archives)의 영상기록물 소장품에 대한 데이터

5) 기록물 이용(Use of the Records)

- 기록관 자료는 과학, 연구, 문화, 교육, 출판 목적으로 이용된다.
- 원본기록 또는 사본은 연구, 학습, 문화, 정부기관, 사업, 개인 등의 목적으로 열람실에서 이용이 가능하다.
- 이용자의 서면상의 요구 시 기록관은 증명서 서비스를 제공하고 있다.
- 외국인 거주자도 슬로베니아 자국민과 똑같은 기록 이용권리를 가질 수 있다.
- 이용자는 기밀자료나 개인정보의 악용에 대한 책임이 있다.

2.13 스웨덴

NAS

National Archives of Sweden

스웨덴국가기록관

① 기록관

1) 소재사항

소재국가	스웨덴[25]
주　　소	P.O. Box 125 41, SE－102 29 Stockholm, Sweden
전　　화	+46 8 737 63 50
팩　　스	+46 8 737 63 50
전자우편	registrator@riksarkivet.ra.se/webmaster@ riksarkivet.ra.se
홈페이지	http://www.ra.se/indexengelska.html

---

[25] 스웨덴 왕국(Konungariket Sverige)은 북유럽 스칸디나비아 반도 동반부를 차지하는 입헌 군주국이다. 9세기경 바이킹의 활동이 활발했던 시기 등장하여 11세기에 이르러 비로소 기독교를 중심으로 한 독립국가를 이루었다. 수도: 스톡홀름(Stockholm), 인구: 약 900만 명, 면적: 449,964km², 주요민족: 북게르만족(95%)·랩족(0.2%), 주요 언어: 스웨덴어·소수민족어(랩어·핀랜드어), 종교: 루터교(95%)·천주교(1.5%).

2) 성격

현재의 스웨덴국가기록관(NAS: National Archives of Sweden)은 국가적 차원의 공공기록물 및 기록관리 관련기구이자 중세시대부터 시작된 스웨덴에서 가장 오래된 대규모의 공공기관 중 하나이다. 한편, 지역 및 지방당국에 의해 형성된 기록의 관리를 담당하는 지역기록관의 대표적 성격을 지니며, 군(軍)기록관(Military Archives)과 연구센터인 SVAR(Svensk Arkivinformation)의 역할도 수반하고 있다.

3) 설립연혁

- 17세기, 옥센스티어나(Axel Oxenstierna) 수상이 기록보관을 위한 새로운 조직을 형성함으로써 국가기록관의 역사가 시작되었다.
- 중세시대부터 시작된 스웨덴국가기록관은 중앙정부 기관의 공공기록물을 관리하는 역할을 하고 있다.
- 현재 스웨덴국가기록관은 지역 및 지방당국에 의해 형성된 기록물관리를 담당하는 지역기록관의 대표 역할을 하고 있으며, 군(軍)기록관(Military Archives)과 연구센터인 SVAR (Svensk Arkivinformation)도 국가기록관의 일부이다.

4) 프로젝트

'일일프로젝트(Day - project)'라는 프로젝트는 스웨덴국가기록관의 목적을 반영하고 있다. 이는 기록관 비이용자들이 기록기관들을 방문하여 이들 기관들의 소장물들과 기능에 대한 지식을 고취토록 하고자 형성되었으며, 스웨덴 기록기관들의 모든 분야의 참여로 이루어진 조인트벤처이다.

5) 관련기관

(1) 군(軍)기록관(The Military Archives)

군기록관은 1805년에 설립되어, 1943년 이후의 군기록에 대한 조사 및 관리를 담당하고 있다. 군기록관은 16세기부터 현재까지의 군기록을 보유하고 있다. 이는 스웨덴국가기록관의 일부로서 업무를 수행한다.

(2) 스벤스키무자이텐스트(Svensk Museitjänst)

국가기록관의 부서로서 스벤스키무자이텐스트는 스톡홀름(Stockholm) 지역에 있는 박물관 및 다른 문화기관들을 위한 보관설비 및 인공물 서비스를 제공하고 있다.

(3) 연구센터 SVAR(The Research Center Svensk Arkivinformation)

람세레(Ramsele)에 위치한 SVAR은 가족사와 계보학에 관한 전문기관이다. SVAR은 방문자센터(Visitors' Center)에 연구설비를 제공하고 있다. SVAR은 또한 마이크로카드를 제작 및 배포하고 있으며, 스캔 또는 디지털화된 기록을 이용자를 위해 제공하고 있다.

6) 지역정부기록관(The Regional State Archives)

- 지역정부기록관은 20세기 초반에 웁살라(Uppsala), 받스테나(Vadstena), 비스뷔(Visby), 룬드(Lund), 예테보리(Göteborg), 하르노상드(Härnösand), 오스테르순드(Östersund) 지역에 형성되었다.
- 스톡홀름에 위치한 시 기록관들(City Archives)은 스톡홀름 지역의 기록을 보관하며, 칼스타드(Karlstad)에 위치한 기록관은 밤랜드(Värmland) 지역의 기록을 보존하고 있다.

② 정보원

1) 정보원 열람 및 배포 정책

소장정보원은 도서 및 기타 출판물 그리고 데이터베이스(NAD) 등으로 구분하여 제공하고 있다. 기본적인 방문열람서비스 외에 연구센터 'SVAR'의 경우 인터넷을 통해 도서 및 기타 출판물을 배포하고 있다. 다만 소장정보원은 모두 스웨덴어로만 제공되고 있다.

2) 데이터베이스

스웨덴국가기록관의 '국가기록관데이터베이스(NAD: The National Archival Database)'는 스웨덴의 국가 전체적인 통합 데이터베이스와 정보시스템으로 인터넷을 통해 이용가능한 데이터베이스이다. NAD는 개인, 재산, 기구, 기업, 당국의 기록에 대한 정보를 취급하고 있다.

3) 정보원 관련서비스

스웨덴국가기록관의 방문열람서비스를 제공하고 있으며, 이용시간은 다음과 같다.

- 안내데스크(Reference Desk)
  월요일~금요일 09:00~12:00, 13:00~16:00

- 열람실
  월요일~수요일 08:15~19:00, 목요일~금요일 08:15~16:15
  토요일 09:00~13:30

- 복사서비스

  월요일~금요일 10:00~12:00, 13:00~15:00

  여름(6월 1일~8월 31일)기간 동안의 열람실은 월요일부터 금요일까지 오후 4시 15분에 닫으며, 토요일과 일요일에는 운영하지 않는다.

2.14 아일랜드

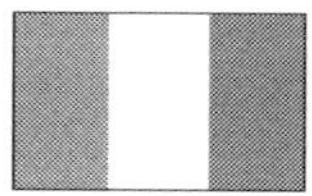  

NAI

National Archives of Ireland

아일랜드국가기록관

① 기록관

1) 소재사항

소재국가	아일랜드[26]
주 소	Bishop Street, Dublin 8, Ireland
전 화	+353 1 407 2300
팩 스	+353 1 407 2333
전자우편	mail@nationalarchives.ie
홈페이지	http://www.nationalarchives.ie/

---

26) 아일랜드(Éire, Ireland)는 1916년 부활절 봉기와 영국-아일랜드 전쟁을 거쳐 1921년 영국-아일랜드 조약을 체결함으로써 아일랜드의 32개 주 중 남부 26개 주가 아일랜드 자유국으로 독립했다. 1949년에 아일랜드는 영국 연방에서 탈퇴한 후 아일랜드 공화국(Poblacht na hÉireann, Republic of Ireland)으로 완전 독립하였다. 수도: 더블린(Dublin), 인구: 3,924,140명(2003년), 면적: 70,273km², 언어: 영어·아일랜드어, 통화: 유로(Euro).

2) 성격

아일랜드국가기록관(NAI: National Archives of Ireland)은 국가의 문화적 생활과 지식적 생활의 주요역할을 하고 있는 국가기록관으로서 국가정체성 형성과 역사적 진화를 문서화하는 현대 아일랜드 국가의 기록을 소장하고 있다.

3) 설립연혁

- 1702년에 설립된 국가제지소(State Paper Office)는 아일랜드의 대다수 영주들에 관한 기록물 보관소로서의 역할을 해 왔다. 1867년에 설립된 아일랜드 공공기록국은 총 네 곳에 분산되어 운영되고 있었으나, 1922년 6월 내전에 의해 모두 불타 버렸다.
- 1922년에 현대 아일랜드가 형성되고, 이후 1986년에 제정된 '국가기록법(National Archives Act)'에 의거 공공기록국과 국가제지소를 폐지, 새로운 국가기록관 설립을 계획하게 되었다.
- 아일랜드국가기록관은 기존의 국가제지소(State Paper Office)와 아일랜드공공기록국(Public Record Office of Ireland)의 기능을 넘겨받아 1988년 6월 1일에 설립, 관련 업무를 수행하기 시작하였다.

4) 비전 및 임무

① 기록관으로서 보존을 보증하는 아일랜드 관련 기록 보존의 확실 시
② 기록관의 대중이용을 위한 적절한 준비

5) 기능

아일랜드국가기록관은 1986년 제정된 국가기록법에 따라 다음과 같은 기능을 수행한다.

① 기록의 보존, 보관, 준비, 설명
② 기록의 가이드, 리스트, 인덱스, 검색기구 마련
③ 대중을 위한 기록관 설립
④ 기록의 사본 제작 및 제공
⑤ 기록관련 출판물, 검색기구 및 자료
⑥ 기록관련 교육서비스

6) 조직

기록보관소 및 보존부, 독자서비스부, 기록입수 및 해설부, 특별프로젝트부로 구성된다.

(1) 기록보관소 및 보존부(Archives Storage and Preservation Division)
기록보관소 및 보존부는 기록의 고결성 보호와 장기간 유지에 관한 넓은 영역을 담당한다. 국가기록관은 수많은 도큐먼트를 소장하고 있으며, 본 부서는 이러한 도큐먼트의 관리를 담당한다. 또한, 사용자 요구 시 도큐먼트 제공 역할을 담당하고 있다. 본 부서 활동의 기본영역은 설비, 보존, 보전, 복사, 도큐먼트 생산 및 반환, 재해방지 및 계획이다.

(2) 이용자서비스부(Reader Services Division)
이용자서비스부는 독자 및 이용자를 위한 지역 및 외부 대중서비스를 제공한다. 본 부서는 대중열람실을 운영하며, 독자들을 위한 도큐먼트와 마이크로필름에 대한 규정제공, 독자들의 문의에 대한 답변, 대중요구에 의거한 도큐먼트 재생산, 방문 및 강의 준비, 온라인 전시회 제공 등을 담당한다.

(3) 기록입수 및 해설부(Records Acquisition and Description Division)
기록입수 및 해설부는 국가기록관의 법적의무에 따라 주정부 기록관 기록부서의 보존 외에 민간기관 및 기구뿐 아니라 개인관리의 기록도 담당한다. 이러한 민간기록관을 받아들임으로써 국가기록관은 기록관의 공식적인 기원을 보완한다. 국가기록관 또한 자료의 파손을 방지하기 위해 비공식적으로 보관된 자료들로 기록관 자료의 하나로 인정한다.

(4) 국가기록관자문협의회(National Archives Advisory Council)
국가기록관자문협의회는1986년의 국가기록법 20조에 의거하여 1987년 1월 설립되었다. 본 협의회는 국가기록관을 담당하는 장관과 예술, 스포츠, 관광부 장관에 자문역할을 제공한다.

7) 국가기록관의 책임(National Archives Responsibility for Archives)

(1) 부서별 기록에 대한 책임(Responsibility for Departmental Records)
국가기록관은 정부 각 부처로부터 해마다 수천 개의 도큐먼트를 받는다. 정부부서, 법원, 주정부기관 기록의 보존과 가치 있는 기록의 영구보존은 국가기록관 사명의 일부이다.

(2) 기타 다른 기록에 대한 책임(Responsibility for Other Records)
부서별 기록에 대한 책임 외에 국가기록관은 아일랜드 교회 등의 기록에 대한 책임이 있다. 또한, 개인경로를 통한 국가기록관의 기록 입수도 허용되고 있다.

8) 관련법률

국가기록관은 수많은 법령과 법규에 의해 운영된다. 대표적인 예는 다음과 같다.
- 1867년의 대중기록법(Public Records (Ireland) Act)
- 1986년의 국가기록법(National Archives Act)
- 1988년의 국가기록법 규정(The National Archives Act, Regulations)

② 정보원

1) 정보원 열람 및 배포 정책

아일랜드국가기록관은 'Documents'와 'Microfilm'으로 구분하여 관련 기록물을 제공하고 있다. 'Database Section' 란을 통해 국가기록관 소장기록물뿐 아니라 정부 부처 간 기록물에 대한 데이터베이스 검색도 제공되고 있다. 이 경우 일부 PDF 원문 또한 홈페이지에 탑재되어 자유로운 열람이 가능하다. 소장정보원은 온라인을 통한 주제어검색을 통해 열람이 가능하다. 또한, 정부기관 관계자와 대중으로 구분하여 각기 다른 정보검색 서비스가 제공되기도 한다.

2) 소장기록물의 성격

NAI의 소장기록물은 아일랜드를 구성하고 있는 정치, 경제, 사회적 영향력에 대한 이해를 구하고자 하는 이들을 위한 1차정보원 역할을 하고 있다. 이 기록들은 또한 정부정책에 대한 연구가 가능하도록 하며 일반대중에 의한 기록유산의 더 많은 이용이 가능하도록 한다.

3) 소장기록물의 종류

크게 도큐먼트와 마이크로필름으로 구분하여 제공하고 있다.

(1) 도큐먼트(Documents)

문서는 크게 정부문서, 계보학기록, 유언기록, 개인소장물로 분류된다. 정부문서와 계보학기록은 다음과 같은 분류로 서비스가 제공된다.

① 정부문서
- 1922~1976년 정부부서기록물(Archives of Government Departments)

- 1790~1922년 부서장실기록물(Archives of the Chief Secretary's Office and its Associated Offices)
- 일부 17~18세기를 포함한 19~20세기 정부기관기록물(Archives of Other Governmental Agencies)
- 14세기에 시작되는 19세기 후반~20세기 법원 및 유언장 등록 기록물(Archives of the Courts and Probate Registries Dating)
- 일부 17~18세기를 포함한 19~20세기 아일랜드 교회, 항구, 건강, 병원, 학교, 자선단체, 무역단체, 비즈니스 기업, 변호사 사무소, 부동산(Church of Ireland Parishes, Harbour Boards, Health Boards, Hospitals, Schools, Charities, Trade Unions, Business Firms, Solicitors' Offices, Estate Offices and Private Individuals) 등 그 외의 기록물
- 13~19세기의 자료 중 1922년에 파괴된 사본, 달력, 초록, 인덱스(Transcripts, Calendars, Abstracts and Indexes)

② 계보학기록물
- 통계신고(Census Seturns)
- 유언 및 증언기록(Wills and Testamentary Records)
- 1791~1853년 아일랜드·호주 간 배송 데이터베이스(Ireland‒Australia Transportation Database)
- 부동산기록(Estate Records)
- 개인기록(Private Records)
- 교회교구 및 혼인증서(Parish Records and Marriage Licence Bonds)
- 왕관 및 평화기록(Crown and Peace Records)

(2) 마이크로필름기록물

대부분의 국가기록관기록들이 문자로 기록된 종이기록으로 보관 중이다. 그 외 마이크로필름, 사진, 시청각자료, 지도, 그림 등은 다양한 미디어 형태의 도큐먼트로 보관되고 있다. 또한 자주 이용이 되고 있는 기록들은 지속적인 보존을 위해 마이크로필름으로 보관하기도 한다. 열람실에는 17대의 마이크로필름 자유열람대가 운영되고 있다.

4) 데이터베이스

'Database Section'에서 다음과 같이 분류하여 데이터베이스화된 기록물의 검색과 열람을 제공하고 있다.

(1) Government Departments
- Department of the Taoiseach
- Department of Foreign Affairs
- Department of Finance
- Department of Justice, Equality and Law Reform
- Department of Agriculture and Food
- Department of Communications, Marine and Natural Resources
- Department of Public Enterprise
- Department of Enterprise Trade and Employment
- Papers of Jack Lynch
- Office of the Secretary to the President
- Office of the Attorney General

(2) Government Agencies

- Office of Public Works
- Government Information Service
- Famine Relief Commission Papers, 1845~1847
- Ordnance Survey
- Probate Offices
- Miscellaneous Databases
- Business Records Survey
- Archives of Dáil Éireann
- Ireland－Australia Transportation Database
- Directory of Sources for Women's History in Ireland
- Women in 20th－Century Ireland, 1922~1966

(3) Searchable Lists

- National Education Records
- Private Source Records(PDF files only)
- Papers of Eithne Fitzgerald
- Department of Health and Children(PDF files only)

5) 정보원 관련서비스

(1) 대정부 서비스(Services to Government)

1986년 제정된 국가기록법에 의거하여 국가기록관은 다양한 영역에 걸쳐 정부기관에 기록관련 서비스를 제공하고 있다.

(2) 대중서비스(Services to the Public)

1986년 제정된 국가기록법에 의거하여 국가기록관은 입수한 기록에 대한 대중이용이 가능하도록 서비스를 제공한다.

2.15 안도라

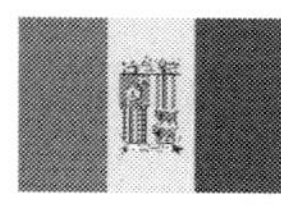  

NAA

National Archive of Andorra

안도라국가기록관

1 기록관

1) 소재사항

소재국가	안도라공국[27]
주　　소	Edifici Prada Casadet, c. Prada Casadet, 8‑12 Andorra la Vella, Principality of Andorra
전　　화	+376 802 288; +376 802 287
팩　　스	+376 868 645
전자우편	ana.gov@andorra.ad
홈페이지	http://www.arxius.ad/arxiuIngles/index.htm

---

27) 안도라는 1278년에 건국한 공국(公國)으로 프랑스 대통령과 우르헬의 주교(Seo De Urgell)가 공동영주(Co‑Princes)로서 지배하는 나라이다. 정식국명: 안도라 공국 (Principat d'Andorra, Principality of Andorra), 면적: 468 km², 수도: 안도라라베야 (Andorra la Vella), 인구: 64,000명(2003년), 언어: 카탈루냐어(공용어)·스페인어·프 랑스어, 종교: 천주교.

2) 성격

안도라국가기록관(NAA: National Archive of Andorra)은 다른 공공기록관 및 안도라공국의 대중흥미와 관계된 기관에 기술적 지원을 제공하며, 안도라 문화유산의 보존을 담당하는 국가기관이다.

3) 설립연혁

- 안도라국가기록관은 1975년 의회에 의해서 설립되었다.
- 안도라국가기록관의 설비는 1985년부터 프라다 카사데(Prada Casadet)에 자리잡고 있다.
- 1989년 11월 안도라기록관관리국(Administration of Archives of Andorra)은 국제아카이브스협의회(ICA: International Council on Archives)의 일부로 설립되었다.
- 1995년부터는 국제음성 및 시청각기록협회(IASA: International Association of Sound and Audiovisual Archives)의 일부로 활동하고 있다.
- 중앙 안도라 관리부의 기록관 모델은 1997년 정의되고 시행되었다. 이 기록관 시스템은 문화부(Ministry of Culture)의 기록서비스(Archives Service) 구조에 의거하여 형성되었다. 그 구조는 안도라국가기록관, 운영(administration)기록관, 기록관리, 안도라정부 중앙기록관으로 구성되어 있다.
- 2003년 문화유산법(Cultural Heritage Law)이 통과되면서 안도라국가기록관 및 운영(administration)기록관은 안도라국가기록관으로 통합되었으며, 중앙 운영(administration) 및 관련 기관과 기구들의 자료들을 수집, 보존 및 배포하는 책임을 담당하게 되었다. NAA는 설립 이래 지속적으로 외국 기록관에서 발견된 안도라에 대한 문서의 마이크로필름 사본 제작 임무를 수행해 오고 있다.

4) 비전 및 임무

안도라국가기록관은 안도라의 문서유산을 보장하고 보호하면서 동시에 교육
및 역사 연구조사를 위한 문서의 토대가 되고자 한다.

5) 조직

안도라국가기록관은 카탈로그 및 인벤토리 섹션, 저장섹션, 문헌복사 및 사진
연구실, 교육섹션, 그리고 관리(administration)부로 조직되어 있다.

6) 주요활동

(1) 기록보존 및 재생산

이는 문헌복사 및 사진연구실(Reprography and Photographic Laboratory)의
주요 활동으로 보존섹션 관리계획의 하나로 원본 문서를 마이크로필름과
같은 형태로 재생산한다. 모든 기본자료는 재생산되며 개인적인 제본은 허
가에 의해서만 수행된다. 다른 형태의 문서들에 대한 재생산은 마이크로필
름이나 A4 또는 A3 사이즈의 인쇄형태로 가능하다. 사진에 대한 재생산
은 18x24, 24x30 그리고 30x40 사이즈의 형태이거나 디지털 형태로 이루
어진다. 국가역사기록관의 원본 지도의 재생산은 슬라이드로 만들어진다.

(2) 복구 및 보존(Restoration and Conservation)

이는 국가역사기록관이 담당하여 오다가 1990년에 설립된 서비스 섹션이
다. 1991년부터 기록자료의 보존에 대한 실행계획이 시행되었으며, 자료측
정, 보존상태, 살균, 마이크로필름화 등의 보존과 역사 및 문화적으로 중요
한 자료나 훼손된 자료의 복구를 시작하였다. 이를 계기로 국가역사기록관
의 문서들 중 가능한 한 많은 자료를 복구하고자 하였고, 역량이 부족한
경우 외부 전문가의 도움을 받기도 했다.

(3) 시청각자료관리(Audiovisual Materials)

① 음성 도큐먼트(Audio Documents)

카세트원본의 복제 및 CD로의 복제가 가능하다. 라디오 도큐먼트는 필요에 의해 부분적으로 재생산되기도 한다.

② 영화 및 비디오그래픽 자료(Cinematographic and Videographic Material)

비디오 도큐먼트의 재생산은 전체적으로 국가역사기록관 또는 다른 외부 연구실에서 이루어지고 있다. 이러한 제3기관에 의한 재생산은 연구목적이나 비영리 목적에 의해서만 가능하다.

(4) 교수법서비스 및 이용자배려(Pedagogic Service and User Attention)

역사연구법을 통한 안도라의 모든 교육 시스템에서의 학생들 간의 좀 더 활발한 역사에 대한 지식공유의 필요성은 국가역사기록관의 문서유산 활용의 목적과 일치한다. 그에 따라 이 홈페이지는 교사들과 학생들 모두가 교수법 활동에 참여하여 국가역사기록의 문서내용과 기록관 세계에 대한 지식을 배울 수 있도록 한다. 교수법 활동에는 다음과 같은 내용을 포함한다.

① 기록관의 기원 및 역사적 진화(Origins and Historical Evolution of the Archives)

- 국가역사기록관 홈페이지에 대한 학습
- 기록관의 정보비디오 활용
- 기록 및 기록관의 사회문화적 기능에 대한 자유토론 시뮬레이션

② 기록관의 임무(Tasks of an Archive)

- 국가역사기록관 방문
- 안도라 SA 방송의 '권리를 말하다(Parlem com cal − Let's Speak

Right)' 대회 비디오 녹화
- 질문지작성

③ 출처별 기록의 종류(Types of Archives According to Their Provenance)
- 스크립트 작성
- 학생들에 의한 개요차트 작성

④ 문서분류(Documentary Classification)
- 문서 샘플링
- 학생들에 의한 문서 분류화
- 도큐먼트 시리즈의 목록화
- 도큐먼트의 정보내용에 대한 심사
- 도큐먼트별 키워드 용어집 작성

⑤ 연구주제(Research Topics)
- 원본 도큐먼트의 사본에 대한 연구
- 좀 더 복잡한 텍스트 작성: 해석 및 요약
- 도큐먼트 분석, 키워드 및 텍스트 심사
- 텍스트 내용에 대한 질문지 작성

7) 정보원 제공 서비스

주요 서비스로 수행되는 기록관서비스는 다음과 같다.
- 관리(administration) 및 역사기록관 관리에 대한 가이드라인 제정
- 관련 기관 및 운영(administration)과 관련된 기록관 관리업무에 대한 감독
- 기록활동에 대한 계획 및 관리와 업무에 대한 규정 및 규율에 대한 개발과 승인 제안

8) 관련기관

다음은 안드라국가기록관의 관련 협력기관이다.

- 국제아카이브스협의회(ICA: International Council on Archives)
  홈페이지: http://www.ica.org/
- 국제음성및시청각기록협회(IASA: International Association of Sound and Audiovisual Archives)
  홈페이지: http://www.iasa-web.org/pages/00homepage.htm
- 안도라국가도서관(National Library of Andorra)
  홈페이지: http://bibnac.andorra.ad/
- 프랑스외교기록관(Diplomatic Archives of France)
  홈페이지: http://www.diplomatie.gouv.fr/en/
- 유럽의회(The Council of Europe)
  홈페이지: http://www.coe.int/portalT.asp
- 유럽연합(EU: The European Union)
  홈페이지: http://europa.eu/
- 유럽연합역사기록관(Historical Archives of the European Union)
  홈페이지: http://iue.it/ECArchives
- 프랑스기록관(Archives of France)
  홈페이지: http://www.archivesdefrance.culture.gouv.fr/
- 스페인기록관(Archives of Spain)
  홈페이지: http://www.cultua.mecd.es/archivos
- 카탈로니아기록관(Archives of Catalonia)
  홈페이지: http://cultura.gencat.es/arxius

② 정보원

1) 정보원 열람 및 배포 정책

안드라국가기록관의 출판물의 경우 'Publications' 란을 통하여 홈페이지에 제공되고 있으며, 이는 서명과 저자명 등으로 검색가능하다. 다만 모든 자료는 카탈루냐(Cataluña)어로 제공되고 있다. 한편 'Finding Aids On‑line' 란을 통하여 온라인 서지의 PDF 원문이 홈페이지에 제공되고 있다.

2) 출판물(Publications)

서명(title), 저자명(author), 목록기술(description), 출판사명(publications) 등의 항목으로 검색가능하다.

3) 온라인서지(Finding Aids On‑line)

- *Inventari de l'Arxiu de les Set Claus XX*
- *Inventari de l'Arxiu de les Set Claus XVI‑XIX*
- *Índex Cronològic de Notaris*
- *Catàleg de Fons Notarial*

2.16 에스토니아

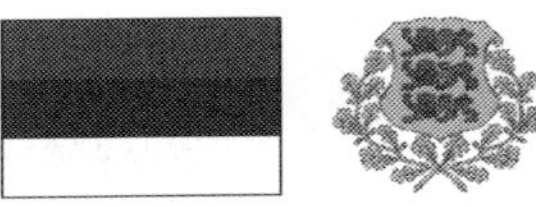

NAE

National Archives of Estonia

에스토니아국가기록관

1 기록관

1) 소재사항

소재국가	에스토니아[28]
주 소	J. Liivi 4, Tartu, 50409, Estonia
전 화	+372 738 7505
팩 스	+372 738 7514
전자우편	rahvusarhiiv@ra.ee
홈페이지	http://www.ra.ee/?topic=25

---

28) 에스토니아(Eesti, Estonia)는 10월 혁명으로 제정 러시아가 무너지고 난 뒤 1918년 2월 24일 독립을 얻었으나 1940년 6월 소비에트 연방에 강제로 복속되었다. 1991년 8월 20일 노예혁명과 소련의 붕괴로 다시 독립을 되찾았으며, 2004년 5월 1일 유럽연합에 가입했다. 정식국명: 에스토니아 공화국(Republic of Estonia), 수도: 탈린(Tallinn), 인구: 1,415,700명(2002년), 종교: 루터파교회 · 러시아정교, 주요민족: 에스토니아인(65%) · 러시아인(28%) · 우크라이나인(2.5%), 면적: 45,226km², 언어: 에스토니아어(공용) · 헝가리어 · 영어 · 러시아 · 핀란드어, 통화: 크룬(kroon).

2) 성격

에스토니아국가기록관(NAE: National Archives of Estonia)은 에스토니아 전역 곳곳의 13개의 기록관을 비롯한 공공기록관을 포괄하고 있는 정부차원의 시스템이다.

3) 설립연혁

- 에스토니아국가기록관은 1999년 기록관법(Archives Act)에 기초하여 설립되었다. 그러나 실제적인 기록관은 오랜 기간 존재하여 왔고, 또한 초기 중세시대부터 기록들이 보관되어 왔다. 기록관들은 에스토니아 영토 안의 이전 관리기관, 법정 및 경찰당국, 기사(발트해·독일 귀족) 등에 대한 자료, 지방의 지역정부 등에 대한 기록을 보관해 왔다. 또한, 영지나 개인자료 및 교회나 교육기관 그리고 단체나 기업에 속한 다양한 종류의 기록들이 보관되어 왔다.
- 국가기록관 서비스의 시작은 1918년 에스토니아 독립선언 직후인 1920년대에서 찾아볼 수 있다.

4) 비전 및 임무

① 에스토니아의 역사적, 문화적, 그리고 정부 및 사회적 기록 문서의 수집 및 보존
② 경제적, 정치적 그리고 사회적 권리정보 유지의 강화
③ 이용자들의 법적, 사회정치적, 문화적, 교육적, 과학적 조사를 위한 정보의 이용 보장

5) 조직

에스토니아국가기록관은 다음과 같은 조직으로 구성되어 있다.

- 개발부서(Development Bureau)
- 행정부서(Administrative Bureau)
- 자료입수 및 감독국(Acquisition and Supervision Department)
- 보존국(Preservation Department)
- 보호서비스(Conservation Service)
- 마이크로필름 및 이미지서비스(Microfilming and Imagine Service)
- 소장품 유지서비스(Holdings Maintenance Service)
- 이용 및 문의국(Access and Inquiry Department)
- 내용 및 안내서비스(Content and Description Service)
- 자문 및 참고서비스(Consulting and Reference Service)
- 출판서비스(Publication Service)
- 행정국(Administrative Department)
- 정보기술국(Information Technology Department)
- 정보시스템국(Information System Department)
- 기록국가등록서비스(National Registry of Archives Service)
- 감독국(Supervision Department)
- 이용자 청구서비스(User Request Service)
- 자료입수국(Acquisition Department)
- 공공기관서비스(Public Agencies Service)
- 민간기록서비스(Private Archives Service)
- 시청각기록서비스(Audio－Visual Archives Service)
- 보존서비스(Preservation Service)

6) 국제활동

국가기록관의 국제교류는 최근 몇 년에 걸쳐 확장되었다. 다른 기록 및 국제아카이브스협의회(ICA: International Council on Archives)와의 교류는 큰 의미가 있다. 기록관의 국제교류는 크게 세 개의 영역으로 나뉘어 시행되고 있다.
① ICA와 관련된 활동
② EU 가입국 또는 가입예정국과의 기록관련 회의
③ 특히 북유럽과 발트해(Baltic) 연안 국가를 중심으로 한 지역협력

7) 관련법률

(1) 기록법

에스토니아국가기록관의 법적 배경은 '기록법'에 근거한다. 이 기록법은 1998년 3월 25일에 승인되었으며 1999년부터 시행되었다. 국가기록관의 주요활동 역시 이 법에 기초한다. 기록법의 주요원칙은 기록서비스의 품질 일원화 및 향상, 중복활동 감소, 그리고 최적의 기록행정을 목표로 집중화되어 왔다.

(2) 기록규율

기록법을 기초로 한 에스토니아 기록관시스템을 규제하는 법률 중 하나는 기록규율(Archival Rules)이다. 이는 정부규제 법률로서 일정, 평가, 처분, 기록처리, 보존, 보호, 기록의 이용 및 공공기록물의 자료입수 처리와 같은 기록 및 기록관리 관련 절차의 일상을 상세히 규정하고 있다.

8) 주요활동

① 에스토니아 사회의 변화를 반영하는 정보의 보존 보장
② 에스토니아의 공공분야, 정부, 지역당국을 위한 지속적이고 목적을 바탕으로 한 법적환경의 보장 촉진

9) 산하 기록관

다음은 에스토니아국가기록관의 산하 기록관들이다.

- 에스토니아역사기록관(Estonian Historical Archives – in Tartu)

  홈페이지: http://www.eha.ee/english/english.htm

- 에스토니아주정부기록관(Estonian State Archives – in Tallinn)

  홈페이지: http://www.riigi.arhiiv.ee/?lang=eng

- 에스토니아영상기록관(Estonian Film Archives – in Tallinn)

  홈페이지: http://www.filmi.arhiiv.ee/index.php?lang=eng

- 하르주지역기록관(Harju RA)

  홈페이지: http://www.ra.ee/harju

- 요제바지역기록관(Jõgeva RA)

  홈페이지: http://www.ra.ee/jogeva

- 란 – 비루지역기록관(Lääne – Viru RA)

  홈페이지: http://www.ra.ee/lviru

- 파르누지역기록관(Pärnu RA)

  홈페이지: http://www.ra.ee/parnu

- 사르지역기록관(Saare RA)

  홈페이지: http://www.ra.ee/saare

- 발가지역기록관(Valga RA)

  홈페이지: http://www.ra.ee/valga

- 빌잔디지역기록관(Viljandi RA)

  홈페이지: http://www.ra.ee/viljandi

2 정보원

1) 정보원 열람 및 배포 정책

에스토니아국가 기록관은 에스토니아관련의 다양한 종류의 기록물을 소장하고
있다. 다만 대부분의 소장정보원은 에스토니아(Estonia)어로 제공된다. 한편,
'News' 란을 통하여 국가기록관 관련 최근 소식의 영문목록이 홈페이지에 탑
재되어 제공되고 있다.

2) 소장기록물

에스토니아국가기록관의 소장 기록물 현황은 다음과 같다.

(1) 도큐먼트(Documents)

전체적으로 총 18,000 종류의 기록자료 그룹(fonds)을 소장하고 있다. 각
각의 상세 소장현황은 다음과 같다.

① 필름자료: 소계 44,500(매)

② 사진: 소계 432,000(매)

③ 음성기록: 소계 13,750(건)

④ 그 외의 기록: 소계 713,000(건)

(2) 보도자료(News)

국가기록관 관련 최근소식에 대한 영문목록이 제공되고 있다.

- *Preservation Policy of the National Archives*
- *International Conference on Baltic Archives Abroad*
- *Archives' Digitization Centre*
- *International Conference on Archives*

- *New List of Archival Quality Materials*
- *Guide "Handling of Water-Damaged Records"*
- *Guide "Composing a Disaster Plan"*
- *Strategy of Digital Preservation ENGLISH*
- *Rules of Restrictions on Access*
- *ABC on Records Management*
- *Contacts of Personnel*

3) 정보원 관련서비스

모든 공공기록관에는 열람실이 구비되어 있으며, 일주일 중 6일 동안 대중이 이용할 수 있도록 서비스가 제공된다.

2.17 영국

NA

National Archives

영국국가기록관

① 기록관

1) 소재사항

소재국가	영국[29]
주 소	Kew, Richmond, Surrey, United Kingdom, TW9 4DU, UK
전 화	+44 20 8876 3444
팩 스	+42 472 3906
전자우편	DocumentsOnline@nationalarchives.gov.uk
홈페이지	http://www.nationalarchives.gov.uk/

---

29) 영국(英國)의 정식명칭은 그레이트브리튼과 북아일랜드 연합 왕국(United Kingdom of Great Britain and Northern Ireland)이다. 수도: 런던(London), 인구: 약 6천 20만 명 (2005년 추정치), 면적: 241,752km², 주요민족: 앵글로 색슨(Anglo – Saxons) · 켈트 (Celts), 주요언어: 영어, 종교: 영국국교(Anglican, 50%) · 천주교(11%) · 개신교(30%) · 기타(39%).

2) 성격

영국국가기록관(NA: National Archives)은 정부부서이자 집행기관 성격을 지니고 있다. 영국국가기록관은 공기록보관소(Public Record Office), 역사메뉴스크립트위원회(Historical Manuscripts Commission), 공공분야 정보국(Office of Public Sector Information) 그리고 왕실인쇄소(Her Majesty's Stationery Office)를 총괄한다.

3) 설립연혁

- 영국국가기록관은 또한 영국 정부의 공식적인 기록관으로서 900년 이상의 역사기록을 보유하고 있다. 또한 이 기록들의 보편적인 이용이 가능하도록 온라인서비스도 제공하고 있다.
- 2006년 10월, 국가기록관은 공공분야정보국(Office of Public Sector Information)과 합병되어 모든 정보관리 범위에 있어서 정책 리더십을 발휘해 오고 있다. 합병을 통해 국가기록관은 정부 간 그리고 더 많은 공공분야를 통한 정보 검색, 이용, 공유, 거래 및 미래의 정보보존을 위한 모범사례 자원 통합을 추진할 수 있게 되었다.

4) 역할

영국국가기록관은 정보정책의 심장으로서 영국의 정보 및 기록관리에 대한 표준제정 및 혁신지원, 모범사례의 실제적인 체제제공 그리고 공공분야 정보의 재사용을 장려하는 역할을 하고 있다. 영국국가기록관의 활동은 정보를 제공하여 오늘날의 주요 의사결정을 도우며, 그 결정들이 내일의 영구한 기록이 될 수 있도록 하고 있다.

5) 비전 및 임무

- 영국국가기록관의 목적은 다양한 종류의 미디어를 이용한 기록을 가능하게 하는 데에 있다.
- 영국국가기록관의 비전은 정보관리의 선두 및 변형, 내일을 위한 오늘의 정보생존 보증, 모든 이들을 위한 역사 만들기에서 찾아볼 수 있다.

6) 조직

(1) 관리위원회(Management Board)
- 관리위원회는 장기전략 수립, 주요 투자결정 승인, 국가기록관 사업계획 및 위험관리에 대한 책임을 맡고 있다.
- 본 위원회는 최고경영자에 의해 운영되며 4인의 국장과 5인의 비경영 국장으로 구성된다. 비경영 국장들은 다년간의 경험을 갖춘 국장들로서 정부 및 민간부문에서 임명된다.
- 본 위원회에 대한 정기적인 평가가 이루어지고 있으며, 또한 위원회는 월별 회의를 통해 업무보고를 하고 있다.

(2) 자문회(Advisory Council)
- 대법관(Lord Chancellor)이 국가기록관에 대한 책임을 맡는다. 공공기록보관인(Keeper of Public Records)과 그 산하 부서(사법부)는 대법관을 자문하는 역할을 맡고 있다.
- 일반적 기록관 시행 및 정책을 위한 독립적인 자문을 위해 대법관은 국가기록 및 기록자문회(Advisory Council on National Records and Archives)에 의존한다.

7) 기록관리체계

- 중앙정부의 기록관리를 위한 책임은 1958년의 '공공기록물법(Public Records Act)'에서 유래한다. 이 법안은 정부부처 및 기타 기구들의 기록선택 및 영구보존과 보존상태에 대한 책임을 규정하고 있다. 또한 이 법에 의해 공공기록물보관인(Keeper of Public Records)에 대한 사항도 정해졌다.
- 보존에 적합하지 않은 기록들은 행정적 목적이 다하자마자 폐기된다. 학교시설 및 외국정부기관에서의 보관과 같은 완전한 소멸 이외의 폐기방법은 대법관의 승인이 필요하다.
- 영국국가기록관은 공공부문의 기록관리자들에게 조언 및 설명을 제공한다.
- 기록관리 및 카탈로그 부서는 국가기록관과 중앙정부부서 및 기관 간의 연결자 역할을 한다.

8) 주요계획

영국국가기록관의 현 주요계획은 다음과 같다.

(1) 국가기록관 비전(Vision for The National Archives)
국가기록관 비전은 재활용을 위한 정보, 기업책임을 위한 정보, 국가명성을 위한 정보의 중요성을 인지하고 있다. 정부 및 더 많은 공공부문과 기록커뮤니티와의 긴밀한 협조하에 국가기록관은 당면한 복잡한 과제들을 풀어 나간다.

(2) 2007~2008 전략적 계획(Strategic Plan 2007~2008)
전략적 계획은 국가기록관의 활동과 그것이 중요한 이유, 운영목적 및 목표, 미래를 위한 비전 등에 관한 정보를 제시한다.

(3) 디지털화 프로그램(Digitisation Programme)

국가기록관의 디지털화 프로그램은 2011년까지 가장 많이 이용되고 있는 기록들을 디지털 매체로 전환하여 온라인상에 제공하는 것을 목적으로 시행되고 있다.

(4) 이 - 비즈니스 전략(E - business Strategy)

영국국가기록관의 이 - 비즈니스 전략은 2005년까지 전자서비스를 시행할 수 있도록 하는 정부목표와 2004년까지 전자기록관리를 달성하고자 하는 정부목표에 부합하기 위해 계획되고 실행되었다.

9) 국제활동

영국국가기록관은 국제적인 기록 및 기록관리에 대한 주요역할을 수행하고 있다. 이는 국가기록관의 전문가 팀에 의해 수행되는 것으로 전문가 팀은 영국 내의 중앙정부, 지방 및 공공당국, 민간기록관의 기록에 대한 조언을 제공한다. 영국국가기록관은 타국가기록관의 영국국가기록관 벤치마킹이 가능하도록 하기 위해 그 역할 및 기능에 대해 프랑스어, 독일어, 스페인어로 관련자료를 제공하고 있다.

10) 관련법률

영국국가기록관의 기록 및 기록관리 관련 법률은 다음과 같다.
- 정보자유법(Freedom of Information Act)
- 환경정보법(Environmental Information Regulations)
- 정보보호법(Data Protection Act)
- 공공기록물법(Public Records Act)
- HMC Warrant

- 기록관리및기록관법률제안서(Proposed Records Management and Archives Legislation)
- 기타 기록관련 법률(Other Archival Legislation)

11) 국가디지털기록관데이터세트(NDAD: National Digital Archive of Dataset)

데이터세트 국가디지털기록관(http://www.ndad.nationalarchives. gov.uk)은 1963년부터의 영국 중앙정부부서 기록의 디지털 데이터세트 및 도큐먼트의 온라인 이용을 제공하고 있다. 정보의 이용은 온라인 회원등록 후 가능하다.

② 정보원

1) 정보원 열람 및 배포 정책

영국국가기록관은 기본적으로 상술의 '국가디지털기록관데이터세트' 부분을 통하여 공공기록물 디지털 데이터세트 및 도큐먼트의 온라인 이용을 제공하고 있다. 계간의 정기간행물(*Recordkeeping Magazine*)과 보도자료가 홈페이지에 탑재되어 제공되고 있으며, 소장정보원은 국가기록관에서 제공하는 디지털자료 서비스를 통해 온라인상으로 검색이 가능하다. 기록자료의 검색은 카탈로그나 알파벳 순서로 제공되는 자료목록을 통해 가능하며, 원본기록은 신청을 통해 이용이 가능하다.

2) 소장 기록물

영국국가기록관은 잉글랜드, 웨일스, 그리고 중앙 영국정부를 위한 공식적인 기록관으로서의 양피지 문서에서 종이문서에 이르는 기록과 디지털 파일 및 웹기록 등을 소장하고 있다. 온라인상으로 열람가능한 대표적인 목록은 다음 과 같다.

- ***Annual Report and Resource Accounts 2006~2007; 2005~2006; 2004~2005***
- ***Independent Complaints Reviewer's Report 2006~2007***
- ***Advisory Council Report 2006~2007***
- ***Background to the Office of Public Sector Information***

3) 전자기록(Electronic Records)

전자기록의 관리는 정부의 현대화 프로그램의 중요한 부분이다. 국가기록관은 2000년에 제정된 정보자유법에 의해 온라인 정보서비스를 제공하고 있다. 전 자기록은 다음과 같이 분류하여 관리된다.

(1) 완벽한 흐름(Seamless Flow)

디지털 보존과 영구 보존 및 대중의 이용이 필요한 기록의 디지털화를 담 당한다.

(2) 디지털 영구화(Digital Continuity)

데이터가 적합한 형태로 매체 변형·이전되도록 기술적 퇴화를 예방함으 로써 현시대의 디지털 파일들을 보호하는 역할을 한다.

(3) 웹 영구화(Web Continuity)

문서가 이관되거나 웹주소가 바뀐 후에도 웹링크가 원활히 연결되도록 지 속적인 관리를 하고 있다.

(4) 출판물(Publications)

- *The National Archives Issues New Guidance on the Information, Knowledge and Records Aspects of Machinery of Government Changes*
- *Complying with the Records Management Code: Evaluation Workbook and Methodology*
- *e-Government Policy Framework for Electronic Records Management*
- *Guidelines on the Management, Appraisal and Preservation of Electronic Records*
- *Modernising Government White Paper*

4) 정기간행물(Magazine)

영국국가기록관의 공식적인 출판물인 *Recordkeeping Magazine*은 국가기록관의 기록전문가, 기록관리자 및 기타 기록관과 관련된 활동을 하는 전문가들에 의해 1년에 네 차례(계간) 발간되고 있다. 이 정기간행물은 국가기록관의 뉴스, 사례연구, 모범사례 예시 등을 주로 다루고 있다. 최근자료는 다음과 같다.

- *RecordKeeping*. Summer 2004~Winter 2008
- *FOI update-Addendum to RecordKeeping*. Summer 2004~Winter 2008

5) 보도자료(News)

영국국가기록관 홈페이지에서 제공하는 보도자료 중 2008년 3월 현재 최근자료로 업데이트 된 자료들은 다음과 같다.

- *14 March Closure of The National Archives' Services at the Family Records Centre*
- *13 March 30-year Rule Review: Consultation Period Extended*
- *07 March Continued Disruption and Easter Closure*

- *29 February First Local Authority Archive Survey Reveals Wide Variations*
- *27 February Online National Register of Archives Expands*

6) 정보원 관련서비스

영국국가기록관의 방문열람서비스는 각 요일마다 운영시간을 달리한다.
- 월 · 수 · 금요일 09:00~17:00
- 화 · 목요일 10:00~19:00
- 토요일 09:30~17:00

7) 기록물(정보원) 검색

영국국가기록관의 전자파일 구조는 서로 다른 기능 또는 활동에 의해 구분된다. 국가기록관은 전자파일 시스템의 이용을 2004년부터 시행해 왔다.

(1) 전자파일 검색
   전자파일은 이용관리(Access Management), 고용자관련(Employee Relations), 상품(Goods), 정부관련(Government Relations), 정보경영(Information Management), 정보정책 및 법률(Information Policy and Legislation), 직업건강 및 안전(Occupational Health and Aafety), 인적관리(Personnel Management), 전문 기록관관련(Professional Archival Relations), 선택 및 폐기(Selection and Disposal), 전략적 경영(Strategic Management), 보관준비(Custody Arrangements), 재정관리(Financial Management), 정부기록관리(Government Records Management), 정보통신기술(Information and Communication Technology), 마케팅 및 기업 커뮤니케이션(Marketing and Corporate Communication), 홍보활동(Outreach), 보존(Preservation), 재산관리(Property Management), 직원개발(Staff Development), 매매(Trading) 등으로 분류되어 검색에 제공하고 있다.

230

(2) 문서파일 검색

문서파일은 다음과 같이 분류하여 검색에 제공하고 있다.

- ACC: 전자이용부 파일(Files of E-Access Department)
- ACM: 자산 및 중앙서비스부 수용설비 및 중앙서비스 파일(Accommo-
  dation & Central Services Files of Estates & Central Services Department)
- ADS: 이용개발서비스 및 전자이용부 파일(File of Access Development
  Services, E-Access Department)
- CLC: 챈서리 레인 리스트 개발프로젝트 파일(Chancery Lane Lists
  Improvement Project(CLLIP) Files)
- CMD: 중앙관리부 파일(Central Management Department Files)
- CON: 보존서비스부 보전섹션 파일(Files of Conservation Section of
  Preservation Services Department)
- CPY: 저작권 파일(Copyright Files)
- EDU: 교육부 파일(Education Department Files)
- ENT: 기업부서 파일(Enterprises Department Files)
- FNC: 재정서비스부 파일(Financial Services Department Files)
- FRC: 가족기록센터 파일(Files of the Family Records Centre)
- HSW: 건강 및 안전 파일(Health and Safety Files)
- IAD: 내부감사 파일(Internal Audit Files)
- ICT: 정보통신기술부 파일(Files of Information and Communications
  Technology Department)
- IIP: 중앙관리부 인적투자섹션 파일(Files of Investors in People Section
  of Central Management Department)
- IRD: 정보기록부 파일(Files of Information and Records Department)
- LIB: 정보자원센터 및 도서관 파일(Files of Resource Centre and Library)
- MG: 관리인사무소 관리 파일(Management Files of the Keeper's Office)

- MPD: 보존서비스부 산하 지도 및 사진부 파일(Files of Map and Picture Department of Preservation Services Department)
- OCD: 구 홍보 및 컬렉션 부-현 홍보부 파일(Files of former Outreach & Collection Department, now Part of Public Affairs Department)
- OSD: 자산 및 중앙서비스부 사무소 서비스 파일(Office Services Files of Estates & Central Services Department)
- PAD: 홍보부 파일(Files of Public Affairs Department)
- PCD: 재정서비스부 구매 및 계약섹션 파일(Files of Purchasing and Contracts section of Financial Services Department)
- PCS: 기존의 보존 및 사본제작-현재 인터넷이용에 관한 이용개발서비스 (Formerly Preservation Copying now Access Development Services in E- Access)
- PDS: 대중서비스개발 및 독자정보서비스부 파일(Files of Public Services Development, Reader Information Services Department)
- PER: 인적개발부 인사섹션 파일(Files of Personnel Section of Personnel & Development Department)
- PHO: 기록사본제작 및 독자서비스부 사진구매섹션 파일(Files of Photo Ordering Section of Record Copying, Reader Services Department)
- PMD: 인적개발부 인사관리 파일(Personnel Management Files of Personnel & Development Department)
- PPR: 출판 및 홍보 파일(Publications and Public Relations Files)
- PRE: 보존서비스부 파일(Files of Preservation Services Department)
- PRL: 보도자료국 파일(Press Office Files)
- RAA: 기록관리부 기록행정(취득) 파일(Records Administration(Accessions) Files of Records Management Department)
- RAD: 기록관리부 기록행정(부서) 파일(Records Administration(Depart-

ments) Files of Records Management Department)

- RAL: 기록관감사서비스부 파일(Files of the Archive Inspection Services Department)
- REP: 도큐먼트서비스부 보관섹션 파일(Files of Repository Section of Document Services Department)
- RES: 연구 및 편집서비스부 파일(Files of Research and Editorial Services Department)
- RISD: 독자정보서비스부 파일(Reader Information Services Department Files)
- RLP: 기록관리부 기록법률 및 의회경영 파일(Records Legislation & Parliamentary Business Files of Records Management Department)
- RMA: 기록관리부 내부행정 파일(Internal Administration Files of Records Management Department)
- RMC: 기록관리부 기록관리자문 파일(Records Management Consultancy Files of Records Management Department)
- RMG: 기록관리부 정부기록관리 파일(Records Management in Government Files of Records Management Department)
- RPG: 도큐먼트서비스부 문헌복사섹션 파일(Files of Reprographics Section of Document Services Department)
- RXT: 기록관리부 외부활동 파일(External Relations Files of Records Management Department)
- SCY: 자산 및 중앙서비스부 보안섹션 파일(Files of Security Section of Estates & Central Services Department)
- TRD: 인적개발부 교육섹션 파일(Files of Training Section of Personnel & Development Department)
- WEL: 자산개발부 복지섹션 파일(Files of Welfare Section of Personnel & Development Department)

2.18 크로아티아

CROATIAN STATE ARCHIVES

CSA

Croatian State Archives

크로아티아정부기록관

① 기록관

1) 소재사항

소재국가	크로아티아[30]
주　　소	Marulić square 21, 10 000 Zagreb, Croatia
전　　화	+385 1 4801 999; +385 1 4801 244; +385 1 4801 921
팩　　스	+385 1 4829 000
전자우편	hda@arhiv.hr
홈페이지	http://www.arhiv.hr/en/index.html

---

30) 크로아티아 공화국(Republika Hrvatska)은 유고슬라비아 사회주의 연방 공화국의 6개
의 공화국 중 하나였으며 1991년 6월 25일 독립하였다. 수도: 자그레브(Zagreb), 인
구: 4,390,800명(2002년), 면적: 56,538km², 언어: 크로아티아어, 통화: 쿠나(Kuna).

234

2) 성격

크로아티아정부기록관(CSA: Croatian State Archives)은 크로아티아의 중앙기록기관으로서 기록관 및 정부기관과 공공기관 그리고 기업 및 개인에 의해 형성된 현용기록(current records) 관련 서비스를 제공하고 있다.

3) 설립연혁

크로아티아의 중앙기록관으로의 크로아티아주정부기록관 개발은 국가기록유산의 보존에 관한 시스템 개발에서 유래한다. 구체적으로 다음과 같다.

(1) 17~18세기
- 중세시대 크로아티아 왕국의 도큐먼트 관리는 각각의 다른 관리자에 의해서 이루어졌다.
- 17세기에 이르러 비로소 크로아티아 의회는 보관소 및 중요자료의 보존에 대해 체계적으로 대처하기 시작했다.
- 주지사를 포함한 관련자들이 정부 도큐먼트를 보관해 오자, 의회는 마침내 1744년 왕국기록관 법안을 통과시켜 정부도큐먼트를 보관하도록 하였다. 1745년 의회는 크로아티아 역사상 처음으로 왕국자료의 정리, 폐기, 카탈로그화, 목록화, 보존에 관한 특별지침을 마련하였다.

(2) 18세기 중·후반
- 1767년에서 1779년에 이르는 크로아티아 왕정협의회 시대에 역사적으로 중요한 자료와 현시대의 자료를 구분하는 체계적인 제도가 시작되었다. 기록관은 운영국에서 가장 중요한 부분을 차지하였다.
- 1791년에서 1797년까지의 기간에는 도큐먼트의 일정 시리즈를 따로 보관하는 보관소가 처음으로 설립되었다.

(3) 19세기 중반

- 19세기 중반부터 왕정 기록관 개발이 시작되었다. 외국에 있는 자료들 중 문화적 유산의 가치가 있는 것들이 크로아티아로 반환되기도 하였다.
- 그러나 헝가리아 정부의 명령에 따라 오래되고 좀 더 중요하다 여겨지는 도큐먼트들이 1885년 부다페스트로 다시 옮겨지게 되었다. 당시 크로아티아는 역사적 자원으로서의 기록을 체계적으로 출판하기 시작하였다.
- 1868년 크로아티아 · 헝가리아 협정(settlement) 후 왕정기록관은 크로아티아 · 슬로베니아 · 달마시안 지역정부의 유일한 기록관이 되었다.
- 그 후 1870년 자그레브(Zagreb)에 이 지역을 통합하는 기록관이 설립되어, 이 기간에 비로소 기록관을 대중도 이용이 가능하도록 되었다.
- 1899년 기록관이 직접 정기간행물을 발행하게 되었고, 같은 기간 중요한 군사기록이 기록관으로 옮겨졌다.

(4) 20세기

- 1913년 현재의 기록관이 위치한 건물이 설립되었다.
- 1918년 12월, 부다페스트에 남아 있던 크로아티아 관련 자료들이 다시 크로아티아로 옮겨졌으며, 1885년에 부다페스트로 옮겨졌던 자료들은 1958년과 1960년에 차례로 크로아티아로 돌아왔다.
- 두 차례의 세계대전 사이에 크로아티아 기록관은 공식적으로 인가받은 기관의 지위를 갖게 되었다. 또한, 1923년 왕정 주정부 기록관이라는 이름으로 크로아티아 기록관은 운영국으로부터 분리되었다.
- 20세기 후반에 이르러 이 기록관은 크로아티아 중앙기록관이 되었으며, 점차적으로 특정한 기록관 서비스의 역할을 제공하는 독립적인 기관으로 발달되었다.

4) 비전 및 임무

다른 정부기록관과 마찬가지로 크로아티아정부기록관은 다음과 같은 목적을 이루고자 한다.

① 기록관 자료의 보호 및 보안을 위한 절차 수행
② 기록자료의 정리, 출판, 이용
③ 기록관 외부자료의 보존 및 기록선정에 대한 전문적인 감독 수행
④ 주정부기록관 시스템 이외의 기록관 및 다른 기록소유자들의 활동에 대한 긴밀한 감독
⑤ 자료입수, 기증, 보관 등을 통한 공공 및 민간 기록자료 관리
⑥ 마이크로필름 보안과 보존 수행 및 기록관 자료의 복구와 보호
⑦ 이용자의 요구에 따라 정보, 도큐먼트 발췌자료, 인증된 사본 제공
⑧ 특정한 자료 및 소장품에 대한 검색방법 창안 및 출판

5) 조직

크로아티아정부기록관은 다음과 같은 조직체계로 구성되어 있다.

(1) 기록자료의 보호 및 처리국(Department for Protection and Processing Archival Records)
    ① 구기록자료 섹션(1868년까지)과 가족 및 개인자료
    ② 신기록자료 섹션(1868~1945년)
    ③ 현시대 기록자료 섹션
    ④ 군사기록자료 섹션
    ⑤ 정치정당 및 NGO 기록자료 섹션
    ⑥ 주정부 간 최단 기록자료 섹션
    ⑦ 정보, 문서, 열람실 섹션(참고문헌서비스)
    ⑧ 정부부처 기록센터 감독 섹션

(2) 개발 및 중앙서비스국(Department for Development and Central Service)

(3) 자그레브 대교구 보관소(Zagreb Archbishopric Deposit)

    ① 성당 및 대교구 기록관

    ② 대주교 도서관

(4) 크로아티아 영화기록관(Croatian Film Archives)

(5) 사진·마이크로포토그래피·문헌복사중앙연구실(Central Laboratory for Photography, Microphotography and Reprography)

(6) 기록보호 및 복구 중앙연구실(Central Laboratory for the Conservation and Restoration of Archives)

(7) 기록학·준역사학·영상학 연구소(Institute for Archival Sciences, Auxiliary Historical Sciences and Filmology)

(8) 부처 간 종합서비스부(Department of Comprehensive Services with Maintenance Division)

(9) 재정 및 회계부서(Department of Finances and Accountancy)

6) 관련기관

크로아티아는 다음과 같은 관련기관과 협력하고 있다.

- 지역정부기록관(Regional State Archives)

  홈페이지: http://www.arhiv.hr/en/hr/drugi−arhivi/fs−ovi/arhivi−hrvatska.htm

- 크로아티아기록협회(Croatian Archival Association)

  홈페이지: http://www.had−info.hr/

- Arhol

  홈페이지: http://www.daz.hr/arhol/index.htm

- 자그레브기록협회(Zagreb's Archival Association)

  홈페이지: http://www.daz.hr/

② 정보원

1) 정보원 열람 및 배포 정책

크로아티아주정부기록관은 소장 기록물에 대하여 공공관리 및 서비스에서부터 음성기록에 이르기까지 총 10개 항목(그룹)으로 분류하여 관련 기록의 검색에 제공하고 있다. 다만 모든 기록자료는 크로아티아어로만 제공된다. 한편, 소장 정보원 중 발간자료는 직접 구매를 통해 열람이 가능하다.

2) 기록그룹

다음과 같은 기록그룹으로 분류하고 있다.

- 공공관리 및 서비스(Public Administration and Services)
- 사법관리 및 서비스(Justice Administration and Service)
- 군부대 · 기관 및 기구(Military Units, Institutions and Organizations)
- 교육(Upbringing and Education)
- 문화 · 과학 · 정보(Culture, Science and Information)
- 건강서비스 및 사회기관(Health Service and Social institutions)
- 경제와 은행업(Economy and Banking)
- 정치정당 · 사회정치기구 · 무역단체(Political Parties, Socio-political Organizations, Trade Unions)
- 단체 및 협회(Societies, Associations, Alliances)
- 종교(Religious Establishments)
- 개인 · 가족 · 부동산 기록관(Private, Family and Estate Archives)

- 최초기록관자료소장품(Collections of Original Archival Materials)
- 기록관자료사본소장품(Collections of Copies of the Archival Materials)
- 크로아티아 이민(Croatian Emigration)
- 영화기록(Film Archives)
- 음성기록(Sound Records)

3) 도서관

본 기록관의 도서관의 역사는 크로아티아정부기록관 역사의 일부를 차지한다. 크로아티아주정부기록관의 도서관은 90,000권의 서적과 70,000권의 잡지 및 신문을 포함한 약 160,000개의 자료를 소장하고 있다.

2.19 폴란드

AGAD

Central Archives of Historical Records in Warsaw

Archiwum Główne Akt Dawnych w Warszawie

바르샤바중앙역사기록관

① 기록관

1) 소재사항

소재국가	폴란드[31]
주　　소	Central Archives of Historical Records Head of Archives – Hubert Wajs PhD Długa 7 Street, PL 00 – 263 Warszawa, Poland
전　　화	+ 48 22 831 54 91
팩　　스	+ 48 22 831 16 08
전자우편	sekretariat@agad.gov.pl
홈페이지	http://www.agad.archiwa.gov.pl/eng/index.html

---

31) 폴란드 공화국(Rzeczpospolita Polska)은 1945년부터 1989년 사이 소비에트 연방의 위
　성국이었다. 구소련 블록 국가로는 최초로 1990년 자유선거가 치러져 비로소 민주화
　되었다. 수도: 바르샤바(Warszawa), 인구: 약 3,854만 명(2006년), 면적: 312,683km²,
　주요민족: 폴란드인(Polish 98%), 주요언어: 폴란드어(Polish), 종교: 천주교(Roman
　Catholic 95%) · 기타(5%).

2) 성격

바르샤바중앙역사기록관(AGAD: Central Archives of Historical Records in Warsaw)은 폴란드 전역의 비현용기록물(Non-current Records)을 수집 및 보존하는 역사기록관이다.

3) 설립연혁

폴란드 바르샤바중앙역사기록관은 13세기부터 18세기의 기록관이었던 '국왕기록관(Crown Archives)'과 '왕립대법원등록부(Royal Chancery Registers)' 그리고 15세기부터 18세기의 귀족을 위한 '지역법정등록부'를 기본으로 1808년에 설립되었다. 이후 1795년에서 1918년에 이르는 기간의 공공기관 및 당국의 기록도 역사기록 중앙기록관에 포함시켰다.

4) 비전 및 임무

① 미래를 위해 과거세대의 문자 유산의 보존
② 역사기록의 대중 이용에 제공

5) 관련법률

기록관 소장품에 대한 이용(Rules of Access)은 1983년 7월 14일에 제정된 법에 의해 정의된다. 본 법에 의거하여 기록물은 학자들뿐 아니라 일반 대중에게도 공개되고, 폴란드의 모든 기록물은 무료로 이용가능하도록 되어 있다.

② 정보원

1) 정보원 열람 및 배포 정책

바르샤바중앙역사기록관의 모든 기록물은 1983년에 제정된 관련법률에 의거하여 모든 일반대중에게 공개되고, 무료 열람이 보장되고 있다. 소장정보원은 기본적으로 방문열람을 통하여 열람이 가능하다. 열람을 위한 구매신청은 온라인상에 있는 신청서를 다운받아 제출하는 형식을 통해 이루어지고 있다. 다만 소장 기록정보원은 모두 폴란드어로 제공되고 있다.

2) 소장기록물의 성격

① 13세기부터 18세기의 국왕기록관(Crown Archives)과 왕립대법원등록부(Royal Chancery Registers)
② 15세기부터 18세기의 귀족을 위한 지역법정등록부
③ 1795년에서 1918년의 공공기관 및 당국의 기록

3) 서비스

정보원 제공관련 서비스로 방문열람서비스가 제공되고 있다.
- 도큐먼트는 하루에 두 번 오전 9시와 오후 1시에 신청할 수 있다. 1인당 하루에 신청할 수 있는 자료 수는 바르샤바 거주인의 경우 5건, 비거주인의 경우 10건으로 제한된다.
- 중앙역사기록관의 열람실에는 총 31인을 위한 자리가 마련되어 있다. 17석은 원본자료 검색을 원하는 연구원을 위한 자리이며, 나머지 14석은 마이크로필름 이용자를 위한 자리이다. 그 밖에 지도열람을 위한 특별석이 설치되

어 있으며, 검색지원, 사전, 도서대가 마련되어 있다.
- 열람실 이용시간은 다음과 같다.
  월요일~금요일 9:00~19:00(국가공휴일 제외)
  단, 8월은 열람실서비스 이용이 불가하다.

4) 검색항목

계보학 연구를 하는 이용자를 위해 중앙역사기록관은 자료 검색의 편리를 위해 정형화된 형식의 신청서를 이용하도록 하고 있다. 계보학 자료 검색은 다음의 사항을 반드시 제출해야 한다.

- 개인 또는 가족의 정확한 이름
- 상기 항목에 해당하는 개인 또는 가족의 구술서
- 상기 항목에 해당하는 개인 또는 가족과 관계되는 지역이나 동네와 같은 장소명
- 상기에 해당하는 개인 또는 가족이 등기소에 등록한 시점(출생신고, 혼인신고, 사망신고 등)

SAP

State Archives of Poland
폴란드정부기록관

1 기록관

1) 소재사항

소재국가	폴란드
주　　소	Naczelna Dyrekcja Archiwów Państwowychul. Długa 6, 00 − 950 Warszawa, skr. poczt. 1005, Poland
팩　　스	+48 22 831 75 63
전자우편	ndap@archiwa.gov.pl
홈페이지	http://www.archiwa.gov.pl/?CIDA=43

2) 성격

폴란드정부기록관(SAP: State Archives of Poland)은 13세기 후반 교회나 지방 주권자에 의해 관련기록들이 관리되다가 1918년 11월 폴란드공화국으로 독립되면서 정부기록관들을 설립하였다. 이후 1951년 '정부기록관법령'과 1983년의 '의회법'에 의거하여 정부기록들을 대상으로 국가기록관의 역할을 수행하고 있다.

3) 설립연혁

- 폴란드의 최초 기록관의 형성은 13세기 후반으로 거슬러 올라간다. 당시의 기록들은 교회기관이나 지방 또는 지역 주권자에 의해 관리되었다. 국왕기록관(Crown Archives)은 14세기 중반 무렵에 설립되었으며, 세기말 정도에 중앙기록관으로 전환되었다.

- 법원기록관, 지방자치기록관, 교회기록관, 가족기록관은 모두 구 폴란드 시대(Old－Polish Period)에 세워졌다. 18세기 후반부에 이르러 폴란드의 마지막 왕의 이름을 따른 Stanisław August Poniatowski 기록관이 설립되었다.

- 분할기간 동안 폴란드의 기록관은 제정러시아(Tsarist Russia)와 프로이센(Prussia) 그리고 오스트리아의 서로 다른 정책에 입각한 다양한 형태의 기록관으로 운영되었다. 1974년 중앙당국의 기록관 기록의 일부가 제정러시아 당국에 의해 상트페테르부르크로 옮겨졌다.

- 1808년에 일반국가기록관(Archiwum Ogólne Krajowe, General National Archive)이 폴란드의 첫 현대기록관으로서 설립되었으며, 곧 역사기록 일반 기록관(General Archive of Historical Records)으로 전환되었다.

- 분할기간의 러시아지역에서는 10개의 역사기록 지역기록관이 설립되었으며, 1867년 역사기록 기록관(Archiwum Akt Dawnych, Archive of Historical Records)과 국고기록관(Archiwum Skarbowe, Treasury Archive)이 설립되었다. 프로이센지역에서는 각각 1869년과 1878년에 지방정부기록관이 설립되었으며, 오스트리아지역에서는 1784년과 1877년에 서로 다른 두 지방에 지역법원기록기록관(Archiwum Krajowe Aktów Grodzkich i Ziemskich, Archive of Town and County Court Records)이 설립되었다. 지방자치기록관 또한 분할기간에 존재하였고, 일부 가족기록관은 공공기록관으로 전환되었다.

- 1918년 11월 독립을 맞으며, 폴란드공화국 정부기록관들이 1919년 2월 7일을 마지막으로 모두 설립되었다. 이 기록관들은 국가기록 컬렉션의 이용을

위한 자료수집, 보관, 연구, 규정의 책임을 맡았다. 정부기록관들의 운영은 종교 및 공교육부의 주정부기록관국(State Archives Department of the Ministry of Religious Affairs and Public Education)의 감독을 받았다.

- 독립 후 폴란드에는 여러 기록센터들이 바르샤바에 설립되었다. 즉 역사기록일반기록관(General Archive of Historical Records), 역사기록기록관(Archive of Historical Records), 국고기록관(Treasury Archive), 공교육기록관(Archive of Public Education), 군(軍)기록관(Army Archive, 이 기록관은 1930년에 신기록 기록관(Archive of New Records)으로 영입되었음) 등이 새로 설립되었다. 또한 정부기록관들이 몇몇 지방도시에 설립되었으며, 교회기록관들도 새로이 조직되었다. 기존의 지역 및 가족기록관들은 국가네트워크의 중요한 일부분이 되었다.

- 폴란드 기록관은 2차 세계대전을 겪으며 많은 손실을 입었다. 또한 나치 당국 지배시대의 기록소장품들도 일부 훼손되었다. 바르샤바 기록관들은 95% 정도가 모두 훼손되었다. 2차 세계대전 종전 후, 기록관 네트워크가 가능한 곳에서는 모두 재설립되었다. 나치시대의 구 독일제국의 영역에 있던 기록관들은 모두 폴란드의 새로운 네트워크로 통합되었다. 또한 이 지역들에서 새로운 정부기록관의 설립이 이루어졌다.

- 1951년 3월 29일 주정부기록관에 대한 법령이 선포되었다. 이 법령은 기록행정에 대한 새로운 조직을 소개하며 주정부기록자원에 대한 개념을 설명하고 있다. 사회정치 시스템의 변화에 따라, 자치정부, 가족, 경제 기록관들이 정부기록관들에 영입되었다. 또한, 주정부기록관본부(Head Office of State Archives)가 기록관 소장품을 담당하는 주요기관으로 설립되었다.

- 1951년의 법령을 대체하는 1983년 '의회법(Act of Parliament)'이 소개되면서 국가기록관자원에 대한 기반을 제공하였다.

4) 조직

(1) 정부기록관

폴란드정부기록관은 크게 다음과 같이 세 개의 조직으로 구성되어 있다.

① 역사기록 중앙기록관(Central Archives of Historical Records)

1918년 이전에 제작된 모든 폴란드의 주요 가족 기록관을 포함한 지방 당국 및 중앙당국의 기록을 보존하고 있다.

② 현대기록 중앙기록관(Central Archives of Modern Record)

1918년 이후에 주요 정치 및 사회인사들이 제작한 도큐먼트와 논문 등을 포함한 중앙당국과 국가의 중요사를 담당하는 기관 및 협회의 자료를 보존하고 있다.

③ 시청각기록 기록관(Archive of Audio Visual Records)

20세기 초반 이후에 제작된 영상문서뿐 아니라 사진 및 축음 기록을 보존하고 있다.

(2) 지방정부기록관과 지역지부

- 폴란드정부기록관은 그 외에 31개의 정부기록관과 48개의 지역지부로 구성된다. 정부기록관과 그 지부들은 지역당국와 정부기관의 기록을 보존하고 있다. 이 기록관들의 대부분의 기록관자료들은 19세기와 20세기로 거슬러 올라간다. 일부 기록들은 중세시대에 속한 것들도 있다.
- 지방정부기록관들은 정부기록관의 총장의 관리하에 운영된다. 주정부기록관 총장은 또한 주정부기록관본부에 대한 책임을 맡고 있다. 주정부기록관본부는 문화부의 관리국장(Managing Director)의 권한하에 있다.

5) 국제활동

- 중유럽과 동유럽 국가 및 정부의 공통 기록유산 프로그램(Common Archival

Heritage of the Nations and States of Central and Eastern Europe Program)

본 프로그램에 대한 이니셔티브가 1997년 이 지역 국가들의 기록관 연간 컨퍼런스에서 제안되었다. 이 연간 기록관 컨퍼런스는 1995년에 처음 조직되어 폴란드에서 매년 열리고 있다. 1997년의 컨퍼런스는 중유럽과 동유럽 국가들의 공통역사에 대한 문서적 증거를 보존하고자 하는 기록관에 대한 내용을 다루고 있다. 위에 언급된 이니셔티브 프로그램에 대한 아이디어는 곧 참여국들에서 설문을 통해 자세한 사항이 정해졌다. 설문결과는 1998년 제4차 컨퍼런스에 보고되었으며, '중유럽 및 동유럽 국가의 민간기록관과 기록관자료(*Private Archives and Archive Materials in the Central and East European Countries*)'라는 제목으로 1999년에 편찬되었다.

6) 관련법률

1983년 7월 14일의 '국가기록자료및기록관법(Act on National Archival Records and Archives)'이 기록 및 기록관리에 대한 주요법률로서 제정되었다.

7) 관련기관

다음은 폴란드정부기록관의 관련기관이다.
- 폴란드서부지역박물관·기록관·도서관(Polish Museums, Archives, Libraries on the West)

  홈페이지: http://www.biblioteka.info/mabpz/
- 기록정보센터(Archival Information Center)

  홈페이지: http://www.piasa.org/archives.html
- 미국예술및과학폴란드연구소기록관(Archives of The Polish Institute of Arts & Sciences of America)

홈페이지: http://www.piasa.org/piasaarchives/introarch.htm
- 스위스라페르스빌폴란드박물관(Polish Museum in Rappersvil, Switzerland)
  홈페이지: http://www.muzeum－polskie.org/
- 미국조제프필수드스키(Jozef Pilsudski)연구소(Jozef Pilsudski Institute of America)
  홈페이지: http://www.pilsudski.org/
- 폴란드·미국기술자협회(Polonia Technica, Inc. Association of Polish－American Engineers)
  홈페이지: http://www.polonia－technica.org/
- 파팔문서센터(Papal Documentation Center)
  홈페이지: http://www.jp2doc.org/archiwum.htm

2 정보원

1) 정보원 열람 및 배포 정책

폴란드정부기록관의 소장정보원은 데이터베이스 및 출판물로 나뉘어 제공된다. 'Publications' 란을 통하여 단행본 및 정기간행물에 대한 정보를 제공하고 있으며, 이들의 열람은 직접 구매를 통하여서만 가능하다. 'Database' 란을 통하여 키워드 기본검색 외에 '소장자료등록시스템(SEZAM)'을 통한 검색 또한 제공되고 있다. 그 외에도 'Events' 란에서 주요행사에 대한 정보를 제공하고 있다. 다만 주요목록은 영어 서비스가 제공되나, 모든 자료의 열람은 폴란드어로만 가능하다.

250

2) 출판물(Publications)

출판물은 단행본과 정기간행물별로 구분하여 검색이 가능하다.

(1) 단행본(Source Publications)

홈페이지를 통하여 주문구매가능한 단행본들의 목록이 제공되고 있으며, 대표적으로 다음과 같다.

- *Album Civium. Register of Citizens of the City Old Warsaw 1506~1586*
- *Annual Reports of the British Embassy in Warsaw 1945~1970*
- *Archival Material to the "Grifice Events" in 1951*
- *Documents Pertaining to the History of Polish-Italian Relations 1918~1940*
- *Katyń. Documents of a Crime, vol. 1, Prisoners of an Undeclared War, August 23th 1939~March 5th 1940*
- *Podole Chronicle. Documents of the National Organization 1862~1863*
- *Seats of the Kiszka and the Radziwiłł Families in Belarus in the 16th~ 18th C. Descriptions from the Holdings of the Central Archives of Historical Records*

(2) 연속간행물(Periodicals and Editorial Series)

온라인상의 열람서비스는 제공되고 있지 않으나, 영문 표제를 제공하여 기록관 소장 연속간행물을 확인할 수 있도록 하고 있다. 역시 직접 주문을 통한 구매가 가능하다.

- *Archeion. Archival Periodical.* vol. 100.
- *Archeion.* Bibliography to vols. 1~100. A Supplement to vol. 100.

- ***Archeion.*** vol. 101~108.
- ***Archival Folders.*** New Library Edition. vol. 1~8(30).
- ***Miscellanea Historico-Archivistica.*** vol. 1~14.
- ***New Historical Miscellanea.*** vol. 1~5.
- ***New Historical Miscellanea.*** vol. 6, Descriptions of Towns of the Kingdom of Poland in the 19th C. Descriptions of Towns Dated 1860, vol. 1, Descriptions of Towns from the Region of Kujawy Wschodnie Dated 1860.

3) 데이터베이스

데이터베이스는 기본적인 키워드검색을 통해 원하는 기록자료를 찾을 수 있도록 되어 있다. 기본적인 검색 외에 기록관 소장자료등록시스템(Archival Holdings Registration System)인 'SEZAM'를 통한 검색서비스가 제공되고 있다. SEZAM 데이터베이스는 주정부기록관 및 관련 기관들에 의해 보존되고 있는 국가기록소장물에 대한 정보를 제공하고 있다. 이는 국제기록기술표준(ISAD(G): International Standard of Archival Description)을 따르고 있다. 이 데이터베이스의 모든 자료들은 현재를 기준으로 업데이트되며, 1년에 한 차례 기록정보센터(Center of Archival Information)에서 정리를 수행한다.

4) 주요행사

'Events' 란을 통해 과거 및 현재의 주요행사에 대한 내용을 제공하고 있다. 다만 모든 내용은 폴란드어로만 제공된다.

5) 기록물(정보원) 검색

소장자료등록시스템 데이터베이스를 통해 여러 방법의 데이터검색이 제공되고 있다. 모든 기록관을 통한 데이터 검색을 포함한 선택된 기록관에서의 특정한 소장기록물에 대한 검색도 가능하다. 특정 기록관에서의 원하는 정보검색을 위해서 이용자는 먼저 기록관 목록을 통해 특정 기록관을 선택하여야 한다. 만약 특정 기록관이 선택되지 않은 경우, 검색엔진은 모든 기록관의 소장기록물을 검색하게 된다.

2.20 프랑스

NAF Ⅰ

National Archives of France Ⅰ

프랑스국가기록관 Ⅰ

1 기구

1) 소재사항

소재국가	프랑스32)
주 소	11 rue des Quatre Fils, 75003 Paris France
전 화	+33 - 01 - 40 - 27 - 64 - 19
전자우편	chan.paris@culture.gouv.fr
홈페이지	http://www.archivesnationales.culture.gouv.fr

---

32) 프랑스 공화국(République française)은 서유럽의 본토와 여러 대륙에 걸쳐 있는 해외주
   와 해외 영토로 이루어진 국가이다. 수도: 파리, 인구: 약 6,358만 명, 면적: 551,602km²,
   주요민족: 골족(Gaul), 주요언어: 불어, 종교: 천주교(82%).

2) 성격

프랑스국가기록관 I (NAFI: National Archive of France I)은 'Le CARAN(Le Centre d'accueil et de recherche des Arichives nationales)'라고도 한다. 중세 시대부터의 국가의 공공기록물을 저장하고, 또한 파리와 수많은 사적 자료들의 근원에 대한 증서를 보호하기 위해 만들어졌다.

3) 설립연혁

18세기 말 프랑스 혁명 발발 이후 1789년 국미의회에 의하여 의회기록보존시설이 설치되었으며, 이후 1790년 9월 12일 법령으로 '국가기록관(Archives National)'이라는 이름으로 자리 잡게 되었다.

4) 설립목적

프랑스국가기록관 I 은 중세 시대부터 오늘날에 이르기까지 정부의 주요 행정부에 의해 생성된 문서, 공공기록물 및 기타 기록물들에 대한 수집, 보관 그리고 대중과의 소통인 이용과 활용을 책임지고 있다.

5) 구성

다음과 같은 3개 부문으로 구성되어 있다.
① Le site de Paris
② Le site de Fontainbleau
③ Le site de Pierrefitte－sur－Seine

② 정보원

1) 정보원 열람 및 배포 정책

프랑스국가기록관Ⅰ은 프랑스의 국가적 차원의 주요 역사적인 기록물인 고문서와 공공기록물 및 자료들을 한데 모아놓은 곳으로 일반적인 소장기록물의 정보검색을 제공하고 있다. 그 외에 'Fontainebleau'나 'Le projet Pierrefitte'와 관련된 내용의 홈페이지 링크를 통하여 기록 및 기록관리 또는 문화 관련 행사 관련 내용 또한 제공하고 있다. 출판물의 경우 목록이 홈페이지에 제공되고 있으며, 유료구입을 통한 열람이 가능하다.

2) 기록그룹(Fonds)

프랑스국기록관Ⅰ의 기록그룹은 크게 'Fonds conservés sur le site de Paris'와 'Fonds conservés sur le site de Fontainebleau'의 두 개의 퐁(Fonds)으로 구분되어 분류되어 있다. 이하 각 기록그룹은 다음과 같다.

(1) Fonds conservés sur le site de Paris
- Fonds publics de l'Ancien Régime, Marine, Affaires étrangères
- Fonds publics postérieurs à 1789
- Minutier central des notaires de Paris
- Fonds privés
- Cartes et plans
- Fonds divers(Musée de l'Histoire de France, archives imprimées)

(2) Fonds conservés sur le site de Fontainebleau

- Archives des administrations centrales de l'état
- Archives restituées par la Russie
- Microformes
- Affiches
- Témoignages oraux

3) 출판물(Publications)

'신간(Vient de paraître)', '전시 카달로그(Catalogues d'exposition)', '텍스트와 출판물 단행본(Editions de texte et publications)', '연구와 심포지엄 관련 책(Actes de journées d'études et de colloques)'으로 구성하여 출판물 관련 정보를 제공하고 있다. 프랑스기록관 I 은 다양한 기록 및 기록관리 관련 출판물을 발간하고 있으며, 발간 출판물에 대한 목록과 가격정보가 제공되고 있다. 다음은 대표적인 단행본 출판물이다.

- ***Images du pouvoir royal. Les chartes décorées des Archives nationales***(XIIIe - XVe siècle). par Ghislain Brunel (introduction par Olivier Guyotjeannin). Paris, Somogy - Centre historique des Archives nationales, 2005.
- ***Les hôtels de Soubise et de Rohan, par Philippe Béchu et Christian Taillard.*** Paris: Somogy, 2004.
- ***L'armorial Le Breton.*** par E. de Boos, M. - F. Damongeot, J. - M. Roger, E. Rousseau et F. Vieillard. Paris: Somogy, 2004
- ***François Mansart. Les bâtiments. Marchés de travaux, 1663~1665,*** par Andrée Chauleur et Pierre - Yves Louis. Paris: Champion, 1998, 505 p.
- ***La présence latine en Orient au Moyen Âge.*** textes réunis par Ghislain

Brunel avec la collaboration de Marie‑Adélaïde Nielen. Paris: Champion, 2000, 157 p.

- ***Dans l'ombre de Marie‑Antoinette.*** Le journal de Madame Brunyer, première femme de chambre de Madame Royale, 1783~1792. par Danielle Gallet. Paris: Champion, 2002.

- ***Théophraste Renaudot.*** par Gérard Jubert. Paris: Champion, 2005.

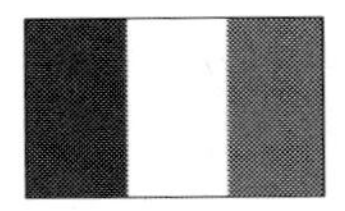  

NAF II

National Archives of France II

프랑스국가기록관 II

① 기구

1) 소재사항

소재국가	프랑스
주　　소	29 chemin du Moulin – Detesta, 13090 Aix – en – Provence France
전　　화	+33 – 04 – 42 – 93 – 38 – 50
전자우편	caom.aix@culture.gouv.fr
홈페이지	http://www.archivesnationales.culture.gouv.fr

2) 성격

프랑스국가기록관 II(NAF II: National Archives of France III)의 정식명칭은 '프랑스해외영토관련국가기록관(ANOM: Archives Nationales d'outre – Mer)' 이다. 이는 프랑스의 역사적 식민지와 알제리(Algeria)에 있는 프랑스의 영향 력에 관한 기록물들을 보관하는 곳이다.

3) 설립연혁

André Chamson이라는 프랑스 기록 장관이에 프랑스 관련 해외영토에 대한 아카이브 보관 장소를 1966년에 에익쎈(Aix - en) 지방에 설립하였고, 이후 1996년에 확대·개편하였다.

4) 관련협회

- Amarom

  프랑스 해외 영토 관련 역사적 자료들의 보존을 위하여 구성된 협회로 CAOM(Cette procédure est exceptionnelle aux ANOM.)의 자료의 방대함을 더해주고 있다. 이는 전시, 출판, 의회 등을 통하여 대중들에게 역사적 자료들을 보급하고 있다.

  주   소   Amis des Archives d'outre-mer 29 chemin du Moulin Detesta - 13090 Aix - en - Provence

- Mémoires mediterranéennes

  지중해 문명의 문화적 풍요로움과 지중해 연안 근처의 프랑스 식민 시대 때의 역사의 다양한 요소에 대한 사적이고도 전문적인 활동들을 알려 주고 있다.

  주   소   7 avenue Pasteu - 13617 Aix - en - Provence, Cedex 1

② 정보원

1) 정보원 열람 및 배포 정책

프랑스해외영토관련국가기록관은 소장기록물에 대한 온라인상의 일반적인 검색을 제공하고 있다. 그 중 특히 여당 관련 기록, 본국 관련 기록, 비공식적 기록, 지도, 사진 등의 관련 정보에 대한 상세한 설명과 그 외에 기록과 관련된 식민지, 주로 알제리 기록에 관한 설명이 자세히 제공되고 있다. 다만 실제적인 열람을 위한 자료 획득을 위하여 회원 가입의 절차를 거쳐야만 가능하다.

2) 소장기록물

과거 17세기부터 20세기 프랑스 식민지와 관련된 내각 관련 기록과 1954년과 1962년 독립시기에 식민 지배를 받았던 국가들에 대한 기록을 제외하고 알제리와 과거 식민지들에 의해 이전된 기록들을 보관하고 있다.

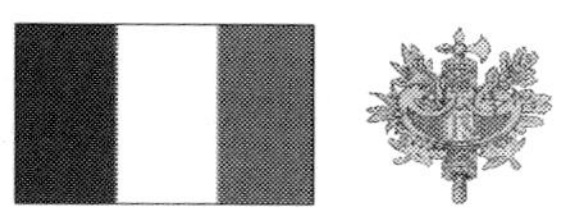

NAFⅢ

National Archives of France Ⅲ
프랑스국가기록관 Ⅲ

① 기구

1) 소재사항

소재국가	프랑스
주 소	78, boulevard du Général Leclerc BP 405 59 057 Roubaix Cedex 1 France
전 화	+33 - 03 - 20 - 65 - 38 - 00
전자우편	camt @culture.gouv.fr
홈페이지	http://www.archivesnationales.culture.gouv.fr

2) 성격

프랑스국가기록관Ⅲ(NAFⅢ: National Archives of France)의 정식명칭은 '프랑스노동계층관련국가기록관(Archives Nationales du Monde du Travail)'이다. 이는 내정 간섭 관련 테마 성격의 기록과 대부분의 비공식적기록물 그리고 '기술 산업의 성'이라고 부르는 21세기의 후반부에 세워진 루박흐(Roubaix) 지역의 모테보쑤(Motte - Bossut) 공장을 다시 살리기 위한 기념 장소로서의 역할을 수행한다.

3) 설립연혁

1993년 10월 경 프랑스 북쪽 루박흐 지역에 노동관련기록센터(Le Centre des archives du monde du travail)가 유치되었고, 이후 현재의 명칭으로 개명되었다.

4) 설립목적

'노동계층' 관련 기록과 자료를 수집·관리 및 보관하며, 더 나아가 대중들의 이용에 활용토록함을 목적으로 설립되었다.

5) 주요활동

각종 소장기록물 관련 전시회를 개최하고 있으며, 주요 지난 전시회는 다음과 같다.

- De longue haleine, geste d'archives(Danièle Tournemine)(2005~2006)
- Le futur centre des Archives nationales à Pierrefite‑sur‑Seine(2005)
- Roubaix‑Tourcoing et les villes lainières d'Europe(2005)
- Couleur, travail et société du Moyen‑Age à nos jours(2004~2005)
- Industries et commerce tchèques en France(2004)
- Baraques, dispensaire La Mouche‑Gerland(2004)
- Tour de France : cent ans de légende(2003~2004)
- La route du charbon(2003)
- Fives‑Lille, l'usine dans la ville(2000~2003)

2 정보원

1) 정보원 열람 및 배포 정책

프랑스노동계층관련국가기록관의 소장기록물에 대한 일반적인 정보의 검색 외
에 출판물의 목록 또한 제공되고 있다. 회원가입 절차가 필요한 소장기록물의
제한적인 열람 외에 전시회 기록물의 경우 RTF와 POF로 구축되어 있어 무료
열람이 가능하다. 노동계층 관련 출판물은 유료로 제공되고 있다.

2) 기록그룹(Fonds)

알파벳순의 기록그룹의 목록이 홈페이지에 제공되고 있다.

3) 출판물(Publications)

노동계층에 관한 출판물들의 목록과 가격정보가 PDF로 제공하고 있으며, 이
는 유료구입이 가능하다.

4) 정기간행물(Journal)

노동계층에 관한 정기간행물로 *Liberté*가 발간되고 있으며, *Liberté Quotidien*과
*Liberté Magazine*으로 구분되어 있다. 전자의 기간호(1947~1950, 1951~1954,
1955~1958, 1959~1967, 1968~1975, 1976~1988)에 대한 서지적 정보와 후
자의 기간호인 1959년부터 1987년 까지의 서지적 정보가 홈페이지에 제공되
고 있다. 관련 역사와 최신호에 대한 정보 또한 제공하고 있다.

5) 전시회(Expositions) 기록물

2007년 7월 27일까지 열렸던 프랑스 Charbonnages에서 있었던 '광산과 광부에 관한 기록물'의 전시회의 기록을 RTF와 PDF로 구축하여 홈페이지를 통하여 열람 가능하다.

2.21 헝가리

NAH

National Archives of Hungary

헝가리국가기록관

☐1 기록관

1) 소재사항

소재국가	헝가리[33]
주　　소	1014 Budapest, 2 - 4 Bécsi Kapu Square, Hungary
전　　화	+36 1 225 2800
팩　　스	+36 1 225 2817
전자우편	info@mol.gov.hu
홈페이지	http://www.mol.gov.hu/?akt_menu=574&set_lang=466

---

33) 헝가리 공화국(Magyar Köztársaság, Hungary)은 1919년에 독립하였고, 1946년에서
1989년까지는 공산주의 국가였다. 폴란드, 슬로바키아, 체코와 함께 비셰그라드 그룹의
일원이자, 유럽 연합의 정회원국이다. 수도: 부다페스트, 인구: 1,000만 명(2002년 말),
면적: 93,031km², 주요민족: 미자르인(96.6%) · 독일인(1.6%) · 슬로바키아인 · 남슬라브
인, 주요언어: 헝가리어(마자르어), 종교: 천주교(67.5%) · 개신교(20%) · 그리스정교.

2) 성격

헝가리국가기록관(NAH: National Archives of Hungary)은 헝가리아를 대표하는 역사기록관의 성격을 띠고 있으며, 적합한 환경과 도큐먼트의 이용이 용이한 기록관으로서의 자료를 보존하기 위해 기술적 방법의 개발에 힘쓰고 있다.

3) 설립연혁

헝가리국가기록관은 1750년에 개관한 이래 2006년 제250회 기념일을 맞이하였다. 유구한 역사에 비해 진행과정은 다소 느리게 이루어지고 있으나 그 결과는 놀랍다고 할 수 있다. 특히 최근 중앙연구실(Central Research Room)을 재건축하고 왕립서적, 관료회의에 관한 정부보고서, 지도, 중세 도큐먼트 컬렉션 등의 중요한 기록 컬렉션들이 디지털화되었고, 기록기용 안내자료가 출판되었다.

4) 조직

수장역할의 총재(Director General) 이하 산하기관의 조직은 다음과 같다.

(1) 부총재1국(Deputy Director - General I)
1526년에서 1867년도까지의 정부기관 기록부, 1867년에서 1944년까지의 정부기관 기록부, 가족기록 및 컬렉션부, 복사(reprography)부, 인적자원 및 기관관계부, 그리고 보존부로 구성되어 있다.

(2) 부총재2국(Deputy Director - General II)
기업기록관부, 1945년 이후 정치정부기관부, 헝가리노동당(MDP: Working People's Party) 기록부, 헝가리사회당(MSZMP: Social Workers' Party)

기록부, 1945년 이후 경제정부기관부, 정부기록서비스부, 그리고 인포매틱스 (informatics)부로 이루어져 있다.

(3) 도서관(Library)

기관 및 자료이용에 관한 기록의 보존, 처리, 출판 등의 전문적 활동을 제공하기 위해 특별도서관이 존재한다. 이 도서관은 중앙도서관과 자료보관 (deposit) 도서관으로 구분된다.

(4) 보안고등위원회(High Commissioner for Security)

이 위원회는 기록관 자료 및 재산을 화재와 같은 재난으로부터 보호하는 역할을 담당한다.

(5) 재정팀(Finance Office)

재정팀은 기관의 예산측정 및 결산을 담당한다. 또한 기록관 설비의 유지 등의 업무를 총괄한다.

5) 통합전자기록시스템(e-Archivum)

- 이는 헝가리 공공기록관의 통합전자기록시스템으로 '10/2002안'을 기초로 문화유산부와 헝가리국가기록관에서 개발하였다.
- 헝가리의 모든 공공기록관은 소프트웨어를 무료로 받을 수 있으나 시스템의 운영은 기관별로 이루어진다.
- 헝가리국가기록관 소장정보권의 보고인 이용자인터페이스는 관련 홈페이지 (http://www.e-archivum.hu)를 통해 이용가능하다.

6) 관련기관

다음은 헝가리국가기록관 국내외의 관련기관 그리고 기록 및 기록관리 관련
기관이다.

(1) 헝가리국가기록관 관련기관
- 아카이브넷(ArchivNet)
  홈페이지: http://www.archivnet.hu
- 국제아카이브스협의회(ICA)
  홈페이지: http://www.ica.org/
- 대중기록센터(Public Record Center)
  홈페이지: http://www.publicrecordcenter.com/international_background_
  check.htm

(2) 해외 기록 및 기록관리 관련 기관
- 국제아카이브스협의회(ICA: International Council on Archives)
  홈페이지: http://www.ica.org
- 유럽기록관네트워크(European Archival Network – EAN)
  홈페이지: http://www.european – archival.net/
- 호주(Australia)
  홈페이지: http://www.naa.gov.au/
- 오스트리아(Austria)
  홈페이지: http://www.oesta.gv.at/
- 벨기에(Belgium)
  홈페이지: http://arch.arch.be/
- 캐나다(Canada)
  홈페이지: http://www.archives.ca/

- 덴마크(Denmark)

  홈페이지: http://www.sa.dk/

- 핀란드(Finland)

  홈페이지: http://www.narc.fi/

- 프랑스(France)

  홈페이지: http://www.archivesnationales.culture.gouv.fr/chan/

- 독일(Germany)

  홈페이지: http://www.bundesarchiv.de/

- 아일랜드(Ireland)

  홈페이지: http://www.kst.dit.ie/nat－arch

- 네덜란드(Netherlands)

  홈페이지: http://www.nationaalarchief.nl/

- 노르웨이(Norway)

  홈페이지: http://www.riksarkivet.no/

- 슬로바키아(Slovakia)

  홈페이지: http://www.civil.gov.sk/Z_files/ARCH.HTM

- 스페인(Spain)

  홈페이지: http://www.mcu.es/lab/archivos/index.html

- 스웨덴(Sweden)

  홈페이지: http://www.ra.se/

- 스위스(Switzerland)

  홈페이지: http://www.admin.ch/bar/

- 영국(United Kingdom)

  홈페이지: http://www.pro.gov.uk/

- 미국(United States of America)

  홈페이지: http://www.archives.gov/

② 정보원

1) 정보원 열람 및 배포 정책

헝가리국가기록관의 홈페이지상에서 제공하고 있는 기록물은 알파벳순(A~Z)과 로마자순(XVII~XXXIV)의 기록그룹으로 분류하고 있으며, 1867년부터 1944년까지의 역사적인 비현용기록물(Non-current Records) 위주의 자료가 해당된다. 소장정보원에 대한 검색 외에 열람은 회원등록 후 가능하며, 다만 헝가리어로 제공된다.

2) 기록물(정보원) 검색

헝가리국가기록관의 소장의 기록들은 크게 섹션(Sections)과 기록그룹(Main Groups of Fonds)으로 나누어 관리된다. 이 자료들은 역사 및 연도별 순으로 정리되어 있으며 기록종류별로 구분된다. 1945년 이전에 생성된 기록자료들 및 헝가리 노동당(MDP)과 헝가리아 사회당(MSZMP)의 기록은 대문자로 표기되며 섹션(Sections) 부분에서 찾아볼 수 있다. 1945년 이후에 생성된 기록들은 자료그룹(Main Groups of Fonds) 부분에 로마어 표기법으로 정리되어 있다.

3) 기록그룹

소장기록물은 다음과 같은 알파벳 또는 로마자의 기록그룹으로 구분하여 정리되어 있다.

- A: Archives of the Hungarian Chancellery(1414~1848) I
- B: Archives of the Transylvanian Chancellery(1686~1848) I
- C: Archives of the Locotenential Council(17th century~1848) I

- D: Archives of the Age of Absolutism(1848~1867) I
- E: Archives of the Hungarian Treasury(11th~20th century) I
- F: Archives of the National Government Authorities of Transylvania(13th ~20th century) I
- G: Archives Relating to the Wars of Independence under Thököly and Rákóczi(1648~1714) I
- H: Archives of the Ministry of 1848~1849 I
- I: Records Transferred from the Archives of Vienna I
- K: Records of Government Organs between 1867 and 1945 II
- L: Government Organs of the Hungarian Soviet Republic (1919) II
- M: Records of the Hungarian Working People's Party (MDP) and the Hungarian Socialist Workers' Party (MSZMP) VII
- N: Archivum Regnicolaris(1222~1988) I
- O: Judicial Archives(13th C.~1869) I
- P: Archives of Families, Corporations and Institutions (1527~20th century) III
- Q: Archives of Diplomas and Charters(1109~1526) III
- R: Post-1526 Collection(1527~20th century) III
- S: Collection of Maps(17th~20th century) III
- T: Collection of Plans(17th~20th century) III
- U: Photographic Collection of pre~1526 and post~1526 Documents(1527 ~20th century) III
- V: Collection of Seals(11th~20th century) III
- X: Microfilm Collections(Documents of 11th~20th century) VIII
- Y: Archives of the National Archives of Hungary Secretariat of the Director-General
- Z: Business Archives IV

3. 카리브해

3.1 바하마

NAB

National Archives of Bahamas

바하마국가기록관

☐1 기록관

1) 소재사항

소재국가	바하마[34]
주　　소	P. O. Box SS－6341, Nassau, N. P., Bahamas
전　　화	+242 393 2175/2855
팩　　스	+242 393 2855
전자우편	archives@batelnet.bs
홈페이지	http://www.bahamasnationalarchives.bs

---

34) 바하마(Bahamas)는 1973년 7월 10일 325년간의 영국 통치에서 벗어나 독립하였다.
　　수도: 나소(Nassau), 인구: 300,529명(2002년), 면적: 13,942km², 언어: 영어, 통화: 바
　　하마 달러(B$).

2) 성격

바하마국가기록관(NAB : National Archives of Bahamas)은 일명 '기록국(Depart-ment of Archives)'이라고도 한다. 이는 교육부 산하의 바하마의 역사적 기록의 보존과 관리를 위한 일차적 창고의 역할을 수행하는 기록 및 기록관리 관련 공공기관이다.

3) 설립연혁

1971년 '의회법'에 의해 설립되었으며, 본 부서는 영구기록 및 정부기록물을 위한 마지막 보관장소이다. 본 국가기록관은 17세기 후반부터의 공공기록물 및 법적기록들을 보관하고 있으며 지역 및 민간기록들도 소장하고 있다.

4) 조직

대법원장이 이 부서의 법적 수장을 맡고 있다. 행정적인 문제는 교육부 산하로 운영되고 있다. 일상적인 기록관리 및 통제는 기록관 관장이 책임진다.

(1) 마이크로필름 및 사본제작부서

기록관의 마이크로필름 제작부서는 1972년 2월에 설립되었고, 현대식 사본제작 설비는 1977년에 마련되었다.

(2) 보존(Conservation) 및 제본부서

보존 및 제본부서는 1973년 교육부에 형성되었다. 후에 이 부서는 교육자원팀(Learning Resources Unit)으로 이전되었다. 1988년 9월 본 부서는 기록관으로 다시 이전되었다.

5) 기록관리체계(Records Management)

- 1970년에 정부부처의 첫 통계조사가 실시되었다. 이 조사를 통해 장소부족 및 인력부족 문제가 발견되어 기록관의 설립이 제안되었다. 그러나 기록관리 프로그램(Records Management Program)이 아직 이행되고 있지 못하였다. 이에 각 부서들은 그들의 기록목록을 정리하고 기록유지가 가능한 기간을 제시하였고 그로부터 각고의 노력 끝에 기록국과 교육부간의 기록관리프로그램 및 기록센터(Records Center)의 설립에 대한 연구가 이루어졌다.
- 1977년 5월 두 번째 조사가 이루어졌으며, 기록관리 강좌의 필요성이 대두되었다. 곧 공공기록사무소(Public Records Office)에 의한 강좌가 마련되었으며, 기록전문가 및 조교들이 강의를 시작하였다.
- 오늘날 기록관리에 관한 수업은 전 대학을 중심으로 이루어지고 있으며, 지역단계에서는 평생교육과정을 통해 기록관리 수업이 이루어지고 있다.

6) 주요행사

1973년부터 본 기록관은 매년 정기적으로 전시회를 주최하고 있다. 전시회의 주요 목적은 전시를 통한 바하마의 역사와 문화에 대한 교육에 있다. 기록관 전시회는 기록관 소장기록, 보존방법 및 연구원들에 대한 내용을 주로 다룬다.

7) 기록 자동화(Automation at the Archives)

- 본 국가기록관은 점차적으로 컴퓨터시스템을 도입하고 있다. 1980년대에 처음으로 이 프로그램이 시행되었으며 바베이도스 커뮤니티 대학(Barbados Community College) 및 에디스톤 교육대학(Erdiston Teachers College)과 함께 공공서비스 교육프로그램을 실시하고 있으며, 바베이도스도서관협회(Library Association of Barbados)도 함께 작업에 참여하였다.

- 1988년 국가기록관은 소장기록물에 대한 자동화를 시작하였으며, 1996년 ISAD 기준에 의거한 분류를 완성하였다.
- 모든 자료의 자동화가 완료되는 대로 홈페이지상에서의 열람서비스를 제공할 예정이다.

② 정보원

1) 정보원 열람 및 배포정책

바하마국가기록관의 소장기록물(정보원)은 정부부처의 기록이 대부분이며, 가족, 사업, 교회와 관련된 개인자료들도 보관되어 있다. 기본적으로 방문열람서비스가 제공되고 있으며, 온라인 열람서비스는 현재 구축 중으로 기록관의 자동화프로그램이 완성되는 대로 제공될 예정이다. 홈페이지상에 기록물의 기록그룹을 통한 검색이 제공되고 있다. 대중을 위한 서비스를 제공하기 위하여 우편이나 전화로 각종 문의에 대한 답변을 제공하고 있으나, 대부분의 문의는 직접방문 시에 이루어지고 있다. 구입가능하거나 직접방문 열람가능한 출판물은 홈페이지(http://www.bahamasnationa larchives.bs/Exhibitions Publications/ Archives%20Publications. pdf)상에서 PDF를 통해 목록을 다운받을 수 있다.

2) 소장 기록물의 성격

바하마국가기록관은 우선적으로 공공사업 행정의 효과성을 위해 중요한 기록들을 우선적으로 보관한다. 즉 정부부처의 기록이 대부분이며, 가족, 사업, 교회와 관련된 개인자료들도 보관되어 있다.

3) 기록그룹

바하마국가기록관 이용자들의 대부분은 가족사 및 재산과 관련된 기록을 열람하고 있다. 가족이나 조상의 이름, 태어난 지역, 생년월일, 아버지 이름, 배우자 이름, 사망날짜, 어머니 이름, 결혼기념일, 종교, 결혼장소, 직업 정보를 제출하면 필요한 자료를 찾아볼 수 있다. 좀 더 전문적인 자료 검색을 위해 다음과 같은 기록그룹의 분류에 의해 기록을 보존하고 있다. 기록그룹은 다음과 같다.

- Census Records
- Slave Records
- Compensation Returns
- Slave Registers
- Register of Freed Slaves
- Local Government and Commissioner's Report
- Maps and Plans
- Church Records
- Cemetery Records
- Naturalization Records
- Land Records
- Estate Records
- Wills
- Deeds, Indentures and Conveyances
- Dowers
- Probate Papers
- Bahamas Staff List
- Blue Books

- Government High School Files
- Voters List
- Jury List
- Contract Labour Records
- Birth, Marriage and Death Records

4) 정보원 관련서비스

기본적인 방문열람서비스가 제공되고 있으며, 다만 2005년 7월 2일자로 대중
의 주말 열람실 이용이 중지되었다.

3.2 자메이카

JARD

Jamaica Archives & Records Department

자메이카기록국

1 기록관

1) 소재사항

소재국가	자메이카[35]
주 소	Corner of King and Manchester Streets Spanish Town, St.Catherine, Jamaica
전 화	+876 984 5001
팩 스	+876 984 8254
전자우편	jarchives@jard.gov.jm
홈페이지	http://www.jard.gov.jm

---

35) 자메이카(Jamaica)는 영국 연방내의 독립국으로 1962년 8월 6일 영국 연방의 일원으로 카리브해의 영국 식민지 중 최초로 독립하였다. 수도: 킹스턴(Kingston), 면적: 10,991km², 주요민족: 흑인(90%) · 인도계(1.7%) · 백인(0.7%) · 기타 혼혈, 주요언어: 영어, 종교: 성공회 · 기독교.

2) 성격

자메이카기록국(JARD: Jamaica Archives & Records Department)은 정보·문화·청년·스포츠부의 부서로서 1982년의 '기록법'과 1988년의 '기록규정'에 의거하여 설립된 자메이카 기록 및 기록관리 관련 행정기관이다.

3) 설립연혁

- 정부기관으로서 자메이카기록국은 1955년에 설립되었다. 하지만 이 기록국의 역사는 영국이 자메이카 섬의 스페인을 몰아내고 점령하기 4년 전인 1659년 스페인타운에 설립된 '섬서기관사무소(Office of Island Secretary)' 시대에서 찾아볼 수 있다. 그 후 1879년 섬서기관사무소는 폐지되고 그 당시의 기록 및 기능은 '섬기록사무소(Island Records Office)'로 옮겨 갔다. 그 당시에 남겨진 대부분의 기록은 현재 자메이카 기록관 기록국에 보관 중이며, 이러한 의미에서 자메이카의 기록보관역사는 영국점령시기로 거슬러 올라갈 수 있다.
- 섬기록사무소가 제대로 운영되지 못하고 모든 기록에 대한 책임이 제대로 수행되지 못하여 1936년 당국은 역사기록 관리 소홀에 대해 법정에 신고하였다. 그러나 어떠한 조치도 취해지지 않았으며 1940년에 비로소 '자메이카 연구소(Institute of Jamaica)'가 설립되었다.
- 런던의 공공기록물사무소(Public Record Office) 소장은 1950년 자메이카를 방문하여 기록에 대한 관리를 강조하였고, 기록관위원회(Archives Committee) 설립을 촉구하였다. 그 결과 1879년 '기록법(Records Law)'에 의한 기록기관(Archival Institution) 설립을 위한 계획이 시작되었다. 1953년 기록관위원회가 지정되면서 1879년의 시행령을 이행하기 위한 계획을 착수하기 시작했다.
- 자메이카기록국은 1982년까지 섬기록사무소로 남아 있었으며, 기록관법이 통과되면서 새로운 법률이 지정되고 비로소 자메이카기록국은 독립된 부서

로 자리잡게 되었다.

- 1990년대 후반에는 시청각팀이 설립되어 비디오 컬렉션의 관리를 담당하였다.
- 2002년 6월에는 정보이용팀이 설립되어 대중교육프로그램을 비롯하여 필요한 서비스를 제공하기 시작했다.

4) 비전 및 임무

① 국가역사 및 유산과 관련된 정부기록을 보존하기 위한 국가의 주요 보관소로서의 역할
② 대중에게 연구와 참고문헌 제공 및 국가역사 및 유산에 대한 정보와 지식 촉진을 위한 정보 배포
③ 비정부기관 및 개인에 의해 작성된 자메이카와 관련된 기록자료 수집
④ 공공기록물의 효율적이고 효과적인 관리를 위한 기준 및 과정 수립
⑤ 정부부처 및 기관을 위한 기록 및 정보관리 훈련과정 및 자문서비스 제공
⑥ 현정부기록이 아닌 기록(즉 비현용기록)을 위한 보관설비 제공
⑦ 공공부문기관을 위한 정보이용법에 의거한 안내 제공
⑧ 정보이용법 촉진 및 정보이용 감사
⑨ 기록자문위원회(Archives Advisory Committee)를 위한 행정적 지원 제공

5) 조직

본 기록국은 기록팀, 정부기록센터, 시청각기록팀의 총 세 개의 부서로 구성된다.

(1) 기록팀(Archives Unit)

이 팀은 17세기부터의 국가기록컬렉션의 주요 보관소의 역할을 한다. 일반 대중에게 매일 이용서비스를 제공하고 있다.

(2) 정부기록센터(Government Records Centre)

마지막 처리를 남겨 둔 기록들의 보관을 위한 설비를 제공하는 일 이외에
도 보관일정을 담당하고 있으며, 정부기관의 기록구성 및 가이드라인 수립
등을 지원한다. 또한 정부기록 및 정보관리자 네트워크(G‐RIM: Gevern-
ment Records and Information Managers)를 관리한다.

(3) 시청각기록팀(AudioVisual Archives Unit)

이 팀은 시청각자료를 보관하며, 구 자메이카 방송국의 자료들을 보관한다.

6) 기록관리체계

- 본 기록국은 1997년에 설립된 'G‐RIM'이라는 정부기록 및 정보관리자 네
  트워크를 통해 공공부문에서의 올바른 기록 및 정보관리 관행 개발을 지원
  하고 있다.
- 이 네트워크는 정부 각 부처 및 부서의 기록 및 정보관리자 그룹으로 구성
  되며, 매달 자발적인 정기적 회의를 통해 기록 및 정보관리에 관한 토론을
  갖는다. 이 회의는 포럼의 형태로 진행되며 기록 및 정보관리자들의 경험을
  공유하고 정부기관의 정보처리과정 통일화 등을 통해 비용절감 등의 효과를
  가져오고 있다.
- 본 네트워크는 자메이카 기록관 기록국의 이니셔티브로서 정부기록전문가들
  과 정부기록센터(Government Records Center)의 직원들이 참여하고 있다.

7) 관련법률

- 1982년의 기록법
- 1988년의 기록규정

8) 주요행사

최근에 개최된 행사로는 2007년에 열린 '노예 그리고 자유를 위한 길(Slavery And The Road To Freedom) 비디오 전시'와 '노예전시회(Exhibition on Slavery)' 등이 있다.

9) 관련기관

다음은 자메이카기록국의 관련기관이다.
- 캐나다도서관 · 기록관(Library and Archives Canada)
  홈페이지: http://www.collectionscanada.gc.ca/index－e.html
- 모나서인디대학교도서관(Library, The University of West Indies, Mona)
  홈페이지: http://www.mona.uwi.edu/library/about_libraries_stg.html
- 자메이카국립도서관(National Library of Jamaica)
  홈페이지: http://nlj.org.jm/

② 정보원

1) 정보원 열람 및 배포 정책

소장정기록물(정보원)은 크게 역사기록물과 시청각기록물로 나뉘어 보관된다. 그 중 역사기록물(Historical Collection)의 경우 다섯 가지의 기록 그룹으로 분류하고 다시 세분 기록 그룹으로 재분류하고 있으며, 홈페이지에 이에 대한 목록이 제공되고 있다. '법률기록'의 경우 마이크로필름 형태로 보존되어 있어 직접 방문의 경우 열람이 가능하다. 그러나 일반적으로 현재 온라인열람서비스는 제공되지 않으나, 홈페이지상에서 각 정보별 간단한 설명이 제공되고 있다.

2) 역사기록물(Historical Collection)

다음과 같은 총 5개의 하위분류에 의해 기록물이 보관된다.

(1) 중앙공공기록물(Public Central Records)

중앙공공기록물은 다시 정부 각 부처 및 기관들의 행정기록과 법률기록의 두 개의 대(大) 기록그룹으로 나누고 이하 세분 기록그룹으로 분류하고 있다. 대 기록그룹과 대표적인 해당 세분 기록그룹은 다음과 같다.

① 행정기록물

- Patents(1661~1940)
- Plat Books(1661~1755)
- Parish Registers(1666~1918)
- Manumission of Slaves(1778~1819)
- Registers Of Returns Of Slaves(1817~1832)
- Caveats of Administration(1803~1852)

② 법률기록

- Chancery Court Records(1676~1843)
- Grand Court(1680~1896)
- Supreme Court Records(1856~1858)
- Assize Court(1770~1857)
- High Court of Vice Admiralty(1776~1783)
- Court Records from the Parishes

(2) 지역공공기록물(Public Local Records)

- St. Thomas ~ Ye - Vale
- St. Catherine
- St. James
- Hanover
- Trelawny
- Kingston & St. Andrew
- Westmoreland

(3) 법정기록물(Statutory Bodies Records)

법정기록물은 마이크로필름의 형태로 제공되며 직접 방문하여 열람할 수 있다.

(4) 민간기록물(Private Records)

편지서신, 일기, 사진, 재산기록 등의 기록 등이 보관되어 있다.

(5) 교회기록물(Ecclesiastical Records)

- Church of England(Anglican)
- Records of the Presbyterian Church
- Records of the United Congregation of Israel
- Records of the Moravian Church
- Records of the Methodist Church
- Records of the Presbyterian Church
- Records of the United Congregation of Israel
- Records of the Moravian Church

3) 시청각기록물(Audiovisual Collection)

① 시청각기록물의 자료

이는 원래 정부소유였던 것으로 크게 자메이카방송국(JBC: Jamaica Broad-casting Corporation) 자메이카라디오(RIR: Radio Jamaica)의 시청각기록물로 분류하여 보관된다.

② 비디오컬렉션

1980년대부터 자메이카방송국(JBC)을 매각시기까지의 자메이카의 역사 및 문화를 다루는 뉴스, 다큐멘터리, 코미디 등의 다양한 텔레비전 프로그램을 포함하고 있다.

4. 아프리카

4.1 남아프리카공화국

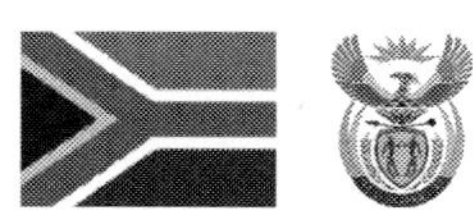

National Archives and Records Service

NARS – SA

National Archives and Records Service of South Africa

남아프리카공화국국가기록서비스

① 기록관

1) 소재사항

소재국가	남아프리카공화국[36]
주 소	24 Hamilton Street, Arcadia, Pretoria, South Africa
전 화	+12 441 3200
팩 스	+12 323 5287
전자우편	Archives@dac.gov.za
홈페이지	http://www.national.archives.gov.za

---

36) 남아프리카공화국(Republic of South Africa)은 아프리카 대륙의 가장 남쪽에 자리한 공화국이다. 수도: 프리토리아(행정수도), 인구: 약 4,400만 명(2001년), 면적: 1,220,100km², 주요민족: 흑인(76.7%)·백인(10.9%)·아시아계 및 혼혈인(11%), 주요 언어: 영어·아프리칸즈어·기타 9개 흑인 부족어(Zulu·Xhos·Sotho어 등), 종교: 개신교(65%)·천주교(10%)·유태교·회교·힌두교.

2) 성격

남아프리카공화국국가기록서비스(NARS－SA: National Archives and Records Service of South Africa)는 예술문화국 산하의 프로그램을 수행하는 기록보존 기구이자 일명 국가기록관으로 그 기능을 수행하고 있다.

3) 설립연혁

- 남아프리카공화국국가기록서비스는 남아프리카공화국 '국가기록서비스법'에 따라 1996년에 설립되었다. 이 법에 의해 1919년에 설립되었던 기존의 '주정 부기록서비스(State Archives Service)'가 '국가기록서비스'로 바뀌게 되었다.
- 기존의 '주정부기록서비스'가 '국가기록서비스'로 바뀌면서 중앙정부 통제하 의 지방분권화된 관리시스템을 따르고 있다.
- 1994년의 정부 및 정부부처 재편성에 따라 국가기록서비스는 예술, 문화, 과학기술국의 프로그램으로 운영되었다.
- 2002년 8월 두 개의 다른 부서가 형성되면서 국가기록서비스는 예술문화국 으로 편입되었다.

4) 비전 및 임무

국가기록서비스의 임무는 국가정체성 및 권리보호에서 찾아볼 수 있다.
① 정부 및 남아프리카공화국 국민의 이용을 위한 국가기록유산 보존
② 적합한 정부기록 관리를 통한 효율적이고 믿을 수 있으며 투명한 정부 촉진

5) 조직

국가기록관의 수장은 국가기록전문가이다. 국가기록전문가는 2인의 국장에 의해 지원을 받는다. 국가기록관은 국가기록서비스, 기록관리 및 정보시스템, 영상과 비디오 및 음성 국가기록, 그리고 조직(coordination)의 총 4개의 조직부서로 구성되어 있다.

6) 기록이용

기록관 보존의 가장 큰 이유는 기록의 이용가능을 위함이다. 남아프리카공화국 기록법에 의해 20세 이상의 대중은 무료로 기록관을 이용할 권리를 갖는다.

7) 산하기록관

산하기록관으로 영상과 비디오 및 음성 국가기록관(NEVSA: National Film, Video and Sound Archives)이 있다. 구체적으로 다음과 같다.

- 남아프리카공화국국가기록서비스는 국가기록관의 하부조직이다. 주정부가 제작한 자료들은 모두 정기적으로 국가기록관으로 이전되도록 되어 있다. NFVSA는 좀 더 광범위한 개념으로 국가 전체적으로 시청각기록물들을 수집하고 있다. 대부분의 자료들은 영상물, 비디오, 음성으로 제작된 자료들이다. 일부 자료들은 구입 또는 교환의 과정을 거치기도 한다.
- 국가영상기록관(NFA: National Film Archives)은 1963년의 시행령에 따라 1964년 국가영상위원회(National Film Board)의 일부로서 설립되었다. NFA는 초기 남아프리카 영상소(SAFI: South African Film INstitute)로 설립되었었다. 이후 1982년 주정부기록관서비스로 편입되었고, 1985년 현재의 NFVSA로 명칭이 바뀌었다.
- 1989년 남아프리카공화국국가기록서비스는 국제음성기록협회(IASA: Inter-

national Association of Sound Archives)의 정식회원이 되었으며, 1996년 국제영상기록관연맹(FIFA: Federation of International Film Archives)의 임시회원이 되었다.

- 남아프리카공화국국가기록서비스는 정부기관으로서 차세대를 위한 국가의 시청각유산을 보전하는 역할을 한다. NFVSA에서는 영상, 음성 등의 각기 다른 형태의 기록물들과 스크립트 및 포스터와 같은 관련 자료들도 찾아볼 수 있다.
- 남아프리카공화국국가기록서비스는 또한 열람실을 운영하여 연구원들이 필요한 자료를 무료로 이용할 수 있도록 하고 있다.

8) 주요행사

2008년 5월 현재 전시 중인 주요행사는 다음과 같다.
- '국가상징(National Symbols)'
- 피터마리츠버그기록관보관소(Pietermaritzburg Archives Repository)에서의 '피터마리츠버그 기록관 소개(An Introduction to the Pietermaritzburg Archives)'
- 케이프타운기록관보관소(Cape Town Archives Repository)에서의 '앵글로 - 보예르 전쟁, 100년 전시회(The Anglo - Boer War. The Centenary Exhibition)'

9) 관련법률

- 1996년 남아프리카공화국국가기록서비스법(National Archives and Records Service of South Africa Act - No 43 of 1996)
- 남아프리카공화국국가기록규정(National Archives of South Africa Regulations)

10) 국제활동

- 1989년 남아프리카공화국 국가기록서비스는 국제음성기록협회(IASA: International Association of Sound Archives)의 정식회원이 되었다.
- 1996년 국제영상기록관연맹(FIFA: Federation of International Film Archives)의 임시회원이 되었다.

11) 관련기관

다음은 남아프리카공화국국가기록서비스의 관련기관이다.
- 남아프리카기록전문가사회(SASA: South African Society of Archivists)
  홈페이지: www.archives.org.za
- 국제아카이브스협의회(ICA: International Council on Archives)
  홈페이지: http://www.ica.org/
- 영국국가기록관(National Archives of United Kingdom)
  홈페이지: http://www.nationalarchives.gov.uk/
- 남아프리카공화국국립도서관(National Library of South Africa)
  홈페이지: http://www.nlsa.ac.za
- 남아프리카공화국도서관및정보협회(Library and Information Association of South Africa)
  홈페이지: http://www.liasa.org.za
- 남아프리카공화국 - 말리프로젝트(South Africa - Mali Project)
  홈페이지: http://www.sa - maliproject.co.za

② 정보원

1) 정보원 열람 및 배포 정책

소장정보원은 기본적으로 방문열람서비스를 통하여 열람가능하며, 소장기록물의 경우 '국가자동기록정보검색시스템(NAAIRS: National Automated Archival Information Retrieval System)' 데이터베이스의 기록 그룹별 분류에 따라 검색가능하다. 그 외에도 '통합문서관리시스템(Integrated Document Management System)'을 통해 기록정보를 검색할 수 있다. 이 시스템은 일반적인 이용은 제한되어 있고 홈페이지(http://cyberdocs.dac.gov.za/CyberDOCS/cyberdocs.asp)를 통해 회원가입 후 이용가능하다. 그 외 홈페이지를 통해서 'News'와 'Events' 등의 관련 보도자료 및 행사기록이 제공되고 있다.

2) 보도자료(News)

2008년 5월 현재 홈페이지상으로 제공되는 정보는 다음과 같다.

- ***ICA Principles and Functional Requirements for Records in Electronic Office Environments: Call for Comments on Exposure Drafts of Three Modules***
- ***Announcement of the 2007 Emmett Leahy Award Recipient, Anne Thurston***

3) 행사기록(Events)

2008년 5월 현재까지의 주요 행사관련 기록이 홈페이지상으로 제공되고 있다. 대표적인 행사기록은 다음과 같다.

- ***Interim African Memory of the World Regional Committee Meeting.*** Pretoria, 30~31 January 2008

- ***4th Annual National Oral History Conference.*** Limpopo 23~26 October 2007
- ***Leahy Records Management Awards Announcement***
- ***8th Meeting of the International Advisory Committee of UNESCO's Memory of the World Programme and Workshop.*** Pretoria, 11~15 June 2007
- ***Announcement of South Africa's New Registration in the Memory of the World Register***

4) 기록그룹

남아프리카공화국국가기록서비스는 '국가자동기록정보검색시스템(NAAIRS: National Automated Archival Information Retrieval System)'의 데이터베이스를 운영 중이며, 각 데이터베이스별의 기록그룹으로 기록자료의 검색서비스를 제공하고 있다.

- GEN: 남아프리카공화국 계보학 데이터(Data of the South African Genealogical Society on Gravestones)
- HER: 등록된 의전관련 데이터, 의전부서(Data of the Bureau of Heraldry on Registered Heraldic Representations)
- KAB: 케이프타운 기록관보관소(Cape Town Archives Repository)
- MAN: 국가등록 메뉴스크립트과 사진(NAREM and NAREF: National Registers of Manuscripts and Photographs) 및 국가기록관 지도제작 자료 및 도서관 자료, 마이크로필름과 사본(National Archives' Cartographic and Library Material, Microfilms and Copies)
- NAB: 피터마리츠버그 기록관보관소(Pietermaritzburg Archives Repository)
- OVM: 국가등록 시청각자료(NAROM: National Register of Audio-Visual Material)
- ROS: 국가등록 구술자료(NAROS: National Register of Oral Sources)
- RSA: 공기록이 아닌 국가등록기록 및 모든 기록관보관소(All Archives

Repositories and National Registers of Non‑public Records)

- SAB: 국가기록관보관소: 1910년 이후 중앙정부 공기록(National Archives Repository: Public Records of Central Government since 1910)
- TAB: 국가기록관보관소: 구(舊) 트랜스발지방 및 지방당국 공기록(National Archives Repository: Public Records of former Transvaal Province and its Predecessors as well as of Magistrates and Local Authorities)
- TBD: 더반 기록관보관소(Durban Archives Repository)
- TBE: 엘리자베스항구 기록관보관소(Port Elizabeth Archives Repository)
- TBK: 케이프타운 기록센터(Cape Town Records Centre)
- VAB: 프리스테이트 기록관보관소(Free State Archives Repository)

5) 정보원 관련서비스

정보원 관련 서비스로 방문열람서비스가 제공되고 있다. 이 경우 첫 방문 시 일정의 가입절차를 거친 후 계속적인 이용이 가능하다. 열람뿐 아니라 자료의 복사서비스도 제공된다.

4.2 에티오피아

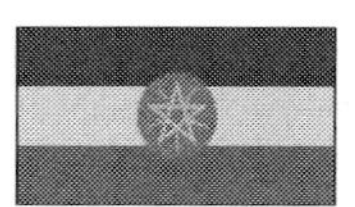 

NALE

National Archives & Library of Ethiopia

에티오피아국가기록관 · 도서관

① 기록관

1) 소재사항

소재국가	에티오피아[37]
주　　소	P.O.Box 717, Addis Ababa, Ethiopia
전　　화	+251 11 5516532
팩　　스	+251 11 5526411
전자우편	nale@ethionet.et
홈페이지	http://www.nale.gov.et/

---

37) 에티오피아(የ ኢትዮጵያ Ethiopia)의 정식 명칭은 에티오피아연방 민주공화국(የ ኢትዮ
ጵያ ፌደራላዊ ዲሞክራሲያዊ ሪፐብሊክ)이며, 1931년 이전에는 '아비시니아'라 불렀다.
수도: 아디스아바바(Addis Ababa), 인구: 약 5,800만 명, 면적: 1,221,900km², 주요민족:
오모로족(Omoro 40%) · 암하라족(Amhara 32%) 등 72개 종족, 주요언어: 암하릭어
(Amharic, 공용어) · 영어. 종교: 이디오피아 정교(Tewahido, 50%) · 회교(Moslem, 40%).

2) 성격

에티오피아국가기록관 · 도서관(NALE: National Archives & Library of Ethiopia)
은 국립기록관과 국가도서관의 합병 단체로서 에티오피아의 중요 문헌과 기록
유산을 보존 · 관리하는 중요 행정기관이다.

3) 설립연혁

효율적이고 적절한 정보관리는 기록관과 도서관 및 문서센터들이 수행해야 할
역할이다. 이러한 믿음에 의거하여 기록관과 도서관 및 문서센터 기관들이 설
립되었고, 연구원들은 국가문서유산의 입수 및 보존에 노력을 기울이게 되었다.

- 에티오피아국립도서관은 1944년에 설립되어 에티오피아의 현대도서관의 상
  징이 되고 있다.
- 수많은 가치 있던 자료들이 여러 가지 재해에 의해 파괴되었다. 수해 동안
  의 전통적인 방식의 유산보존의 노력에도 불구하고, 이러한 자료들은 수집
  하고 보호하는 중앙집권화된 기관이 존재하지 못하였다. 최근에 들어, 국립
  도서관이 이 점에 대한 책임을 갖고 적합한 역할을 사회적이고 경제적인 국
  가 활동으로서 수행해 오고 있다. 이것은 또한 사회 내 부족했던 독서습관
  을 향상시키는 데에도 기여하고 있다. 충분한 연구원들이 이 방면에서의 국
  가개발을 위해 노력하고 있다. 이에 따라, 최근 5년 동안 도서관 및 기록관
  문제에 대한 많은 활동들이 이어졌으며, 특히 도서관 개발에 특별히 치중해
  왔다. 에티오피아국가기록관 · 도서관은 정보센터로 재설립되었으며, 국가단
  계의 기관으로서 재탄생하였다.
- 에티오피아국가기록관 · 도서관은 정보문화부 산하의 도서관 및 기록관부
  서의 기능에 더해 기존의 에티오피아 마이크로필름과 마이크로필름카드
  (Microfiche) 도서관이 합쳐진 새로운 조직이 되었다.
- 정보센터의 구성 및 성장은 국가개발에 중요한 역할을 하였고, 특히 1999년

의 조직설립 승인선언에 의해 한 단계 더 발전하게 되었다.
- 에티오피아국가기록관·도서관로 합병되기 이전의 국가기록관은 정부기록관의 기능으로 1979년에 시작되었다. 1944년에 설립된 국립도서관은 1976년 비로소 국립도서관으로서의 역할을 시작하였다.

4) 비전 및 임무

- 에티오피아국가기록관·도서관의 비전은 국가의 정보자원이 체계적으로 구성되며 정보이용문화가 민주주의 및 발전에 기초하여 개발되는 세계수준의 국가정보센터가 되는 것이다.
- 에티오피아국가기록관·도서관의 임무 및 목적은 대중 및 연구원에게 필요한 정보의 수집, 체계적 구성, 보존 및 국가적으로 이용가능한 정보자원형성에서 찾아볼 수 있다.

5) 관련기관

다음은 에티오피아국가기록관·도서관의 기록관리 관련 협력기관이다.
- 국제도서관협회연맹(IFLA: International Federation of Library Association and Institutions)
  홈페이지: http://www.ifla.org
- 국제아카이브스협의회(ICA: International Council on Archives)
  홈페이지: http://www.ica.org/
- 유네스코(UNESCO)
  홈페이지: http://www.unesco.org/
- 에티오피아텔레커뮤니케이션공사(Ethiopian Telecommunication Corporation)
  홈페이지: http://www.telecom.net.et/
- 청년스포츠문화부(Ministry of Youth, Sports & Culture)
  홈페이지: http://www.mysc.gov.et

② 정보원

1) 정보원 열람 및 배포 정책

에티오피아국가기록관·도서관의 소장정보원은 국가기록관과 국립도서관으로 분류하여 제공하고 있다. 그 중 국가기록관 소장의 기록물은 도큐먼트와 시청각기록물이며, 국립도서관은 도큐먼트와 시청각기록물 외에 정기간행물과 마이크로필름 등의 기록물을 소장하고 있다. 다만 에티오피아국가기록관·도서관은 기본적인 방문열람 및 복사서비스를 제공하고 있으나, 소장정보원의 온라인서비스 제공은 아직 마련되고 있지 않다. 한편, 일부 홈페이지상에서 열람할 수 있는 자료는 에티오피아어로 제공되고 있다.

2) 국가기록관 소장기록물

(1) 도큐먼트(Documents)
- 폴더 및 박스파일 기록관 분류: 3,218(개)
- 바인드 기록관 분류: 665(개)
- 폴더 및 박스파일 기록물: 516(점)
- 바인드 기록물: 7(점)

(2) 시청각기록물
- 사진: 2,487(점)
- 지도 및 도면: 537(점)

3) 국립도서관 소장기록물

(1) 도큐먼트(Documents)
- 서적: 58,854(권)
- 메뉴스크립트: 859(점)
- 신문모음집: 2,650(권)

(2) 시청각기록물
- 오디오 및 비디오테이프: 4,239(점)
- CD: 169(점)

(3) 정기간행물류(Periodicals)
- 33,627(건)

(4) 마이크로필름류(Microfilms)
- 9,239(롤)

4) 데이터베이스

다음과 같은 데이터베이스를 바탕으로 에티오피아국가기록관 · 도서관의 정보
관리가 이루어지고 있다.
- 국가도서목록 데이터베이스
- 기록관 해설목록 데이터베이스
- 마이크로필름도서관 데이터베이스
- 참고문헌 및 문서 데이터베이스
- 입수목록 카탈로그 데이터베이스
- 도서관 카탈로그 데이터베이스

5) 정보원 관련서비스

에티오피아국가기록관·도서관은 다음과 같은 기본적인 서비스를 제공하고 있다.
- 복사 및 열람서비스
- ISBN 등록서비스
- 인터넷 및 이메일 서비스
- HIV/AIDS 관련정보 서비스

4.3 케냐

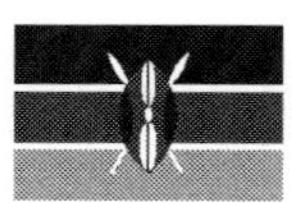 

KNADS

Kenya National Archives and Documentation Service

케냐국가기록 · 도큐멘테이션서비스

① 기록관

1) 소재사항

소재국가	케냐[38]
주 소	Kenya National Archives and Documentation Service P.O. Box 49210, Nairobi 0010, Kenya
전 화	+254 20 2228959
팩 스	+254 20 2228020
전자우편	info@kenyarchives.go.ke
홈페이지	http://www.kenyarchives.go.ke

---

38) 케냐(Kenya)의 정식명칭은 케냐 공화국(Republic of Kenya, Jamhuri Ya Kenya)으로 동아프리카의 공화국이다. 수도: 나이로비(Nairobi), 인구: 약 3,400만 명(2005년), 면적: 582,646km², 주요민족: 키쿠유족(320만) · 루오족(195만) · 루히야족(212만) · 캄바족(172만) · 칼렌진족(165만) 등 43개 부족, 주요언어: 영어(공용어) · 스와힐리어(통용어), 종교: 기독교(70%) · 이슬람교(20%) · 힌두교(소수).

2) 성격

케냐국가기록 · 도큐멘테이션서비스(KNADS: Kenya National Archives and Documentation Service)는 케냐공화국의 가장 중요한 자원 중 하나인 공공기록물 및 기록관리 관련 국가행정의 중요 기구이다. 현재 국가유산 및 스포츠부 및 부통령실 산하기관으로 소속되어 있다.

3) 설립연혁

- 케냐국가기록 · 도큐멘테이션서비스는 1965년 의회법에 의해 부통령 및 장관실 산하 부서로서 공식적으로 설립되었다. 1989년 '국가문서 및 정보복구 서비스(National Documentation and Information Retrieval Service)'가 설립되어 정부출판물 및 기타 일반열람문서를 관리하기 시작하였다.
- 기록자원은 '국가기억(Memory of the Nation)'으로서 케냐의 중요한 구성요소이다. 이러한 중요한 재산이 조직되고 관리되는 것은 정부뿐 아니라 국민에게도 값진 일이 될 것이다. 이러한 배경을 바탕으로 케냐 국가기록관은 기록자원의 관리, 기록 및 기록관 이용을 위한 소장기록물 전산화 작업을 거쳤다. 현재 국가기록관은 목차 및 참고문헌에 대한 데이터 전산화를 마무리 지었으며, 앞으로도 전산화 작업은 지속될 것이다. 국가기록관은 효율적이며 확산된 서비스를 제공하여 연구원들 및 학자 그리고 시민들의 이용을 편리하도록 노력하고 있다. 정보기술 특히 홈페이지는 이러한 목적을 달성시킬 수 있는 확실한 방법이 될 것이다.

4) 비전 및 임무

케냐국가기록 · 도큐멘테이션서비스는 모든 케냐인들의 시각을 반영하고 국가기억에 이바지하고자 한다.

① 케냐공화국의 정보자원의 일부인 가치 있는 공공기록물 보존
② 현재 및 미래세대가 이용가능한 기록 제공

5) 조직

케냐국가기록·도큐멘테이션서비스는 산하에 공공기록물자문위원회(Public Archives Advisory Council)를 두고 있다. 즉 '공공기록물·도큐멘테이션서비스법(Public Archives and Documentation Service Act)'의 제정으로 공공기록관 자문위원회의 설립이 촉구되었고, 이에 따라 장관들의 자문을 바탕으로 위원회의 장소, 보존 및 이용, 회원제, 공공기록관으로서의 자격요건, 공공기록물 및 역사기록의 보존 등이 이 위원회를 통해 다루어지고 있다.

6) 주요 프로그램

주요 프로그램으로 'IGAD 회원국을 위한 도서관 및 도큐멘테이션 서비스 강화(Strengthening Library and Documentation Service for IGAD Member States)'가 시행되고 있다. 구체적으로 다음과 같다.

① '개발을위한정부당국간계획(IGAD: Inter－Governmental Authority on Development)'은 1986년에 설립되었다. IGAD의 주요 목표는 사막화를 저지하고 개발을 장려하는 데에 있다. 이 계획의 회원국가는 지부티(Djibouti), 에리트리아(Eritrea), 에티오피아(Ethiopia), 케냐(Kenya), 소말리아(Somalia), 수단(Sudan) 그리고 우간다(Uganda)이다. 우간다를 제외한 국가들은 건조하거나 반건조한 기후대에 속한 국가들로서 심각한 가뭄에 의한 문제들을 겪고 있다.
② IGAD의 우선과제는 식량보존, 환경보호, 경제협력, 평화 및 안보촉진, 인도주의적 관계에 있다. IGAD는 지역 및 개개 국가의 협력을 위한 노력을 바탕으로 불필요한 중복을 배제하고, 비용을 줄이며, 인적 및 재정적 자원

의 가장 바람직한 이용을 목표로 한다.

③ 본 계획의 상기 목표는 정보네트워크의 강화에 의해 발전할 수 있다. 비록 많은 양의 정보가 일부 도서관에 존재한다 하여도 이 자원들의 관리는 제대로 이루어지고 있지 못한 실정이다. 대부분의 자료들이 이용할 수 없거나 제대로 조직되지 못하고 있으며, 또한 미약한 전산화와 다른 중앙문서센터들과의 네트워크 부족으로 제대로 활용되지 못하고 있는 것이 사실이다. 이에 이 지역의 정보자원으로의 접근 및 관리는 시대에 뒤떨어져 있다고 할 수 있다.

④ 이러한 배경을 이유로 IGAD 이니셔티브는 정부부처 및 부서들과 직접적으로 연관되어 IGAD의 중심활동에 대한 정책 도큐먼트의 중앙집권화를 꾀하고 있다. 이러한 면에서 현재의 프로젝트인 IGAD 회원을 위한 도서관 및 문서서비스 강화 프로그램은 매우 적절한 시기에 행해지고 있다고 볼 수 있다.

⑤ 성공적인 프로젝트 이행은 회원국가의 주요 도서관 및 국가기관의 문서센터들의 지역적 네트워크라는 결과를 가져올 것이다. 주요 목적은 국가차원에서의 경험 많은 인력에 의한 기록된 정보의 체계적 인식, 입수처리과정, 복구가 가능하게 하며 지역차원에서의 정보의 공유 및 교환을 촉진하는 데에 있다.

⑥ 이 프로젝트는 몇몇의 정부도서관 및 문서센터의 조사연구 이후 1999년 10월 19일 케냐에서 시작되었다. 총 14개의 각기 다른 정부도서관 및 도큐멘테이션센터 기관들이 프로젝트 초기부터 참여하였다. 이 기관들은 국가정보중심(NIN: National Information Node)이 되는 하나의 기관을 결정하였다. 즉 총 6개의 대표적 국가도서관들 중 케냐 국가기록관 문서서비스가 1999년 10월 26일 만장일치로 선택되었다. 본 국가기록관은 지금까지 두 차례에 걸친 NIN 회의를 주최하였으나, 그 활동은 미비한 수준에 그쳤다. 이에 따라서 그 NIN과 IGAD 간의 소통중심국이 지부티에 설립되었다. 그 후 2000년 7월 31일부터 8월 6일에 걸쳐 지부티시티에서 기술적

세미나가 진행되었으며, 정보교환 및 네트워킹, 정보입수 및 관리절차 등
에 대한 가이드라인이 수립되었다.

7) 관련법률

① 케냐법(Laws of Kenya)
② 공공기록물 · 도큐멘테이션서비스법(Public Archives And Documentation
Service Act)

8) 주요활동

① 적합한 기록관리에 관한 자문
② 기록관의 영구보존을 위한 가치 있는 기록결정
③ 보관소에 기록물 보관 및 보존
④ 이용가능한 정보자원의 광고
⑤ 공공기록물 및 기록관 이용 촉진

② 정보원

1) 정보원 열람 및 배포 정책

케냐국가기록 · 도큐멘테이션서비스는 'Publication' 란을 통하여 출판물 목록
검색을 제공하고 있으며, 방문열람서비스와 복사서비스 또한 제공되고 있다.
한편 소장기록물의 기록 그룹 리스트 또한 온라인상으로 검색이 가능하다. 다
만 소장기록물의 온라인 열람서비스는 아직 준비되지 않고 있다.

2) 소장 기록물

케냐국가기록·도큐멘테이션서비스는 다음과 같은 시청각기록물을 소장하고
있다.
- 영상물: 650(개)
- 지도기록물: 665(점)
- 오디오테이프: 600(개)
- 오디오카세트: 430(점)
- 사진: 8,000(점)
- 비디오테이프: 60(개)
- 슬라이드: 600(점)

3) 기록그룹

케냐국가기록·도큐멘테이션서비스의 소장기록물은 다음과 같은 기록 그룹을
기준으로 기록물을 분류하고 있다.
- ARC(MLGH)
- ARC(CLG)
- 지방정부부처기록물(Ministry of Local Government)
- 도시계획국(Town Planning Department)
- 이시올로지방협의회(Isiolo County Council)
- 나이로비지방협의회(Nairobi County Council)
- 나이로비시도시협의회(Nairobi City Council)
- 문의위원(Commissioner of Inquiry)
- 케냐국가기록관(Kenya National Archives)
- 교육부(Ministry of Education)
- 이시올로기초교육(Basic Education Isiolo)

- 운다니교육사무소(Education Office Wundanyi)
- 이시올로성인교육(Adult Education Isiolo)
- D.E.O Kisumu
- 교회단체(CMS: Church Missionary Society)
- 동아프리카교회협의회(CCEA: Church Council of East Africa)
- 케냐교회협의회(CCK: Church Council of Kenya)
- 나이바샤농부협회(Naivasha Farmers' Association)
- 케냐여성국가협의회(Kenya National Council on Women)
- 주협의회(PMS: Council of State)
- 케냐국가도서관(Kenya National Library)
- 국가청년서비스(National Youth Service)
- 전쟁협의회및장관협의회(War Council & Council of Ministers)
- 국립박물관(National Museum),
- 대통령실(Office of the President)
- 동아프리카합동기구(East African Common Organization)
- 공공서비스위원회(Public Service Commission)
- 주지사사무소(Governors Office)
- 주지사가족(ARC: Governors House)
- 본부기록물(Secretariat Circulars)
- 아프리카부(Ministry of African Affairs)
- 최고위원(Chief Commissioner)
- ARC(E) - B
- 내무부(Ministry of Home Affairs)
- 일등서기관(Chief Secretary)
- 동아프리카토지기구(EALTD: East Africa Land Parcels Organization)
- ARC(MD)

308

- 산림국(Forest Department)
- 토지및정착(Land & Settlement)
- M.C.I.
- 케냐국가상공회의소(KNCC: Kenya National Chamber of Commerce)
- 메루협력(Co - operative Meru)
- ARC(MAWR) 3 AGR
- D.A.O. Taita Taveta
- D.A.O. Kiambu
- P.A.O. Nakuru
- D.A.O. Nyeri
- D.A.O. Meru
- D.A.O. Machakos
- P.A.O. Embu
- District Livestock Meru
- 이시올로지방가축(District Livestock MKT Isiolo)
- 수자원개발부(Ministry of Water Development)
- ARC(MFD) 12
- 재정(Finance)
- 경제계획(Economic Planning)
- 주택부(Ministry of Housing)
- 이시올로사회서비스(Social Services Isiolo)
- 메루사회서비스(Social Services Meru)
- 국가주택협력(National Housing Co - operation)
- 보건부(Ministry of Health)
- 이시올로 공중보건(Public Health Isiolo)
- 이시올로 정보사무소(Information Office Isiolo)

- 메루정보사무소(Information Office Meru)
- 노동부(Ministry of Works)
- 전력및통신(Power & Communication)
- 무역및공급(Trade & Supply)
- 메루무역소(Trade Office Meru)
- 이시올로무역소(Trade Office Isiolo)

4) 출판물(Publications)

케냐국가기록·도큐멘테이션서비스의 출판물 목록이 홈페이지에 제공되고 있으며, 대표적으로 다음과 같다.

- *A Guide to the Contents of the KNADS Part I ~ Part II*
- *A Guide to Selected Documents on Political Organizations in Kenya*
- *A Guide to Government Monographs, Reports and Research Work*
- *A Guide to Selected Documents on Agriculture in Kenya*
- *A Guide to Selected Documents on Education in Kenya*
- *Kenya National Archives Microfilm Guide, Syracuse University*
- *A Manual for Archives and Records Management*

5) 정보원 관련서비스

(1) 연구원을 위한 서비스(Service to Researchers)
- 케냐국가기록·도큐멘테이션서비스는 동아프리카, 중앙아프리카, 남아프리카들 중 남아프리카공화국을 제외하고 가장 선진화된 기록관이라 할 수 있다. 본 기록관은 전산화된 정보목차를 통해 연구원들이 온라인 서비스를 이용할 수 있도록 하고 있다.
- 장거리 연구원들을 위해 팩스 및 이메일 문의서비스가 제공되며, 기록관

을 직접 이용하는 연구원들은 복사 및 마이크로필름 서비스를 이용할
수 있다.

(2) 마이크로필름화서비스(Microfilming Services)
케냐국가기록·도큐멘테이션서비스는 열람이 가능한 마이크로필름화 프로
그램을 제공하여 문서형태보다 영구보존이 가능한 형태로 정보자원을 보
존하고자 한다.

(3) 보존서비스(Preservation Services)
특히 역사적으로 가치 있는 자료의 보존을 강조하고 있으며, 지역차원에서
의 교육프로그램을 제공하기도 한다.

(4) 방문열람서비스
방문열람 및 복사서비스가 가능하며, 특히 학교 등의 단체방문 시 예약 후
방문이 가능하다.

4.4 튀니지

NAT

National Archives of Tunis

튀니지국가기록관

① 기록관

1) 소재사항

소재국가	튀니지[39]
주 소	122, Boulevard 9 avril 1938 – 1030 Tunis, Tunisia
전 화	+216 71 576 800/500
팩 스	+216 71 569 175
전자우편	archives.nationales@email.ati.tn
홈페이지	http://www.archives.nat.tn/eng/default.asp

---

39) 튀니지(الجمهرية التونسية, Tunisia)는 이슬람교 국가로서 1956년 4월 20일 프랑스로부터
독립하였으며, 원래는 입헌 군주제였으나 이듬해에 공화정이 되었다. 정식국명: 튀니
지 공화국(Republic of Tunisia), 수도: 튀니스(تونس, Tunis), 인구: 약 970만 명(2002
년), 종교: 회교(99%)·천주교·유태교, 면적: 162,150km², 주요민족: 아랍인(95%)·베
르베르인·프랑스인·유태인, 주요언어: 아랍어·불어.

2) 성격

튀니지국가기록관(NAT: National Archives of Tunis)은 총리실의 감독을 받으며, 다양한 정부부처 및 공공부서의 기록관리 서비스와 협력하고 있는 기록 및 기록관리 관련 공공기관이다.

3) 설립연혁

- 튀니지국가기록관 역사는 명확하지 않으나 국가를 형성해 온 많은 정치체제가 중요한 기록관 토대를 형성하는 역할을 해 왔다. 그러나 불행하게도 이러한 토대를 형성하는 주요 부분을 아직 확보하지 못하고 있다. 자주 반복되는 전쟁과 정치적 불안정이 주요 이유이다.
- 19세기 후반은 튀니지의 정치구조와 행정시스템 변화의 완성을 가져온 역사적 기간으로 1874년 대총리부(Great Ministry 'Prime Ministry')의 형성에 의해 완성되었다. 그에 따라 '주정부 통신센터(State Correspondence Center)'가 설립되어 대총리부의 다른 서비스도 담당하게 되었다. 즉 공공기록물 입수 업무를 시작하여 아랍권 국가들 중 이집트 다음으로 앞서가는 기록조직으로서 활동하게 되었다.
- 프랑스의 영향 이후로 튀니지 기록은 크게 두 가지 시스템으로 나뉘어 운영되고 있다. 튀니지 행정으로서의 '정부부문(Section d'Etat)'의 실행시스템은 프랑스 외교부에 의해 사용되는 등록시스템에 큰 영향을 받았다. 그 외의 기록들은 분류시스템에 의해 기록되며, 기록사무소들은 정부부문의 다양한 구조의 일부로 설립되었다.
- 1955년의 튀니지 정치자치와 함께 '통합주정부기록관(General State Archives)'이 '중앙기록관(General/Central Archives)'으로 변경되었다.
- 그 후 1988년 8월 공공기관으로서의 국가기록관이 설립되었다.

4) 비전 및 임무

- 국가기록관의 임무는 기록관리 국가시스템을 책임지고 그 시스템의 원활한 흐름을 확보하는 데에 있다.
- 특히 국가유산의 일부로서 그리고 과학적 연구를 위한 가치 있는 출처로서 영구적으로 보존되어야 할 기록들을 현명하게 관리하고 그 기록들의 대중이 용이 가능하도록 구성하는 역할을 한다.

5) 주요행사

중요한 문화행사의 조직을 수행하고 있으며, 최근의 대표적인 행사인 '다큐멘터리 전시회(Documentary Exhibition)'는 지난 2004년부터 2008년에 이르기까지 매년 2월 26일에 개최하여 왔다.

6) 국제활동

국가기록관은 전 세계의 몇몇 아랍국가들의 국가기록 관련 기구, 유네스코와 아랍교육문화과학기구(ALECSO: Arab League Educational, Cultural and Scientific Organization)와 같은 국제정부기구, 국제아카이브스협의회(ICA)와 같은 국제전문기구와 건설적인 관계를 맺고 있다.

7) 관련법률

1988년 8월 2일에 제정된 '88-98 시행령'이 튀니지국가기록관의 설립의 주체가 되는 기본법이다.

8) 주요활동

(1) 교육활동

국가기록관의 기능 중 하나는 기록관 토대의 문화적, 교육적 가치를 촉진시키는 데에 있다. 구체적 교육활동은 다음과 같다.

- 과학적 연구사업을 촉진시키고 직접훈련을 강화시키는 데 주력하고 있다.
- 기록전시회는 교육활동의 일부가 되고 있으며, 기록관 방문 시 안내를 통한 기록에 대한 지식전파에 힘쓰고 있다.
- 그 외에 본 기록관은 기록관 관련 문의 및 보존되고 있는 이용가능한 기록에 대한 이용의 기회를 최대화하고 있다.

(2) 교육프로그램

교육프로그램은 기록전문가와 같은 직원을 위한 전문 훈련과정으로서 보다 나은 기록관리 및 새로운 정보기술의 습득과 전문가 양성을 위한 프로그램이다. 본 프로그램은 로그인을 통해 온라인으로도 이용이 가능하다.

9) 관련기관

튀니지국가기록관은 다음과 같은 국내 각 기관과 협력적 관계를 맺고 있다.

- 튀니스의 총리부(Prime Ministry)
- 교통부(Ministry of Transport)
- 국방부(Ministry of National Defence)
- 통상부(Ministry of Commerce and Handicrafts)
- 종교부(Ministry of Religious Affairs)
- 외교부(Ministry of Foreign Affairs)
- 내무부(Ministry of Interior and Local Development)
- 법무부(Ministry of Justice and Human Rights)

- 토지관리부(Ministry of State Property and Real Estate Affairs)
- 교육부(Ministry of Education and Training)
- 고용부(Ministry of Employment)
- 국제협력부(Ministry of Development and International Cooperation)
- 체육부(Ministry of Sports)
- 농업부(Ministry of Agriculture and Hydraulic Resources)
- 재정부(Ministry of Finance)
- 통신부(Ministry of Communication)
- 건설부(Ministry of Equipment, Housing and Land Planning)
- 여성가족부(Ministry of Woman, Family and Childhood Affairs)
- 과학연구기술부(Ministry of Scientific Research and Technology)
- 환경부(Ministry of Environment and Durable Development)
- 사회부(Ministry of Social Affairs and Solidarity)
- 문화부(Ministry of Culture)
- 관광부(Ministry of Tourism)
- 보건부(Ministry of Public Health)
- 고등교육부(Ministry of Higher Education)
- 산업자원부(Ministry of Industry and Energy)
- 국가문서센터(National Centre of Documentation)
- 국립도서관(National Library)
- 역사연구소(Higher Institute of History and National Movement)
- 국가학교행정실(National School of Administration)
- 도큐멘테이션연구소(Higher Institute of Documentation)

② 정보원

1) 정보원 열람 및 배포 정책

소장정보원은 오트만시대(The Ottoman Period), 식민시대(The Colonial Period), 독립국가 튀니지(Independent Tunisia), 문서토대(Documentary fonds)로 분류되어 제공되고 있다. 홈페이지상에서 제공되는 소장정보원은 크게 'Publications' 와 'Outstanding Records'로 구분되어 있으며, 특히 'Outstanding Records'는 네 개의 주요 기록 그룹으로 기록물을 분류하고 해당 기록물을 홈페이지에 제공하고 있다. 기록물 대부분의 목록은 PDF로 제공하고 있다.

2) 기록그룹

기록물의 기록그룹은 특수기록물(Outstanding Records)이라 명명되어 다음과 같이 네 종류로 분류하고 있다. 각 기록그룹 내의 주요 기록물은 다음과 같다.

(1) 정치 및 행정기록류(Political and Administrative Aspects)
- *Ahd el Amen*
- *The 1861 Constitution*
- *The 1881 Bardo Treaty*
- *Message by Moncef Bey to Field Marshal Petain*(2 August 1942)
- *Protocol of Tunisia's Independence*(20 March 1956)

(2) 문화기록류(Cultural Aspects)
- *The Announcement of The Opening of the Sadiki College*(1875)
- *The Statute of "La Khaldounya"*

(3) 경제기록류(Economic Aspects)

- *The Commercial Union*

(4) 사회기록류(Social Aspects)

- *The Abolition of Slavery in Tunisia*(1846)
- *Statute of "La Confederation Generale des Travailleurs Tunisiens"(The General Confederation of Tunisian Workers)*
- *Resolution Adopted by the 3rd Congress of the C.I.S.L.(International Congress of Free Trade Union)*

3) 출판물(Publications)

출판물로서 온라인상으로 제공되는 2008년 5월 현재 목록은 다음과 같다.

- *Arabic Translation of the "General International Standard of Archival Description"*
- *Arabic Translation of the Dictionary of Archival Terminology*
- *Acts of the Second Meeting of the Arab Experts in Archives*
- *Evolution of Tunisian Central Administrations's Structures: 1860~1956*
- *A Century of Tunisian Participation at International Exbitions: 1851~1949*

4) 정보원 관련서비스

튀니지국가기록관은 그 임무를 바탕으로 각기 다른 공공부문 기관과의 협력하에 다양한 서비스를 제공하고 있다. 주요 서비스는 다음과 같다.

- 기록의 적절한 관리를 통해 대중서비스를 위한 기술적 지원
- 기록관련 교육
- 복사서비스(Reprography)

- 기록통신(Records Communication)
- 기록인증
- 문의답변서비스

5) 기록물(정보원) 검색

튀니스국가기록관의 데이터베이스는 크게 'Thakra'와 'Kiteb'로 구분된다.

(1) Thakra - Online Search

이 데이터베이스는 약 100,000점의 기록물로 이루어져 있다. 기록물의 설명은 ISAD 표준에 의해 정리되어 있으며, 크게 기록유형에 관한 안내와 기록내용에 관한 안내로 구성되어 있다. 또한 주제별 분류, 이름별 분류, 장소별 분류로도 구분이 된다. 본 데이터베이스는 보통 아랍어와 프랑스어로 제공된다.

(2) Kiteb - Online Search

이 데이터베이스는 일반적으로 아랍어 및 다른 언어로 제공되는 정기간행물 및 보존관련 기록물로 구성되어 있다. 본 데이터베이스는 약 10,000점의 기록물로 구성되었으며, 매년 약 5~10%씩 기록물의 양이 증가되고 있다.

5. 아시아 및 태평양

5.1 뉴질랜드

  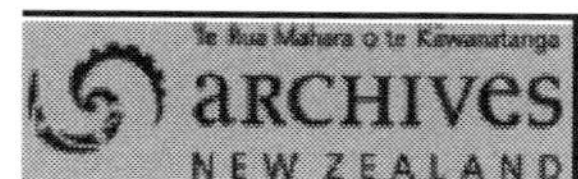

ANZ

Archives New Zealand

뉴질랜드기록관

① 기록관

1) 소재사항

소재국가　　　　뉴질랜드[40]

주　　　소　　　10 Mulgrave Street, Thorndon, Wellington 6011, New Zealand
　　　　　　　　PO Box 12－050, Wellington, New Zealand

전　　　화　　　+64 4 499 5595

팩　　　스　　　+64 4 495 6210

---

40) 뉴질랜드(Aotearoa, New Zealand)는 1907년 9월 26일 영국으로부터 독립하였다. 마
오리어로 뉴질랜드는 '아오테아로아(Aotearoa)'로 불리기도 하는데 이는 "길고 흰 구
름의 나라"라는 뜻이다. 수도: 웰링톤(Wellington), 면적: 268,130km², 인구: 380만
명, 언어: 영어·마오리어, 종교: 기독교(성공회 25.7%·장로교 16.5%·천주교 14.4%),
주요민족: 앵글로색슨계 백인(90.3%)·마오리원주민(9.7%).

| 전자우편 | reference@archives.govt.nz |
| 홈페이지 | http://www.archives.govt.nz/index.html |

2) 성격

뉴질랜드기록관(ANZ: Archives New Zealand)은 뉴질랜드 공공기록관의 기록 및 기록관리 업무 관련 공식적인 가디언 역할을 수행하는 대표 기록관이다.

3) 설립연혁

2005년 '공공기록물법(Public Records Act)'에 의해 정부의 일시적인 기록관리에 대한 기준안이 마련되었고, 뉴질랜드기록관 또한 이 법안에 의거하여 각 정부부처와 함께 업무를 수행해 오고 있다.

4) 목적

① 편리한 기록의 이용
② 바람직한 기록의 관리
③ 정부부처 기록의 유지

5) 비전 및 임무

① 기록 가치의 영구 보존
② 대중이 이용가능토록 기록의 유지

6) 조직

뉴질랜드기록관의 조직은 다음과 같이 구성되어 있다.

- 지역사무소(Regional Offices)
- 이용서비스(Access Services)
- 기록관경영(Archives Management)
- 비즈니스와 재정(Business & Finance)
- 정부기록유지(Government Recordkeeping)
- 인적자원(Human Resources)
- 정보통신서비스(Information & Communication Services)
- 마오리족프로그램 및 커뮤니티기록 그룹(Responsiveness to Māori Programme and Community Archives Group)

7) 주요행사

뉴질랜드기록관은 다음과 같은 다양한 전시행사를 제공하고 있다.

① 뉴질랜드기록관은 총 세 곳의 전시시설을 운영하고 있으며, 월요일부터 금요일, 오전 9시에서 오후 5시, 토요일 오전 9시부터 오후 1시까지 대중에게 공개한다.

② 제정실(Constitution Room)에는 뉴질랜드의 가장 중요한 역사적 기록들을 영구히 전시하고 있다.

③ 그 외 온라인 전시행사를 통하여 다양한 행사프로그램을 제공한다.

8) 관련법률

2005년 4월 21일 '공공기록물법(Public Records Act)'이 통과되면서, 1957년부터 시행되었던 '기록관법(Archives Act)'과 1974년부터 시행되었던 '지방정부법(Local Government Act)'이 대체되었다.

322

9) 국제활동

뉴질랜드기록관은 기록 및 기록관리 관련 국가 및 국제기구들과의 다양한 이
니셔티브 및 파트너십을 유지하고 있다.

(1) 국가보존실(National Preservation Office)
   국가보존실은 뉴질랜드기록관과 뉴질랜드국립도서관 간의 협력 이니셔티브
   이다. 국가보존실은 도서관, 역사사회, 기록관, 도서관, 커뮤니티그룹 등의
   기관에 서적을 포함한 문서유산자료, 사진, 음성기록, 전자형태의 기록들의
   관리에 대한 무료자문 서비스를 제공한다.

(2) 디지털기록유지이니셔티브(Digital Recordkeeping Initiative)
   디지털기록유지이니셔티브는 디지털의 형태로 저작된 기록의 관리에 대한
   사항을 다루고 있다.

10) 주요활동

주요 활동으로 전개하는 뉴질랜드기록관의 연구사업은 다음과 같은 분야로 구
분된다.
- 역사적 편찬(Historical Publications),
- 텔레비전 다큐멘터리(Television Documentaries)
- 대학논문(University Theses)
- 법률판례를 위한 증거(Evidence for Legal Cases)
- 시민권 적용 등과 같은 권리를 위한 증거(Evidence for Rights and Entitlements,
  such as Citizenship Applications)
- 개인적 관심을 위한 정보(Information for Personal Interests)
- 가족역사(Family Histories and Whakapapa)

- 지역역사(Local History)

11) 프로젝트

① 1957년 기록관법을 대체하는 2005년에 제정된 공공기록물법의 시행
② 기록유지 기준 모범사례를 위한 효과적인 방안 및 서비스를 위한 정부부처
  및 지방정부의 연속프로그램
③ 온라인 검색창인 'Archway'의 구축

12) 관련기관

- 기록협의회(The Archives Council, Te Rua Wānanga)
  기록협의회는 2005년의 공공기록물법에 의해 설립된 비법인 단체로서, 뉴질
  랜드기록관을 책임지고 있는 장관에게 기록유지 및 기록관 관련 사항에 대
  한 자문역할을 한다.

② 정보원

1) 정보원 열람 및 배포 정책

소장정보원은 크게 세 가지 방법을 통해 온라인 열람이 가능하다. 'Archway'
라는 디지털기록관을 통해 뉴질랜드기록관 대부분의 정보열람이 가능하고, 온
라인도서관(Online Library) 서비스를 통해 뉴질랜드 도서관 소장 자료의 카탈
로그를 검색할 수 있다. 또한 'Publications'와 'Media Releases' 란을 통해 뉴
질랜드기록관의 뉴스레터 및 보도자료를 포함한 일부 출판물은 온라인으로 검

색이 가능하며, PDF 원문의 열람이 무료로 제공되고 있다. 다만 모든 자료가 온라인상으로 열람가능한 것은 아니며, 일부자료는 온라인구매신청을 통해 열람이 가능하다.

2) 디지털기록관(Archway)

- 'Archway'는 정부기록을 생성 및 이용내용에 따라 분류하여 기록하는 뉴질랜드기록관 시스템이다. Archway는 정부부처의 백오십만 개 이상의 기록물에 대한 기술을 제공한다. 이 기록들은 1840년부터 오늘날까지의 정부기록을 포함한다.
- Archway는 기술적 설명만을 제공하며, 기록물 자체의 온라인 이용 서비스는 아직 제공하고 있지 않다.
- 검색은 기본적인 키워드검색과 고급검색이 가능하며, 가족역사와 마오리역사의 분류에 따른 검색도 가능하다. 또한, 일부자료는 직접 주문구매도 가능하다.

3) 온라인도서관(Online Library)

온라인도서관 역시 'Easy Search'라는 검색을 통한 기본적인 키워드검색과 고급검색이 가능하며, 더 자세한 문의는 전자우편(library@archives.govt.nz)을 통해 가능하다. 또한, 'New Titles Listing'을 통해 새로 추가된 정보를 따로 분류하여 안내하고 있다.

4) 출판물(Publications)

출판물은 크게 1년에 네 차례 발행되는 정기간행물 성격의 뉴스레터(Newsletter)와 기록관련출판물, 그리고 연구논문으로 나뉜다. 연구논문을 제외한 모든 자

료는 온라인상으로 열람이 가능하며, PDF 다운로드 서비스도 제공된다. 연구
논문은 온라인상으로 열람요청을 해야 한다.

(1) 뉴스레터(Newsletter)

- *Winter 2006 Outreach*
- *Special issue of Outreach on the Public Records Bill*(Sep. 2004)
- *Spring 2002 Outreach ~ Winter 2004 Outreach*

(2) 출판물

1998년부터 2007년까지의 주요 기록 및 기록관리 관련 출판물 목록과
PDF 원문을 홈페이지에 제공하고 있다. 대표적으로 다음과 같다.

- *Fact Sheet: Make a Record June 2006*
- *Fact Sheet: What is Disposal? June 2006*
- *Fact Sheet: Transfer Process June 2006*
- *Beginners Guide to Appraisal October 2007*
- *General Disposal Authority for Human Resources and Personnel Records November 2005*
- *General Disposal Authority for Financial and Accounting Records November 2005*
- *General Disposal Authority for General Housekeeping Records November 2005*
- *General Disposal Authority for Administration and Corporate Services Records August 2006*

5) 보도자료(Media Releases)

- *Change of Custodianship for TC/DRM Standards*
- *New Archive for Auckland Opens Tomorrow*
- *Disposal Authorities in Archway*
- *NARM(National Register of Archives and Manuscripts)*
- *Digital Recordkeeping Initiative*
- *Midwifery Exhibition*

5.2 대만

NAAT

National Archives Administration of Taiwan

臺灣檔案管理局(國家檔案典藏所)

대만당안관리국(국가당안전장소)

① 기록관

1) 소재사항

소재국가   대만[41]

주   소   No.10, Lane 59, Yitong St., Zhongshan District, Taipei City
10486, Taiwan (R.O.C.)

전   화   +886 2 2513 1888

팩   스   +886 2 2512 3508

전자우편   archives@archives.gov.tw

홈페이지   http://www.archives.gov.tw/english/index.aspx

---

41) 중국의 동남쪽 타이완 해협에 위치한 대만이 주장하는 정식 명칭은 '중화민국(中華民
國, Taiwan)'이다. 1955년 이후 타이완 섬(臺灣)과 진마지구(金馬地區)만을 통치하고
있다. 수도: 타이베이(臺北, Taipei), 인구: 약 2,300만 명, 면적: 약 3.6만㎢, 주요 민
족: 대만인(84%)·대륙본토(14%)·원주민(2%), 언어: 북경어(공용어)·대만어, 종교:
불교·유교·도교(93%)·기독교(4.5%)·기타(2.5%).

2) 성격

대만당안관리국(NAAT: National Archives Administration of Taiwan, 臺灣檔案管理局)은 대만의 기록 및 기록관리 시스템의 근간이자 국가기록보존소의 기능을 수행하는 행정기관이다.

3) 설립연혁

- 합법적이고 표준을 따르며 전문성을 지닌 기록관리를 위해 대만은 1999년 12월 15일 '기록법(Archives Act)'을 제정·공포하였다. 현재 기록법은 대만의 기록관 관리시스템의 근간이 되어오고 있다.
- 2001년 11월 23일, 당안관리국(檔案管理局, National Archives Administration)이 설립되고, 2002년 1월 1일 기록법을 비롯한 관련법들이 강화되었다. 기록관련 합법시스템이 완성되고 기록 기구가 설립되면서 대만 기록관리의 현대화의 기초가 되었다.

4) 비전

① 발전의 증거 제공
② 대만의 지적 재산의 형성

5) 임무

'당안관리국조직조례(檔案管理局組織條例)' 제2조에 의거하여 대만당안관리국은 다음과 같은 임무를 수행한다.
① 기록정책, 법규 및 관리제도의 계획 및 추진
② 각 기관의 기록관리와 응용의 지도, 평가 및 협조 촉진
③ 기록목록의 정리 및 공포

④ 각 기관 기록 폐기 및 목록의 심사

⑤ 기록의 선정, 분류, 보존기한 및 기타 쟁의사건의 심의

⑥ 국가기록의 입수, 이전, 정리, 기록화 및 기타 기록관리 업무 및 관련 설비의 계획 및 추진

⑦ 개인 또는 단체 소유의 문서 또는 자료의 접수, 증정, 수탁보관 또는 수매 등 계획의 협조

⑧ 국가기록 개방 응용의 계획 및 추진

⑨ 전국 기록관리정보시스템의 계획수립 및 협조의 추진

⑩ 기록관리 및 응용의 연구, 출판, 기술발전, 학술교류 및 국제협력전문가의 양성

⑪ 기타 관련 사항

6) 조직

- 크게 기업계획(Corporate Planning), 기록인수(Archives Acquisition), 기록보존(Archives Preservation), 기록서비스(Archives Service), 그리고 기록정보(Archives Information)의 총 5개 부서로 이루어진다.
- 이 5개의 부서 외에도, 3개의 사무소와 국가당안관리위원회(國家檔案管理委員會, National Archives Administration Committee)가 기록관리정책과 관련된 의사결정을 위해 존재한다.

7) 주요 프로그램(Significant Programs)

(1) 2003~2006 국가기록정보시스템 프로그램(National Archives Information System Program 2003~2006)

① 대중이용을 위한 원스톱 검색포털 형성 및 촉진

② 정부기록 전산화를 위한 기관 설립, 촉진 및 지원

③ 전자정부도큐먼트 및 기록 운영절차(operation mechanism) 형성

④ 국가기록 관리 정보 운영절차 형성

⑤ 국가기록 디지털 보관소 형성

(2) 국가기록디지털서비스 프로그램(National Archives Digital Services Program)

① 과도기적 정의실현 및 국가기록관 정보의 질적 향상

② 기록 고객맞춤화

③ 유비쿼터스에 맞춘 정부 도큐먼트

④ 전자기록 보존

8) 관련법률

1999년 제정된 '기록법(Archives Act)'을 중심으로 다음과 같은 관련 법률이 있다.

- 기록관법 강화규정(Enforcement Rules of the Archives Act)
- 마이크로필름 기록관보관 시행규정(Implementation Regulations for Archives Stored on Microfilm)
- 기록 전자보관 시행규정(Implementation Regulations for Archives on Electronic Storage)
- 국가기록 이전 관련규정(Regulations for Transfer of National Archives)
- 정부부처기록 유지기간 및 폐기규정(Retention Period and Destruction Regulations for Agency Records)
- 개인 및 법적 존재에 의한 중요 도큐먼트 기증에 대한 보상규정(Reward Regulations for the Donation of Precious Documents by an Individual or Legal Entity)
- 선별된 기록 관리규정(Management Regulations for Classified Archives)
- 기록 열람, 사본 및 제본 표준가격(Fee Standards to View, Copy or Duplicate Archives)

9) 주요활동

① 기록관 정책, 법 및 규정, 관리시스템 계획 및 형성
② 기록관 카탈로그 편집, 평가 및 이전
③ 국가기록관 적용 계획 및 촉진
④ 기록 전산화 촉진
⑤ 대중을 위한 기록관 적용 향상
⑥ 최초의 국가기록관 설립

10) 관련기관

다음은 대만당안관리국과 협력관계에 있는 국가기록관이다.

- 인도국가기록관(National Archives of India)
  홈페이지: http://nationalarchives.nic.in/
- 이스라엘국가기록관(The Central Zionist Archvies)
  홈페이지: http://www.zionistarchives.org.il/za/pMain.aspx
- 일본국립공문서관(國立公文書館, National Archives of Japan)
  홈페이지: http://www.archives.go.jp/english/index.html
- 말레이시아국가기록관(National Archives of Malaysia)
  홈페이지: http://www.arkib.gov.my/main.htm
- 대한민국국가기록원(National Archives and Record Service)
  홈페이지: http://www.archives.go.kr/
- 싱가포르국가기록관(National Archives of Singapore)
  홈페이지: http://www.nhb.gov.sg/NAS
- 터키국가기록관(General Directorate of Archives)
  홈페이지: http://www.devletarsivleri.gov.tr/

2 정보원

1) 정보원 열람 및 배포 정책

대만당안관리국 소장의 기록물은 '국가당안및도서열람센터(國家檔案及圖書閱覽中心)'를 통하여 각종 기록자료 및 소장정보원의 검색, 열람, 참고 및 복사 등의 다양한 서비스가 제공되고 있으며, '국가기록정보시스템(國家檔案資訊網, National Archives Information)'을 통하여 간편검색과 상세검색 및 의뢰방식 등으로 소장기록물에 대한 검색이 제공되고 있다. 기록물은 종이기록류 등이 소장되어 있으며, 소장정보원은 단행본, 정기간행물, 연간보고서로 분류하여 제공되고 있다. 대부분의 기록물은 PDF 원문 파일을 다운받아 열람할 수 있다. 한편, 'Publications' 란에서는 본 국의 출판물 목록을 제공하고 있다. 모든 기록자료는 키워드검색을 통해 쉽게 검색할 수 있도록 제공하고 있으며, 중국어 이외에 영문으로도 검색가능하다.

2) 소장기록물

(1) 종이기록

2008년 3월 31일 현재 대만당안관리국 소장의 종이기록으로 국가기록은 국가기관사무기록물 64.7m, 국가안전기록물 27m, 공공자원관리기록물 667m, 재경사무기록물 713m, 사회발전기록물 165m, 지방사무기록물 4.35m, 중대정치기록물 316.5m 등으로 총 2,928m를 소장하고 있다.

(2) 기타기록

그 외 영상기록류 47롤, 시청각기록류 7,222롤을 소장하고 있다.

3) 단행본(Books)

홈페이지상에 영문으로 제공되는 주요 단행본의 목록은 다음과 같다.

- *Annual Report*
- *Summary Report on Visit with Government Agencies' Archives Management Department*
- *Questions and Answers about the New Archives Management System*
- *The White Paper on Archives Customer Services*
- *Path to 2011: Strategic Plan*

4) 정기간행물(Archives Quarterly)

1년에 네 차례 발행되는 대만당안국의 공식적인 출판물로 *Archives Quarterly* 가 있다. 2008년 현재 홈페이지상에는 2007년 3월호부터 12월호까지의 기사 색인이 제공되고 있으며, 2007년 12월호의 색인은 다음과 같다.

- *Archival Arrangement and Repository Management*
- *The Development and Appraisal of Business Archives*
- *Salt Thieves of the Early Postwar Taiwan*
- *The Monopolization History and Financial Contribution of Taiwan Provincial Monopoly Bureau of Tobacc*
- *The Interdependency of FDI Enterprise and SOE in Taiwan: USIFE and the Founding of Veterans Plastics*
- *Initial Study on the Development of Salt Production in Taiwan*

5) 연간보고서(Annual Reports)

2008년 현재 홈페이지상에 제공되는 연간보고서는 다음과 같다.
- ***Annual Report***(2002~2003; 2004; 2005; 2006)

6) 출판물(Publications)

- *檔案影像數位化掃描作業簡介*(初版二刷)
- *檔案微縮作業簡介*
- *發現百大衛生關鍵事蹟　公共衛生重要檔案展檔案導引*
- *紙質類檔案裝訂簡介*
- *公共衛生風華雲湧 - 百件衛生重要檔案選輯*
- *95年檔案顧客服務成果報告*
- *二二八事件與公營事業　二二八事件檔案專題選輯*
- *檔案法令解釋彙編*
- *檔案入庫保管*
- *紙質類文書檔案數位化作業及電子儲存媒體保存維護*
- *機關檔案複製儲存作業原則簡介*

7) 국가당안및도서열람센터(國家檔案及圖書閱覽中心)

- 대만국가당안국 소장의 정보원 외의 중요 기록물은 본 센터를 통하여 일반
  에게 제공되고 있다. 주요 서비스항목은 다음과 같다.
  ① 국가기록응용서비스
  ② 기록응용 참고봉사서비스
  ③ 협력(지도) 기록목록의 검색서비스
  ④ 자료 접지 및 필기 무료서비스

⑤ 기록관련 학습서의 제공 및 자료복사서비스

- 열람시간: 월요일~금요일 9:00~17:00
  전화번호: +886 2 2513 1932
  팩스번호: +886 2 2512 3506
  주소: 台北市中山區伊通街59巷10號(檔案管理局一樓)

8) 기록이용자서비스센터(檔案顧客服務中心)와 국가기록보존소(國家檔案典藏所)

- 기록이용자서비스센터(檔案顧客服務中心)
  전화번호: +886 2 2513 1928
  주소: 本局1樓 電子信箱
  센터시간: 월요일~금요일 09:00~12:00, 13:30~17:00
- 국가기록보존소(國家檔案典藏所)
  전화번호: +886 2 2838 8166
  팩스번호: +886 2 2838 1988
  주소: 11160 台北市士林區文林路731號1樓

5.3 말레이시아

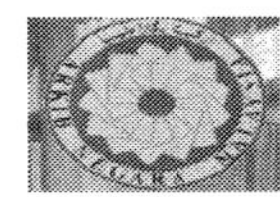

NAM

National Archives of Malaysia

말레이시아국가기록관

① 기록관

1) 소재사항

소재국가	말레이시아[42]
주　　소	Jalan Duta, 50568 Kuala Lumpur, Malaysia
전　　화	+60 3 6201 0688
팩　　스	+60 3 6201 5679
전자우편	suriaty@arkib.gov.my
홈페이지	http://www.arkib.gov.my/english/main.htm

---

42) 말레이시아의 공식 명칭은 헌법 1조에 의해 말레이어와 영어로 공히 'Malaysia'이다. 1957년 8월 31일 영국으로부터 말레이시아 연방이 독립하였고, 사바주, 사라왁주는 싱가포르와 함께 1963년 9월 16일에 영국으로부터 독립하였다. 2년 후인 1965년 8월 9일에 싱가포르가 말레이시아 연방에서 탈퇴하였다. 수도: 쿠알라룸푸르(Kuala Lumpur), 인구: 26,857,600명(2006년), 면적: 329,733km², 주요민족: 말레이(61%)·중국계(29%)·인도파키스탄계(9%), 주요언어: 말레이어(공용어)·영어·중국어·타밀어, 종교: 회교(국교)·불교·기독교·기타.

2) 성격

말레이시아국가기록관(NAM: National Archives of Malaysia)은 국가기록사무
소로 시작하여 현재 말레이시아 공공기록물 보존 및 관리 외에 전국의 기록
및 기록관리 관련 업무를 수행하는 대표적 행정기구이다.

3) 설립연혁

- 말레이시아국가기록관은 1957년 1월 12일에 '국가기록사무소(Public Records
  Office)'로 설립되었다.
- 그 후 1963년 지금의 명칭인 '국가기록관(National Archives of Malaysia)'으
  로 이름이 바뀌게 되었다.
- 2004년 국가기록관은 문화예술유산부(Ministry of Culture, Arts and Heritage)
  의 산하기관으로 영입되었다.

4) 비전 및 임무

말레이시아국가기록관의 기본적인 비전은 국가유산의 가치를 아는 지식국가
형성이라 할 수 있다. 구체적으로 다음과 같다.
① 국가유산 획득, 보전 및 보존
② 기록 및 국가유산 보급
③ 국가기록관의 국가자원 및 연구센터화

5) 주요기능

① 국가적, 역사적으로 가치 있는 기록의 입수, 조달, 보존
② 정부부서 및 대중의 조사연구를 위한 참고목록 및 연구설비 제공

③ 기록의 체계적 관리에 관한 정부부서로의 자문서비스 제공

④ 대중으로의 정보배포

⑤ 전산화 프로그램 실행을 통한 관리 및 행정 강화

6) 조직

(1) 최고경영팀(Top Management)

관장과 부관장으로 구성된다.

(2) 전통적기록관리국(Conventional Record Management)

경제팀(Economic Sector), 행정 및 사회팀(Administrative and Social Sector), 보안팀(Security Sector), 복구부(Repository Branch)로 구성되어 있다.

(3) 전자기록 및 정보기술 관리국(Electronic Record and Information Technology Management)

사회경제팀(Social and Economic Sector), 행정보안팀(Administrative and Security Sector), 자문 및 홍보팀(Advisory and Publicity Sector), 표준개발 및 검사부(Standard Development and Inspectorate Branch), 정보기술부(Information Technology Branch)로 구성되어 있다.

(4) 조달, 문서, 시청각센터 관리국(Procurement, Documentation and Audio-Visual Centre Management)

조달 및 처리부(Procurement and Processing Branch), 안내부(Guidance Branch), 이용관리부(Access Branch), 문서부(Documentation Branch), 문서 및 보존부(Documentation and Preservation Branch), 특별연구부(Special Research Branch)로 구성되어 있다.

(5) 기획 및 확장관리국(Planning and Expansion Management)

서비스, 설립, 재정부(Service, Establishment and Finance Branch), 기획개발부(Planning and Development Branch), 교육부(Training Branch), 홍보부(Public Relations Branch), 출판부(Publications and Printing Branch)로 구성되어 있다.

7) 주요 서비스

말레이시아국가기록관은 다음과 같은 서비스를 제공한다.

(1) 자문서비스(Advisory Service)

기록관리방문(Records Management Visits) 서비스란 말레이시아 국가기록관의 자문서비스로서 정부의 각 부처에 정보를 배포하고 기록관리에 대한 안내사항을 제공하는 서비스이다.

(2) 교육서비스(Training)

국가기록관의 교육과정은 기록관리과정(Records Management Courses), 보전 및 제본과정(Conservation and Binding Courses), 그리고 문헌복사과정(Reprography Courses)으로 구성된다.

8) 관련기관

다음은 말레이시아국가기록과 협력관계에 있는 국가기록관이다.
- 인도네시아국가기록관(Arsip National Republik Indonesia)
  홈페이지: http://www.nl.go.kr
- 캐나다국가기록관(National Archives of Canada)
  홈페이지: http://www.collectionscanada.gc.ca/

- 호주국가기록관(National Archives of Australia)

  홈페이지: http://www.naa.gov.au/

- 뉴질랜드국가기록관(National Archives of New Zealand)

  홈페이지: http://www.archives.govt.nz/

- 아일랜드국가기록관(National Archives of Ireland)

  홈페이지: http://www.nationalarchives.ie/

- 스코틀랜드국가기록관(National Archives of Scotland)

  홈페이지: http://www.nas.gov.uk/

- 남아프리카국가기록관(National Archives and Records Service of South Africa)

  홈페이지: http://www.national.archives.gov.za/

- 인도국가기록관(nal Archives of India)

  홈페이지: http://nationalarchives.nic.in/

- 케냐국가기록관(National Archives of Kenya)

  홈페이지: http://www.kenyarchives.go.ke/

- 일본국립공문서관(National Archives of Japan)

  홈페이지: http://www.archives.go.jp/

- 싱가포르국가기록관(National Archives of Singapore)

  홈페이지: http://www.museum.org.sg/WWW/

- 영국국가기록관(The National Archives of U.K.)

  홈페이지: http://www.nationalarchives.gov.uk/

- 미국국립기록청(U.S. National Archives & Records Administration)

  홈페이지: http://www.archives.gov/

② 정보원

1) 정보원 열람 및 배포 정책

말레이시아국가기록관은 '대중봉사도서관(Public Service Library)', '램리기념 도서관(The Ramlee Memorial Library)' 등과 같은 도서관을 두어 관련 기록에 대한 전시회 등과 특별 서비스를 제공하고 있다. 다만, 구체적인 소장정보원의 온라인 열람서비스는 제공되고 있지 않으며, 정보원 목록 및 소개는 모두 말레이시아어로 구성되어 있다.

2) 대중봉사도서관(Public Service Library)

말레이사아국가기록관은 '대중봉사도서관'이라는 명목의 특별한 시민을 위한 도서관 업무를 수행하고 있다. 구체적으로 다음과 같다.

(1) 목적
- 시민 서비스를 위한 기록관, 도서관 및 박물관 관련 자료의 수집, 보존 및 보호
- 시민서비스 관련 자료의 추적
- 포럼이나 퀴즈 프로젝트 등과 같은 대외적인 시민서비스를 전개할 수 있는 프로그램 외에 정부기관에 대한 임시전시회의 개최
- 시민서비스에 적합한 기록관, 박물관 및 도서관 자료의 전시
- 시민서비스 역사 관련 연구 및 참고 기능의 제공

(2) 전시회
시민서비스를 위한 전시회는 다음과 같이 네 개의 섹션으로 구성되어 있다.

- Early Government Administration
- British Administration in Malaya
- Post – Independence Administration
- Innovations in the Civil Service

3) 램리기념도서관(The Ramlee Memorial Library)

'램리(P. Ramlee)'는 1950년대의 유명한 가수로 당시 그의 노래와 음악이 유행하면서 그의 이름을 따서 만들어진 시대 반영어이자 1950년대의 음악 및 필름개발에 대한 동의어로 쓰이기도 한다. 본 도서관은 바로 그 시대의 음악과 필름 등과 같은 영상기록물을 특별히 장서화하여 보존하고 있는 영상기록관의 일종이다.

(1) 목적
- 국가적 차원의 예술발전에 끼친 '램리'의 공헌에 대한 인식
- 예술에 대한 그의 불후의 명성과 국가적 차원의 예술과 문화 모든 면에 대한 연구의 제고

(2) 전시회
전시회는 다음과 같이 구성되어 있다.
- At a Glance
- Biography
- Getting to Know P. Ramlee
- Rising Star
- Rhythm and Songs
- World of Films
- An Account

- Awards
- Throughout My Life
- Making Films
- His Demise
- The P. Ramlee I Knew

5.4 싱가포르

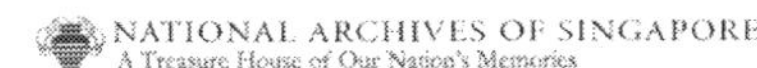

NAS

National Archives of Singapore

싱가포르국가기록관

① 기록관

1) 소재사항

소재국가	싱가포르[43]
주　　소	National Archives of Singapore 1 Canning Rise Singapore 179868 (off Hill Street), Sangapore
전　　화	+65 6332 7973/7909
팩　　스	+65 6339 3583
전자우편	nhb_nasreg@nhb.gov.sg
홈페이지	http://www.nhb.gov.sg/NAS

---

43) 싱가포르(சிங்கப்பூர், Singapore)의 정식 명칭은 싱가포르 공화국(Republik Singapura, Republic of Singapore)이다. 1965년 8월 9일 말레이시아로부터 독립하였다. 수도: 싱가포르(Singapore), 인구: 423만 3000명(2003년), 면적: 685.4km², 언어: 말레이어·영어·중국어·타밀어, 통화: 싱가폴달러(SGD, S$).

2) 성격

싱가포르국가기록관(NAS: National Archives of Singapore)은 공공기록물을 관리하고 정부부처에 기록관리에 관한 자문을 제공하는 국가대표격의 공공기록관이다.

3) 설립연혁

- 싱가포르국가기록관은 1968년 의회 시행령에 의거하여 설립되었다. 설립당시 국가기록관의 공식명칭은 '국가기록센터(NARC: National Archives and Records Centre)'였다.
- 1979년 '구술역사부(Oral History Department)'가 추가되면서 '국가기록및구술역사부(National Archives and Oral History Department)'로 이름이 바뀌게 되었다.
- 1993년 국가기록관은 국가유산위원회(National Heritage Board) 산하 기관으로 영입되었다. 초기의 국가기록관은 여러 다른 장소에 위치하여 운영되었다.
- 2002년 국가기록관은 2차 세계대전과 관련된 센터를 개발하였으며, 2006년 이와 비슷한 또 다른 센터를 설립하였다.

4) 조직

국가기록관은 기록관서비스팀, 기록관보전연구실, 기록관리서비스팀, 이미지보존연구실, 시청각기록관 및 전시회팀, 구술역사센터로 조직되어 운영된다.

(1) 기록관서비스팀(Archives Services)

기록관서비스팀은 기록관의 장서를 관리하는 역할을 한다. 국가 및 역사적으로 중요한 기록들의 입수 및 보존에 관한 사항을 담당하고 있다.

(2) 기록보전연구실(Archives Conservation Laboratory)
본 연구실은 문서도큐먼트의 보전 및 보존에 관한 방법을 연구한다.

(3) 기록관리서비스팀(Records Management Services)
기록관리서비스팀은 시민서비스를 위한 효과적인 기록관리의 시행 및 영구보존을 위해 중요한 공공기록물의 중요성 전파에 대한 업무를 담당한다.

(4) 이미지보존연구실(Image Preservation Laboratory)
본 연구실은 파손되기 쉬운 문서기록을 마이크로필름이나 디지털 미디어의 이미지 형태로 매체를 변형하여 효과적인 장기보존을 꾀한다.

(5) 시청각기록 및 전시회팀(Audio – Visual Archives and Exhibition)
본 팀은 싱가포르의 움직이는 이미지 및 기록된 음성유산을 포착하여 보존하며, 국가역사를 싱가포르인에게 전파할 수 있는 움직이는 전시회를 개최한다.

(6) 구술역사센터(Oral History Centre)
구술역사센터는 싱가포르 역사에 기여한 국민들의 기억을 인터뷰를 통하여 기록해 오고 있다.

5) 주요업무

(1) 기록관리 및 보존(Records Management and Preservation)
싱가포르 국가기록관은 대중서비스를 위한 효과적인 기록관리 프로그램을 운영하고 있다. 중요한 기록은 스캔하여 마이크로필름으로 보존되며, 고유 가치를 지닌 기록은 특별 관리되어 보전되도록 한다. 2003년 국가기록관은 '이미지 및 보전서비스에 관한 ISO 9001:2000'을 획득하였다.

(2) 대중이용(Providing Access)

기록관의 가치는 대중과의 지속적인 연계성에서 찾을 수 있다. 기록관 장서의 대중이용은 기록관 열람실 또는 홈페이지(http://www.a2o.com.sg)를 통해 가능하다.

(3) 지식공유(Sharing Knowledge)

기록관 자료의 보호 및 보존을 위한 주요활동 이외에, 국가기록관은 자문서비스와 교육서비스를 통해 커뮤니티와 전문성을 공유한다. 기록관 자원, 기록관리, 구술역사방법론 등에 관한 정기적인 세미나를 개최하며, 지역 대학들과의 파트너십을 통해 기록관 및 기록관리 과정과 인턴십을 운영한다. 국가기록관은 또한 기록관 업무에 대한 대중교육을 위한 방문견학 서비스를 제공한다.

6) 주요활동

싱가포르국가기록관의 임무의 일부로 '대중교육(Public Education)'이라는 명목 하에 싱가포르 역사의 인식 장려를 위해 다음과 같은 활동을 수행하고 있다.

- 지식공유(Sharing Knowledge)
- 움직이는 전시회(Travelling Exhibitions)

  홈페이지: http://www.a2o.com.sg/a2o/public/html/findoutmore/travel_exhibit.jsp
- 온라인전시회(Online Exhibition)

  홈페이지: http://www.a2o.com.sg/a2o/public/html/online_exhibit/index.jsp

- 학생프로그램 및 인턴쉽(Student Programmes and Internships)
- 학생프로젝트(Student Projects)

② 정보원

1) 정보원 열람 및 배포 정책

싱가포르국가기록관의 소장기록물(정보원)은 기본적으로 '방문열람서비스'와 '방문견학서비스'를 통하여 열람할 수 있다. 'Public Education' 란을 통해서 각종 기록관련 전시회 또한 제공되고 있다. 한편, 홈페이지를 통하여 구매가능한 출판물 목록이 제공되고 있으며, 대부분 직접 문의 후 구매를 통해 열람이 가능하다.

2) 출판물(Publications)

2008년 4월 현재 홈페이지상에서 제공하는 구매가능한 출판물의 목록이 제공되고 있으며, 대표적 출판물과 제공언어는 다음과 같다.

- ***Beyond the Empires: Memories Retold***
- ***Exhibition Catalogue of Syonan Years: Singapore Under Japanese Rule 1942~1945***(Chinese)
- ***From the Family Album: Portraits from Lee Brothers Studio***
- ***Oral History in Southeast Asia: Theory and Method***
- ***Oral History Manual***
- ***Pioneers of Singapore***
- ***Singapore: Journey into Nationhood***(English, Chinese, Malay, Tamil)

- ***Syonan: Japanese Occupation Catalogue***

3) 정보원 관련서비스

싱가포르국가기록관은 방문열람서비스와 방문견학서비스를 제공하고 있으며,
이용가능한 시간은 다음과 같다.

- 월요일~금요일 09:00~17:30, 토요일 09:00~13:30

5.5 인도

National Archives of India

NAI

National Archives of India

인도국가기록관

1 기록관

1) 소재사항

소재국가	인도[44]
전　　화	+91 23383436
팩　　스	+91 11 23384127
전자우편	archives@nic.in
홈페이지	http://nationalarchives.nic.in/

---

44) 인도 공화국(भारत गणराज्य, Republic of India)은 1947년 8월 15일 영국으로부터 독립하였다. 수도: 뉴델리(New Delhi), 인구: 1,103,371,000명(2006년), 면적: 3,287,263㎢, 주요민족: 인도 아리안계(중북부, 70%) · 드라비다계(남부, 25%) · 몽고계(동북부, 3%), 주요언어: 힌디어(32%)를 포함하여 15개의 공용어가 있으며, 영어가 널리 통용된다. 종교: 힌두교(82.6%) · 회교(11.4%) · 시크교(2%) · 기독교 · 불교 등.

2) 성격

인도국가기록관(NAI: National Archives of India)은 인도정부의 비현용기록 (Non－current Records)의 보존 및 관리기구이다. NAI는 행정가들이나 학자들이 사용할 수 있는 자료를 제공하고 있다. 인도국가기록관은 문화관광부 산하 문화국에 속해 있다.

3) 설립연혁

- 인도국가기록관은 1891년 3월 캘커타(Calcutta)에 '제국기록국(Imperial Record Department)'으로 설립되었다.
- 그 후 1911년 수도 뉴델리(New Delhi)로 옮겨졌고, 1926년 현재의 장소로 이동되었다.

4) 비전 및 임무

국가기록관의 비전은 기본적으로 기록문화유산에 관한 국가자부심의 전파와 발전을 위한 보존의 유지에서 찾아볼 수 있다. 구체적으로 다음과 같다.
① 국가 전체에 걸친 기록의 과학적 관리, 행정, 보존 장려
② 국가 및 국제단계에서의 기록전문가 및 기록관련 기구들 간의 긴밀한 관계 촉진
③ 보다 폭 넓은 소장 기록물 이용(access)의 자유 장려
④ 더 나은 전문성 개발 후원

5) 기능

① 인도정부기록의 보존

② 대중기록 목록, 규정, 카탈로그 및 기타 참고목록 등의 준비
③ 타 민간자원으로부터의 기록 수용
④ 대중 및 개인기록 보존을 위한 이용가능한 공간추진 및 설비유지 관리
⑤ 전문적 또는 비전문적 단계에서의 기록과학의 다양한 교육 제공
⑥ 전시회, 세미나, 홍보프로그램 등을 통한 대중과 친밀한 기록전문가 양성
⑦ 전통의 정체성에 대한 인식 고취
⑧ 지속적인 적합한 출판 및 마이크로필름 제작 등을 위한 주정부 기록관, 박물관, 도서관, 자발적 기구 및 개인 등에게 재정적 지원 제공

6) 조직

- 인도국가기록관은 관장(Director General of Archives)에 의해 운영되고 있으며, 관장은 기록관 부관장(Deputy Direetors of Archives)의 지원을 받는다.
- 국가기록관은 기록관리(Record Management), 행정(Administration), 교육(Training), 출판(Publication), 기록(Records), 도서관(Library) 등과 관련부서로 조직되어 있다.

7) 프로그램

(1) 보존 및 사본제작(Preservation & Reprography)

국가기록관은 다양한 보전 및 사본제작 과정을 통해 도큐먼트의 영구성을 보장한다. 국가기록관은 또한 마이크로필름 제작프로그램을 정교화함으로써 도큐먼트를 영구적으로 보존하고자 한다. 마이크로필름 제작프로그램은 현재 3년 이상 지속되고 있으며, 본 프로그램은 손실 및 부패, 잉크의 변질 등의 원인들로부터 문서를 보존하는 척도가 되고 있다.

(2) 전산화(Computerisation)

이는 '자동복구시스템(Automated Retrieval System)'을 위한 전산화와 디지털화 프로그램으로 '기록정보관리시스템(AIMS: Archival Information Management System)'으로 알려진 소프트웨어의 경영을 원활히 하는 역할을 한다.

8) 국ㆍ내외활동(Coordination)

(1) 국가차원

- 국가적인 차원에서 인도역사기록협의회본부(IHRC: Secretariat of the Indian Historical Records Commission)와 기록전문가국가위원회(NCA: National Committee of Archivists)로 활동한다. IHRC 및 NCA는 관리, 경영, 보존, 기록의 이용에 관한 길잡이 역할을 한다.
- 역사가, 행정가, 기록전문가로 구성된 IHRC는 1919년에 설립되어 문화관광연합부(Union Minister of Tourism and Culture)에 의해 운영되고 있으며, NCA는 기록전문가의 전문적인 기반이 되고 있다.

(2) 국제차원

국제적인 차원에서 인도국가기록관은 국제아카이브스협의회(ICA)와 서남아시아기록관리협의회(SWARBICA: South and West Asian Regional Branch), 코먼웰스기록전문가및기록관리자협회(ACRM: Association of Commonwealth Archivists and Record Managers), 국제기록관리기금(IRMT: International Records Management Trust) 등과의 연계를 유지하고 있다.

9) 관련법률

인도국가기록관은 크게 1993년의 '공공기록물법(Public Records Act)'과 '공공기록물규정(Public Records Rules)'을 근거로 운영된다.

② 정보원

1) 정보원 열람 및 배포 정책

인도국가기록관의 소장정보원은 크게 국가기록관 도서관 장서와 국가기록관 출판물로 분류된다. 'Publications'을 통하여 국가기록관 출판물의 목록과 정기 간행물을 홈페이지상에서 검색할 수 있으며, 방문열람서비스 또한 제공하고 있다. 모든 기록자료는 직접 구매를 통해 열람이 가능하며, 현재 온라인 서비스는 제공되고 있지 않다.

2) 소장기록물

- 국가기록관의 모든 자료는 영어, 아랍어, 힌두어, 페르시아어, 산스크리트어, 모디어, 우르두어 등으로 구성되어 있다.
- 기록물은 크게 공식기록, 동양기록, 메뉴스크립트 그리고 개인기록으로 분류된다.
- 소장기록물은 총 3,875,332개의 파일, 64,221개의 시리즈, 110,332점의 지도 제작물, 3,601개의 법안, 1,065개의 협정문, 2,442점의 진기한 매뉴스크립트로 구성되어 있다.

3) 도서관(Library)

국가기록관은 다양하며 방대한 분량의 도서관 컬렉션을 자랑한다. 도서관은

178,000권의 서적 및 보고서, 3,299권의 출판물, 400점의 신문자료, 4,225점의
정부기록자료, 4,590개의 인도의회보고서 시리즈, 1,285점의 포트윌리엄대학
(Port William College) 컬렉션, 3,560개의 저널 및 정기간행물, 1,778권의 관
보, 2,960권의 외국어 출판물을 소장하고 있다. 국가기록관의 도서관은 다음과
같은 분류표 및 목록리스트를 제공하고 있다.

(1) 소장정보원 분류표

- Books & Reports
- Proscribed Publications
- Selections from Vernacular Native News Papers
- Selections from Government of India/State Government Records
- Volumes of Indian Parliamentary Papers
- Volumes of Fort William College Collection
- Journals & Periodicals
- Gazettes
- Publications in Foreign Languages

(2) 중앙도서관 목록리스트

- Central Secretariat Library(CSL)
- National Museum Library(NML)
- National Gallery of Modern Art(NGMA) Library
- National Archives of India(NAI) Library
- Archaeological Survey of India(ASI) Library

4) 출판물(Publications)

인도국가기록관의 주요 출판물로는 다음과 같다.

- *Catalogue of Historical Maps of the Survey of India(1700~1900)*
- *Guide to the Sources of Asian History*
- *Indian Historical Records Commission Proceedings, the Commission*
- *Research Theses and Dissertations*
- *Persian Correspondence*
- *Secret Department Records*
- *National Committee of Archivists*
- *Guide to the Records in the National Archives of India*
- *Calendar of Acquired Documents*
- *Catalogue of Seals(Foreign)*
- *Catalogue of Acquired Manuscripts*

5) 정기간행물(Journal)

인도국가기록관의 공식적인 출판물이자 정기간행물인 *The Indian Archives*를 통해 인도의 기록 및 기록관리 관련 내용을 소개하고 있다.

6) 정보원 관련서비스

다음과 같은 방문열람서비스를 제공하고 있다.
- 국가기록관 이용시간

  월요일~금요일 09:30~18:00
- 연구조사실(Research Room) 이용시간

  월요일~금요일 09:00~20:00, 토요일 09:00~17:30

5.6 일본

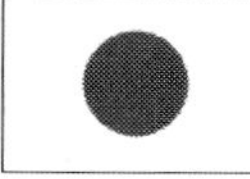 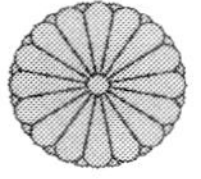 

NAJ

National Archives of Japan

日本國立公文書館

일본국립공문서관

① 기록관

1) 소재사항

소재국가　　　　일본[45]

주　　소　　　　3-2 Kitanomaru Koen, Chiyoda-ku, Tokyo 102-0091 Japan

전　　화　　　　+81 3 3214 0637

홈페이지　　　　http://www.archives.go.jp/index_e.html

---

45) 일본(にほん, Japan)은 홋카이도, 혼슈, 시코쿠, 규슈의 4개 섬을 중심으로 주변에 산재한 작은 섬으로 구성되어 있다. 수도: 동경(도쿄; Tokyo), 인구: 약 128,085,000명 (2005년), 면적: 약 38만km², 언어: 일본어(Japanese), 주요민족: 일본족(Japanese 98%), 종교: 신도(Shintoism)·불교·기독교·기타.

358

2) 성격

일본국립공문서관(NAJ: National Archives of Japan, 日本國立公文書館)은 독립적인 행정기관의 하나이며, 정부도큐먼트 및 역사적으로 중요한 기록 등을 보존하는 역할을 하고 있다.

3) 설립연혁

- 일본국립공문서관은 1971년 7월, 총무실 산하 기구로 설립되었다.
- 2001년 3월 정부의 행정개편으로 인해 독립적 행정기관으로 새 출발을 하였다. 그로부터 국립공문서관은 이니셔티브 및 바람직한 결과를 위해 노력해 오고 있다. 새로운 목표와 함께 효율적이고 탄력적인 행정을 통해 대중을 위한 최상의 서비스를 제공해 오고 있다. 목표를 달성하기 위한 국가기록관의 중요한 방법의 일환으로서 홈페이지를 구축하여 대중의 보다 나은 이용을 제공하고 있다.
- 2005년 4월부터 디지털기록관시스템이 개발되어 국립공문서의 데이터 카탈로그를 홈페이지상에서 열람할 수 있게 되었다.

4) 비전 및 임무

① 대중의 공유자산으로서의 기록 이용 및 보존을 통한 수준 높은 삶의 질 실현과 민주주의 개발에 기여
② 기록의 대중이용을 촉진하는 이용가능한 정보서비스센터로서의 기록관

5) 조직

일본국립공문서관은 추쿠바추가국립공문서관(Tsukuba Annex of the National

Archives)과 아시아역사기록일본센터(JCAHR: Japan Center for Asian Historical Records)로 조직되어 있다.

6) 주요업무

① 훈증소독(Fumigation)
② 배열 및 배가(Arrangement and Shelving)
③ 목록기술(Cataloging)
④ 마이크로필름 제작(Microfilming)
⑤ 복구(Restoration)

7) 주요계획

일본국립공문서관은 목표달성을 위해 다음과 같은 활동 계획을 바탕으로 사업을 추진하고 있다.

① 역사적으로 중요한 정부도큐먼트 및 기록물 증진 및 입수
② 인터넷을 통한 열람이 가능한 대중 기록의 디지털화 촉진
③ JCAHR 데이터베이스 강화 및 확대
④ 공공기록물 전시회 및 기타 활동을 통한 대중의 기록에 대한 인식 및 관심 확대
⑤ 지방정부, 연구기관, 학문사회 등의 관련 기구와의 협력 강화
⑥ 해외 기록관 및 전문가들과의 국제교환 확대
⑦ 이용자 중심의 서비스 제공을 위한 활동

8) 주요활동

(1) 컨퍼런스 및 세미나

일본국립공문서관은 다양한 종류의 컨퍼런스 및 세미나를 주최하고 있다.
주요 활동은 다음과 같다.

① 기록관 관장 연간 총회

② 기록관 기관 직원들을 위한 세미나

③ 기록관 직원의 전문성을 위한 교육과정

④ 기록관의 전문직 직원 연구사업 세미나

⑤ 정부 도큐먼트 및 기록에 관한 보존과 관리에 대한 세미나

(2) 조사연구사업(Research and Studies)

① 역사적 자료로서 정부 도큐먼트(Government Documents)와 기록(Records)의 중요성에 관한 조사연구

② 도큐먼트 보존(Preservation) 및 이용(Use)에 관한 타 국가기관과의 협력을 바탕으로 한 이용자 편리성 증대방법에 대한 조사연구

③ 소장기록물의 카탈로그(Catalogue) 및 콘텐츠(Contents)목록에 관한 조사연구

④ 해외 공공기록관(Public Archives)에 관한 조사연구

⑤ 국립공문서관 정기간행물인 키타노마루(*Kitanoaru*)의 출판

9) 국제활동

일본국립공문서관은 국제아카이브스협의회(ICA)와 동아시아 국제기록관협의회(EASTICA: East Asia Regional Branch of the International Council on Archives)와의 국제적 협력을 도모하고 있으며, 캐나다 및 가나 등과의 활발한 직원교류를 추진하고 있다.

10) 관련기관

다음은 일본국립공문서관의 관련기관이다.

- 국제아카이브스협의회(ICA: International Council on Archives)

  홈페이지: http://www.ica.org

- 동아시아국제아카이브스협의회(EASTICA: East Asian Regional Branch of the International Council on Archives)

  홈페이지: http://www.eastica.org/

- 국제도서관협회연맹(IFLA: International Federation of Library Associations and Institutions)

  홈페이지: http://www.ifla.org/

- 국제박물관협의회(ICOM: International Council on Musuems)

  홈페이지: http://icom.museum/

- 국제유적협의회(ICOMOS: International Council on Monuments and Sites)

  홈페이지: http://www.international.icomos.org/

- 국제문화유산보존및복구연구센터(ICCROM: International Centre for the Study of the Preservation and Restoration of Cultural Property)

  홈페이지: http://www.iccrom.org/

- 유네스코(UNESCO: United Nations Educational, Scientific, Cultural Organization)

  홈페이지: http://www.unesco.org/

- 국제기록관리자및행정가협회(ARMA International: Association of Records Managers and Administrators)

  홈페이지: http://www.arma.org/

② 정보원

1) 정보원 열람 및 배포 정책

소장정보원은 'Archives'와 'Cabinet Library'로 분류하고 각각의 목록과 기록 그룹으로 구분하여 검색을 제공하고 있다. 특히 디지털기록시스템(Digital Archives System)을 통한 검색 및 원문의 화상 열람이 제공되고 있다. 정보원 열람은 기본적인 키워드검색과 분류별 선택검색 등이 가능하다. 이용신청서 제출로 방문열람도 가능하며, 복사서비스도 제공하고 있으며, 특히 학습과 연구 목적의 경우 제한적인 대출도 가능하다. 영문의 분류 검색은 제공하고 있으나, 기록자료의 열람은 일어로만 제공된다.

2) 디지털기록시스템(Digital Archives System)

국립공문서관이 소장하고 있는 문서, 고서, 공문서 등은 디지털기록시스템에 구축된 '목록데이터베이스(目録データベース)'를 통하여 검색가능하며, 열람은 '인터넷열람실(インターネット閲覧室)'을 통하여 화상으로 열람가능하다.

3) 기록관(Archives)

다음과 같이 분류하여 소장기록물을 제공하고 있다.
- Japanese Books and Classics
- Chinese Classics
- Western Books

4) 내각도서관(Cabinet Library)의 기록그룹

'내각도서관(Cabinet Library)'이라 명명하고, 다음과 같은 대(大)기록그룹과 이하 세분된 기록그룹으로 분류하고 있다. 다음은 일본국립공문서관 기록물 분류에 적용되는 대기록그룹이다.

- Cabinet Secretariat
- Cabinet Legislation Bureau
- Cabinet/Prime Minister's Office
- National Personnel Authority
- Cabinet Office
- Economic Planning Agency
- Okinawa Development Agency Records
- Imperial Household Agency
- Fair Trade Commission
- National Police Agency
- Financial Service Agency
- Ministry of Internal Affairs and Communications
- Management and Coordination Agency
- Ministry of Posts and Telecommunications
- Ministry of Home Affairs
- Environmental Dispute Coordination Commission
- Ministry of Justice
- Ministry of Finance
- Ministry of Finance
- Ministry of Education, Culture, Sports, Science and Technology
- Ministry of Education

- Science and Technology Agency
- Ministry of Health, Labour and Welfare
- Ministry of Health and Welfare
- Ministry of Labour
- Ministry of Agriculture and Forestry, Ministry of Agriculture, Forestry and Fisheries
- Ministry of Economy, Trade and Industry
- Ministry of International Trade and Industry
- Ministry of Land, Infrastructure, Transport and Tourism
- Ministry of Transport
- Ministry of Construction
- Ministry of Environment
- Environment Agency
- Ministry of Defense
- Board of Audit of Japan
- Original Records of Civil Actions
- Others

5.7 중국

SHAC

The Second Historical Archives of China

中國第二歷史檔案館

중국제이역사당안관

① 기록관

1) 소재사항

소재국가	중국[46]
주 소	中國江苏省南京市中山东路309号(21001)
전 화	+86 25 8480 0747
팩 스	+86 25 8466 5966
전자우편	esg@shac.net.cn
홈페이지	http://www.shac.net.cn/

---

46) 중국(中國, China)은 1949년 베이징에서 건국했으며, 1997년 홍콩, 1999년 마카오를 귀속해서 특별행정구로 다스리고 있다. 정식국명: 중화인민공화국(中華人民共和國), 수도: 북경(北京, 베이징), 면적: 960 만km², 인구: 약 12억 9,000만 명(2004), 언어: 중국어(普通話).

2) 성격

중국제이역사당안관(SHAC: The Second Historical Archives of China, 中國第二歷史檔案館)은 제일역사당안관(第一歷史檔案館)과 함께 중국의 국가급당안관이자 중앙기록물관리기관이다. 이는 전문적으로 중화민국시기의 중앙정권기관 및 직속기구의 당안을 집중적으로 보관·관리하고 있다.

3) 설립연혁

- 1951년 2월 국가과학원 근대사연구소 예속의 남경사료정리처(南京史料整理處)로서 남경 중산문 내(中山門內)에 설립되었다.
- 1964년 국가당안국에 예속되면서 현 명칭으로 개칭하였다.

4) 조직

민국(民國)시기(1912년 1월～1949년 9월)의 기록물을 전국적으로 수집, 보관, 보호, 정리, 편목, 이용 및 연구 출판하기 위하여 보관부, 이용부, 정리편목부, 편연부(編硏部), 민국당안잡지사, 기술부, 컴퓨터센터 및 전국민국당안목록센터 등으로 구성되어 있다. 한편, 당안자료편집심사위원회와 당안과기위원회 등을 두고 있다.

5) 기록물 수집

(1) 수집방법

중국내외의 기구, 사회단체, 기업체 및 개인이 소장하고 있는 민국시기의 가치 있는 기록자료 수집을 위하여 전문가의 감정 이후 다음과 같은 방법을 통하여 수집하고 있다.

① 구입
② 기증
③ 무료기탁
④ 교환
⑤ 복제

(2) 수집범위

민국시기의 중앙국가기구, 사회단체, 기업체 및 개인이 사회활동 중 생성된 가치 있는 각종 역사적 기록물을 대상으로 수집하고 있다. 각종 종이기록, 사진기록, 음향기록, 실물기록 등을 대상으로 한다.

6) 주요 활동

(1) 전시회

중국제이역사당안관은 집중적으로 민국시기의 각 역사적 발전단계 중의 대표성 있는 기록자료를 소장하고 있다. 주로 중대역사사건과 인물관련 기록물을 소장하고 있으며 전시회는 다음과 같은 네 부분으로 구성되어 전개하고 있다.
• 손중산(孫中山)과 남경임시정부 및 남방혁명정부
• 민국북경정부의 흥망
• 남경정부시기
• 전문전시

(2) 학술연구

(3) 문헌복사복제서비스

(4) 수리보수장정서비스

② 정보원

1) 정보원 열람 및 배포 정책

소장기록물의 정보는 홈페이지를 통한 검색이 제공되고 있으며, 열람은 가능하지 않다. 열람을 위해서는 신분증과 확실한 열람목적이 증명되고 일정의 절차를 거친 후에 정해진 시간 내에서만 제한적으로 가능하다. 마이크로폼으로 매체 전환된 기록물의 경우 종이기록의 열람은 특별한 경우를 제외하고는 불가하며, 일부 문헌복사와 복제, 그리고 디지털화서비스가 제공되고 있다.

2) 소장 기록물

중국제이역사당안관은 집중적으로 민국시기의 중앙국가기구, 사회단체, 기업체의 사회활동 중 생성된 역사적 기록물을 집중적으로 소장하고 있다. 즉 대체적으로 중화민국역대중앙정부기구, 임시정권기구, 사회단체조직의 기록물 외에 일제(日僞)중앙정부의 기록물과 저명인사의 기록물을 소장하고 있다. 구체적 소장상황은 다음과 같다.

① 남경임시정부, 육해군대원수대본영, 광주(廣州) 및 무한(武漢)국민정부당안
  이는 세 개의 기록 그룹[全宗]으로 600여 권(卷)이며, 수량도 극히 적고 완전하지 못하나 매우 귀중한 기록물이다. 분류·정리를 완성하였고, 마이크로폼으로 복제가 진행되었으며, 목록·기술되어 검색 및 열람가능하다.

② 민국(民國)북경정부당안
  이는 총 70여 개의 기록 그룹으로 15만여 권이다. 그 중에는 사법당안(司法檔案) 6만여 권, 회계감사당안(審計檔案) 3만여 권, 내무, 재정, 군사, 농

상 등 방면의 당안 또한 일정량 소장하고 있으며, 정부수뇌기구(총통부, 국무원 등)의 당안은 많이 산실되었고, 외교, 교육, 교통 등 방면의 당안은 매우 불완전하다. 이 부분의 당안은 모두 분류 정리 및 목록기술되어 검색 및 열람에 제공되고 있다.

③ 남경국민정부 및 국민당중앙기구당안

이는 약 700여 개의 기록 그룹으로 130만여 권을 소장하고 있다. 이 부분의 당안은 본 중국제이역사당안관의 주된 부분으로 국민정부(총통부), 오원(五院), 각부 및 산하 재정, 금융, 경제, 자원, 공광(工礦), 무역, 교육, 교통, 우전(郵電) 등 기구구의 당안으로서 대부분 비교적 완전하다. 군사위원회 및 산하 기구에서 생성된 당안 또한 상당수 소장하고 있다. 이 부분의 당안은 모두 분류 정리 및 목록기술되어 검색 및 열람에 제공되고 있다.

④ 일위(日僞 즉, 왕위(汪僞))정권당안

이는 총 102개 기록 그룹으로 12만여 권이다. 임시정부, 유신정부, 화북(華北)정무(政務)위원회가 포함되며, 특별히 왕정위(汪精衛) 정권에서 생성된 당안은 비교적 완전하며 대부분 분류 정리 및 목록·기술되어 검색 및 열람에 제공되고 있다.

⑤ 인물당안

본 중국제이역사당안관은 주로 소장하는 국가기구 및 사회조직에서 생성된 당안 외에도 일부 민국정부의 주요 개인당안도 소장하고 있다. 즉 장개석(蔣介石), 풍옥상(馮玉祥), 채원배(蔡元培), 장정강(張靜江), 웅희령(熊希齡), 고유균(顧維鈞), 정문강(丁文江), 진포뢰(陳布雷) 등의 개인 당안을 소장하고 있다. 이는 총 46개 기록 그룹으로 6,000여 권이며, 대부분 불완전하나 비교적 진귀한 것들이다.

3) 기록그룹(全宗)

중국제이역사당안관은 한 개의 독립기구에서 생성된 기록물은 한 개의 독립된 기록 그룹인 전종(全宗)으로 삼아 기록물관리를 진행하므로 한 개의 전종에 한 개의 전종번호가 부여된다. 전체적으로는 4개 부분으로 구별되며 다음과 같다.

① 손중산(孫中山)지도시기의 남경(南京)임시정부와 남방혁명정권당안, 국민당 기구와 남경국민정부의 당안은 전종번호 1~999까지 편성된다.

② 민국북경정부당안은 전종번호 1001~1999까지 편성된다.

③ 왕위(汪僞)정권과 기타 일위(日僞)정권은 전종번호 2001~2999까지 편성된다.

④ 민국인물당안은 전종번호 3001~3999까지 편성된다.

4) 정보원 관련서비스

- 서비스의 종류로는 기록물검색 예약서비스, 검색서비스, 대행검색서비스, 기술가공서비스, 전문주제정리서비스, 보관대행서비스를 전개하고 있다.

- 대외 개방 검색서비스로는 개인대면 기록물검색서비스와 기관단체대면 기록물검색서비스가 있다. 서비스대상자는 합법적 신분증과 기관 증명서를 소지하고 있는 개인과 각 기관 및 사회조직과 단체이다. 주로 목록검색, 당안열람 전문주제목록제작, 대형 디지털 CD, 마이크로폼화, 기록물복사복제를 실시한다.

- 본 중국제이역사당안관은 외부기관에 대하여 기록물 분류, 정리, 목록기술, 스캔, 마이크로폼, 복사 등의 서비스 업무를 대행하고 있다. 그 외에 외부기록물과 기록보관창고에 대한 방충, 멸균 등의 기술적인 보호 업무도 시행하고 있다.

5) 출판물

중국제이역사당안관은 다음과 같은 다양한 출판물을 발간하고 있으며, 홈페이지를 통해 목록을 검색할 수 있다.

(1) 기록자료집
- ***中华民国史档案资料汇编***

(2) 영인본
중요 기록사료들을 영인본으로 출판하고 있으며, 총 25종의 영인본 중 다음은 홈페이지에서 제공되고 있는 대표적인 영인본이다.
- ***临时政府公报*** 三函 18册. 江苏人民出版社, 1981.
- ***临时公报*** 二函 8册. 江苏人民出版社, 1981.
- ***孙中山先生墨迹*** 河北人民出版社, 1986.
- ***政府公报*** 共240册. 上海书店, 1988.
- ***国民政府外交部公报*** 共42册. 江苏古籍出版社 1989.
- ***立法院公报*** 共40册. 南京出版社, 1989.
- ***南京政府公报*** 160册. 河北人民出版社, 1989.
- ***国民政府暨总统府公报*** 110册. 河北人民出版社, 1989.
- ***黄埔军校史稿*** 共12册. 档案出版社, 1991.
- ***汪伪国民政府公报*** 共15册. 江苏古籍出版社, 1991.

(3) 참고자료
- ***中国现代史大事月表(1911~1949)***(油印本). 44册. 1959年编印.
- ***中国第二历史档案馆简明指南*** 档案出版社, 1987.
- ***中国第二历史档案馆藏江苏地区案卷目录选编*** 江苏教育出版社, 1989.

- *中华民国时期军政职官志* 甘肃人民出版社, 1990.
- *民国人物大辞典* 河北人民出版社, 1991.
- *近代中国华洋机构译名手册* 团结出版社, 1992.
- *中国国民党大事典* 中国华侨出版社, 1993.
- *中国第二历史档案馆指南*(中国档案馆指南丛书). 中国档案出版社, 1994.
- *民国时期中央国家机关组织概述* 中国档案出版社, 1994.
- *民国职官年表* 中华书局, 1995.

(4) 과제자료
- *计算机民国档案管理系统*(software)
- *16mm缩微卷片及缩微平片复制档案暂行规则*
- *直接拷贝片水浴除红装置*
- *国产显影液替代进口显影液*
- *纸张气相去酸研究技术*
- *近代留学生与中国社会*
- *16mm缩微拍摄机画幅间隔调节器*

6) 정기간행물

- 1981년부터 중국제일역사당안관과 연합으로 계간지 역사당안(*歷史檔案*)을 창간, 이후 1984년부터 전문적으로 명과 청의 사료를 다루게 되어 중국제일 역사당안관이 독자적으로 간행하게 되었다.
- 1984년부터 민국당안사료를 전문적으로 제공하고 민국사(*民國史*) 연구를 위한 자료를 제고하기 위하여 민국당안(*民國檔案*)을 창간하여 오늘에 이르고 있다.

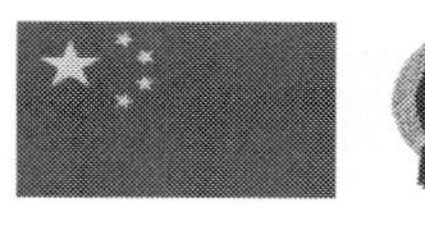 

中國第一歷史檔案館
중국제일역사당안관

1 기록관

1) 소재사항

소재국가	중국
주 소	中國北京故宮西華門內(100031)
전 화	+86 10 6309 9011
팩 스	+86 10 6309 6489
전자우편	office@lsdag.com
홈페이지	http://www.lsdag.com/

2) 성격

중국제일역사당안관(中國第一歷史檔案館)은 전문적으로 명(明)과 청(淸) 양대의 중앙국가기구의 기록물과 황실기록물(皇室檔案)을 보존·관리하는 중국의 국가급전문기록물관리기관이다.

3) 설립연혁

• 1925년 명과 청나라의 국가기관 기록물과 황실기록물인 역사기록물을 전문

적으로 보존하기 위하여 설립되었으며, 북경(北京) 고궁서화문내(故宮西华門內)에 위치하고 있다.

- 1927년 문헌부(文獻部)에서 장고부(掌故部)로 개칭, 1928년에는 문헌관(文獻館)이 되었다.
- 1955년 다시 당안관(檔案館)으로 개칭하였다가 그해 고궁박물원(故宮博物院)이 국가당안국(國家檔案局)으로 귀속되면서 현 명칭으로 개칭하였다.
- 1980년 고궁박물원에서 독립하여 국가당안국 직속의 문화사업기구가 되었다.

4) 조직

관장 이하 전국명청당안목록센터(全國明淸檔案目錄中心), 정리편목부, 만주족문헌부(滿文部), 기술부(技術部), 네트워크정보센터(網絡信息中心), 편집연구부로 구성되어 있다. 산하에 학술위원회와 '역사당안(*歷史檔案*)' 잡지사를 두고 있다.

5) 관련법률

(1) 주요법률
- 중화인민공화국당안법(中華人民共和國檔案法)
- 중화인민공화국당안법시행령(中華人民共和國檔案法實施辦法)

(2) 업무규칙
- '청사(靑史)편찬'을 위한 소장기록물 제공 계획
- '청사공정(淸史工程)'을 위한 기록물관리 실시방안

6) 주요활동

(1) 전시회

중국제일역사당안관은 다양한 전시회활동을 전개하고 있으며, 그 중 대표적인 전시회는 다음과 같다.

- 清宮佛事活动秘藏档案展
- 清朝大内秘档: 清帝处理潮州政务暨清宮生活展
- 千年古港: 黄埔地区历史档案展
- 清宮秘档暨清代贵州历史文化展
- 纪念辛亥革命六十周年展览
- 皇史宬档案展
- 清宮秘档珍品展
- 清帝政务活动展
- 清宮帝后生活展

(2) 학술활동

홈페이지를 통하여 2008년 현재 2004년도부터 2007년도까지의 주요 학술활동의 전개상황을 게시하고 있다.

(3) 출판사업

- 주요 출판사업의 하나로 계간지인 역사당안(*歷史檔案*)이 있다. 이는 중국제일역사당안관 주관의 학술지로서 1981년에 창간된 전국적인 수준의 역사류 정기간행물이다. 내용은 주로 명청시기의 당안사료(*檔案史料*)를 다루고 있으며, 1949년 이전의 기타 역사적 기록물 또한 취급한다.
- 사료(*史料*)출판 사업 또한 전개하고 있다.

② 정보원

1) 정보원 열람 및 배포 정책

소장기록물의 정보는 홈페이지상으로 제공되고 있으며, 모두 중국어로 구축되어 있고 실제적인 검색과 열람은 가능하지 않다. 열람을 위해서는 신분증과 확실한 열람목적이 증명되고 일정의 절차를 거친 후에 정해진 시간 내에서만 제한적으로 가능하다. 마이크로폼으로 매체 전환된 기록물의 경우 종이기록의 열람은 특별한 경우를 제외하고는 불가하며, 일부 문헌복사와 복제 그리고 디지털화서비스가 제공되고 있다.

2) 소장 기록물

명대(明代), 내각(內閣), 군기처(軍機處), 내무부, 종인부(宗人部) 당안 등 총 74종의 전종(全宗, group) 1,000여만 건을 소장하고 있다. 구체적으로 다음과 같다.

- '명대당안(明代档檔案)'은 3,000여 건으로 주로 천계(天启)와 숭정(崇祯)시대의 병부당안(兵部檔案)이며, 그 외 홍무(洪武), 영락(永乐), 선덕(宣德), 성화(成化), 정덕(正德), 가정(嘉靖), 융경(隆庆), 만력(万历), 태창(泰昌) 시기의 기록물도 일부 소장하고 있다.
- '청대당안(清代檔案)'의 대부분은 청대의 정치, 경제, 군사, 문화, 농업, 공업, 외교, 기술, 교육, 종교 등의 내용을 다루고 있다. 시기적으로 살펴본다면 청대 이전의 천명(天命) 9년(1607)에서부터 선통(宣统) 3년(1911)까지이며, 그리고 부의(溥仪) 퇴위후인 1912년부터 1940년까지 생성된 기록물이 대부분이다. 기록 그룹인 전종(全宗) 측면에서 살펴본다면 중앙국가기관의 기록물, 황족과 궁정사무 관리방면의 기록물, 군사기구관련 기록물, 지방기

관의 기록물, 황실구성원과 대신관련 기록물들도 있다. 문헌의 종류로 살펴보면 제(制), 조(诏), 고(诰), 칙(敕), 제(题), 주(奏), 표(表), 전(笺), 자(咨), 이(移), 찰(札), 편(片), 품(禀), 정(呈), 조(照), 단(单), 함(函), 전(电), 도(图), 책(册) 등이 있다. 서사문자로 살펴보면 대부분은 한문당안(汉文档案)으로 약 1/6은 만주어당안이며, 소량이지만 몽골어, 서장어 등의 소수민족문자의 기록물과 외국어로 쓰인 기록물도 있다.

3) 기록그룹

다음과 같은 기록그룹(全宗)으로 분류하고 있다.

明代档案全宗, 内阁全宗, 军机处全宗, 宫中全宗, 内务府全宗, 宗人府全宗, 责任内阁全宗, 弼德院全宗, 宪政编查馆全宗, 修订法律馆全宗, 国史馆全宗, 吏部全宗, 户部－度支部全宗, 礼部全宗, 兵部－陆军部全宗, 刑部全宗, 工部全宗, 外务部全宗, 学部全宗, 农工商部全宗, 民政部全宗, 邮传部全宗, 八旗都统衙门全宗, 大清银行全宗, 督办盐政处全宗, 溥仪档案全宗, 端方档案全宗, 顺天府全宗, 山东巡抚衙门全宗, 黑龙江将军衙门全宗, 宁古塔副都统衙门全宗, 阿拉楚喀副都统衙门全宗, 珲春副都统衙门全宗, 长芦盐运使司全宗, 会议政务处全宗, 銮仪卫全宗, 巡警部全宗, 醇亲王府档案, 总理练兵处全宗, 神机营全宗, 京师高等审判厅·检查厅全宗, 近畿陆军各镇督练公所全宗, 税务处全宗, 理藩部全宗, 方略馆全宗, 舆图汇集, 都察院全宗, 军谘府全宗, 资政院全宗, 步军统领衙门, 北洋督练处, 钦天监, 国子监, 乐部, 陵寝礼部, 太仆寺, 太常寺, 光禄寺, 鸿胪寺, 翰林院, 大理院, 会考府, 清理财政处, 管理前锋护军等营事务大臣处, 健锐营, 火器营, 侍卫处, 尚虞备用处, 禁卫军, 京城巡防处, 京城善后协巡总局, 京防营务处, 禁烟总局, 赵尔巽

4) 정보원 관련서비스

다음과 같은 다양한 종류의 서비스가 제공되고 있다.

(1) 참고서비스
명·청의 기록물 검색 및 참고서비스를 제공하고 있다.

(2) 마이크로필름서비스

(3) 문헌복사복제서비스

(4) 수리보수장정서비스
파손된 기록물에 대해서는 수리보수서비스를 제공하며, 고서나 선장(線裝) 등은 장정서비스를 제공한다.

(5) 디지털화서비스

5) 출판물

(1) 사료집
관련 사료(史料)집을 출판하고 있으며, 홈페이지에 제공되고 있는 대표적 사료집은 다음과 같다.
- *澳门问题明清珍档荟萃*
- *京师大学堂档案选编*
- *中国明代档案总汇*
- *清宫热河档案*
- *广州历史地图精粹*

(2) 학술논문집

다음의 각 학술논문집의 목록이 홈페이지에 제공되고 있다.

- *明淸档案论文选编*

- *明淸档案与历史硏究*

    이는 중국제일역사당안관육십주년기념논문집으로 1988년에 중화서국
    (中華書局)에서 출판하였다.

- *明淸档案与历史硏究论文选*

    1995년 중국제일역사당안관 편으로 국제문화출판공사(國際文化出版公
    司)에서 출판하였다.

- *明淸档案与历史硏究论文集 庆祝中国第一历史档案馆成立70周年*

    2004년 중국제일역사당안관 편으로 중국우의출판공사(中国友谊出版公
    司)에서 출판하였다.

6) 정기간행물

1981년 중국제이역사당안관과 연합으로 계간지 역사당안(*歷史檔案*)을 창간하
였으며, 이후 1984년부터 중국제일역사당안관이 독자적으로 간행해 오고 있다.
홈페이지를 통하여 1999년부터 2004년까지의 기사색인이 제공되고 있다.

7) 시청각기록

이는 텔레비젼으로 방영된 청궁비당(*淸宮秘檔*)이라는 문헌기록작품으로 현재
DVD로 중문판과 영문판으로 제작되었다.

8) 데이터베이스

'청대문헌기록전문데이터베이스화(全文數字化淸代檔案文獻數据庫)' 사업의 일

환으로서 제1기 구축결과물은 다음과 같다.

- *大清历朝实录*
- *大清五部会典*

SAAC

The State Archives Administration of the People's Republic of China

中華人民共和國國家檔案局(中央檔案館)

중화인민공화국당안국(중앙당안관)

1 기록관

1) 소재사항

소재국가	중국
주　　소	中國 北京市西城区丰盛胡同21号 邮编: 100032
전　　화	+10 6617 6354
전자우편	dajwebmaster@china.com.cn
홈페이지	http://www.saac.gov.cn/

2) 성격

중화인민공화국당안국(SAAC: The State Archives Administration of the People's Republic of China, 中華人民共和國國家檔案局)은 중국 국무원(國務院) 직속의 국가기록물관리사업을 주관하는 최고행정관리기구이자 국가급당안관 및 중앙기록물관리기관인 '중앙당안관(中央檔案館)'이다. 이는 중앙당안관과 합병되어 전국 기록물관리사업 관련 행정기구와 중앙의 기록물 보관 및 이용의 두 기능을 수행하고 있다.

3) 설립연혁

- 1953년 9월 8일 중앙사무청비서처(中央辨公廳秘書處)에서 당, 정, 군 각 계통에 기록관리사업 지도기구의 설치를 제안하였다.
- 1955년 11월 '국가당안국조직간칙' 규정에 따라 국무원 직속의 중국의 국가 기록물관리사업을 주관하는 최고의 행정기구로 탄생하였다.
- 1993년 12월 국가기록관인 중앙당안관(中央檔案館)과 하나의 기구로 합병되었다.

4) 설립목적

국가기록물의 통일관리라는 기본적인 원칙하에 다음과 같은 목적을 두고 있다.
① 국가급 기록물관리기구의 건립기획, 건설계획 및 지도
② 국가기록물의 보존가치 및 보관기한표준의 연구 및 심사
③ 국가기록물의 파괴문제 관련 감독 및 심의

5) 주요임무

① 전국 기록사업에 대한 통일적 계획 및 관리 사업을 실시한다.
② 당과 국가 중앙기관의 중요 기록자료를 통일적으로 관리하고, 당과 국가기밀을 지키며, 기록의 완전한 유지, 기록자료의 안전을 확보한다.
③ 당과 국가중앙기관의 중요 기록자료를 접수, 수집, 정리, 보관하고, 기록업무의 과학적 관리와 현대적 건설을 추진하며, 기록 편연(編研) 출판업무를 수행하고 사회이용에 제공한다. 국외에 흩어진 중국 기록자료와 중국관련 기록문서와 사료를 수집한다.

④ 기록관리전문가 양성 계획을 제정하고 기록전문교육과 기록전문간부 양성 사업을 조직한다. 기록전문기술 직무 평가 관련 업무를 책임진다.
⑤ 당중앙과 국무원(国务院) 상호교류의 관련 사무를 완성한다.

6) 조직

국가당안국과 중앙당안관의 합병기구로서 1인의 국장(겸 관장)과 4인의 부국장(겸 부관장)으로 구성되어 있다.

7) 주요사업

'중국기록문헌유산사업(中國檔案文献遺産工程, 이하 약칭 유산사업)'을 전개하고 있다.

- 이는 중국 기록문헌 유산의 확정, 보호, 관리 및 이용에 대한 계획 및 조치를 이른다. 1996년 국가당안국이 '세계기억사업 중국위원회'를 조직하고, 국가당안국 부국장, 중앙당안국 부관장으로 5인의 위원회를 선출하여 위험에 놓인 중국의 기록문헌유산 조사를 실시하였다.
- 국가당안국은 2000년 정식으로 '유산사업'을 시작, 동시에 '유산사업' 과제팀을 설립하고 연구를 시작, 원고 '중국기록문헌유산사업총계획(中國檔案文献遺産工程總計劃)'을 작성하였다.
- 2001년 5월 '유산사업'을 전면적으로 전개하기 위하여 북경에서 '세계기억사업' 및 '중국기록문헌유산사업' 좌담회를 개최하였고, 이를 통하여 '중국기록문헌유산사업총계획'을 통고, 전국적으로 보고토록 시작하였다.
- 2002년 8월 '중국기록 문헌유산사업' 국가자문위원회심의회를 조직하고 48건의 기록문헌으로 첫 번째의 '중국기록문헌유산명록(中國檔案文献遺産名錄)'을 평가하여 통과시켰고, 두 번째는 2002년 7월에 시작하였다.

8) 관련법률

(1) 법률

- 중화인민공화국당안법(中華人民共和國檔案法)
- 당안법(檔案法, 영어)
- 중화인민공화국당안시행규칙(中華人民共和國檔案法實施辦法)

(2) 규정

- 당안행정허가절차규정(檔案行政許可程序規定)
- 국유기업문서재료당안화시행법(國有企業文件材料歸檔辦法)
- 전자공문당안화관리임시시행법(電子公文歸檔管理暫行辦法)
- 예술당안관리시행법(藝術檔案管理辦法)
- 기업당안관리규정(企業檔案管理規定)
- 중대건설항목검수시행법(重大建設項目檔案驗收辦法)
- 국방과기공업고정자산투자항목검수시행법(國防科技工業固定資産投資項目檔案驗收辦法)

(3) 표준

- 당안업무업종표준목록(檔案工作行業標準目錄)
- 당안업무국가표준목록(檔案工作國家標準目錄)

9) 관련기관

- 중국제일역사당안관(中國第一歷史檔案館)
  홈페이지: http://www.lsdag.com/
- 중국제이역사당안관(中國第二歷史檔案館)
  홈페이지: http://www.shac.net.cn/

- 중국당안보사(中國檔案報社, 중국당안정보네트워크(中國檔案資訊網))
  홈페이지: http://www.zgdazxw.com.cn/
- 중국당안출판사(中國檔案出版社)
- 당안과학기술연구소(檔案科學技術研究所)
  홈페이지: http://www.saac.gov.cn/yqlj/txt/2005－05/25/content_79311.htm
- 중국당안잡지사(中國檔案雜志社)
- 중국당안학회(中國檔案學會; WDJJ, 계속교육원지(繼續敎育園地))
  홈페이지: http://www.wdjj.cn/

2 정보원

1) 정보원 열람 및 배포정책

중국의 대표적 국가기구이자 국가기록관으로서 '정책법규' 부분에서 중국의 주요 기록 및 기록관리 관련 법률(중국어, 영어), 규정, 표준 등의 원문을 제공하고 있다. '당안문적(檔案文摘)'은 국가당안국 관방망참(官方網站)에서 편집한 주요 기록물관련 기록의 원문을 제공하고 있다. '정기간행물'은 각 호별 기사의 목록을 소개하고 있으며, '다운로드센터(下載中心)'에서 중국의 각종 목록이나 규범 등을 무료로 다운로드받을 수 있다.

2) 주요 기록물(檔案文摘)

국가당안국 관방망참에서 편집한 주요 기록물과 발표시기는 다음과 같다. 2008년 1월 현재 2007년 12월 31일의 기록을 제공하고 있다.

- 古代诗人的 "雅称"(2007年12月31日)

- 鲁迅与 "大内档案"(2007年12月31日)
- 要做就要做得最好: 记金华市金东区源东乡政府档案员张明忠(2007年12月31日)
- 从银行小学徒到档案学导师－－我所认识的吴宝康教授(2007年12月31日)

3) 다운로드센터(下載中心)

- 2007년제1호현행유효규장목록고(公告2007年第1号现行有效规章目录)
- 2007년제1호폐지규장목록공고(公告2007年第1号废止规章目录)
- 중대건설항목기록수집법(重大建设项目档案验收办法)
- 마이크로폼기록디지털화기술규범(缩微胶片档案数字化技术规范)(의견수렴본)
- 기업기록업무규범(企业档案工作规范)(의견수렴본)

4) 연속간행물(雜志)

연속간행물로서 *中國檔案*이라는 표제하에 '2007년 총목록(1)'에서 '2007년 총목록(4)'까지의 기사의 색인을 홈페이지에 제공하고 있다.

5) 당안출판새소식(檔案出版新訊)

현재 중국당안출판사의 2008년 출판계획을 제공하고 있다.

5.8 한국

NAK

National Archives of Korea

한국국가기록원

① 기록관

1) 소재사항

소재국가	한국[47]
주　　소	대전광역시 서구 선사로 139 정부대전청사 2동
전　　화	대전 국가기록정보센터 +42 481 6300~5
	서울 기록정보센터 +2 720 2721; +2 732 2407
	부산 역사기록관 +51 550 8000; +51 550 8020
팩　　스	+42 472 3906
홈페이지	http://www.archives.go.kr/

---

47) 정식명칭은 대한민국(大韓民國, Republic of Korea)이다. 수도: 서울특별시, 공용어: 한국어, 면적: 99,538km², 인구: 48,422,644명(2005년), 통화: 원(KRW, ₩).

2) 성격

한국국가기록원(NAK: National Archives of Korea)은 한국 전체의 기록관리 정책을 수립하고 공공기관의 기록관리 활동을 지원하며, 각급기관에서 생산된 주요기록물을 보존·관리하는 한국의 국가기록관이다.

3) 설립연혁

- 1962년 5월 내각사무처 총무과 촬영실을 개설하여 정부 중요기록물에 대한 M/F촬영을 개시하고 한국의 기록보존 역사의 계승사업으로 시작되었다.
- 1969년 8월 23일 총무처 소속으로 '정부기록보존소'로 설립되어 본격적으로 정부의 영구보존대상 문서, 도면, 카드 등을 집중 보존·관리하기 시작하였다.
- 이후 1984년 11월 1일 조선시대 사고의 전통을 계승하여 금정산 기슭에 현대적 보존 시설인 부산지소를 개소하였다. 1998년 2월 행정자치부로 소속이 변경되고, 같은 해 12월 정부대전청사로 본소를 이전하고, 서울사무소를 개소하였다.
- 2004년 4월 국가기록원으로 명칭을 변경하였고, 2005년 기존의 부산지소와 서울사무소는 각각 부산기록정보센터와 서울기록정보센터로 개편하였다.
- 2007년 나라기록관과 대통령기록관을 개관하고, 부산지원을 역사기록관으로 개편하였다.

4) 비전 및 임무

세계일류 기록국가 실현을 위하여 다음과 같은 4대 정책목표와 10대 이행과제를 비전 및 임무로 수행한다.

① 기록관리혁신 기반 구축. 기록관리제도 혁신, 기록관리 인프라 구축, 공직사회 기록문화 쇄신을 주 내용으로 한다.

② 기록물 수집관리 체계 강화. 수집체계강화, 기록물 기술 및 체계 개선, 공공기록물관리 체계개선을 주 내용으로 한다.

③ 기록정보 공개 및 열람 확대. 기록정보 공개 및 열람 관련 기반 구축과 서비스 확대를 주 내용으로 한다.

④ 기록관리 프로세스 및 시스템 정리. 업무기반의 전자기록관리 프로세스 설계, 전자기록관리시스템 구축을 주 내용으로 한다.

5) 조직

기록정책부, 기록관리부, 기록정보서비스부 외에 부산지원, 대통령기록관리팀과 서울기록물정보센터로 구성되어 있다. 본원의 경우 기록정책부, 기록관리부, 기록정보서비스부로 조직되어 있으며, 부산지원의 경우 기록정보서비스부, 기록관리부, 행정지원팀으로 조직되어 있다. 그 중 본원의 세부 조직 구성은 다음과 같다.

(1) 기록정책부

교육평가팀, 기록표준화팀, 프로세스혁신팀, 제도기획팀, 총무팀으로 구성되어 있다.

(2) 기록관리부

보존복원센터, 보존관리팀, 수집관리팀, 수집기획팀으로 구성되어 있다.

(3) 기록정보서비스팀

홍보서비스팀, 기록정보화팀, 공개관리팀, 평가기술팀으로 구성되어 있다.

6) 기록관리체계

국가기록원의 기록관리체계는 정부혁신지방분권위원회, 국가기록물관리위원회, 대통령비서실, 관계기관협의회, 기록관리혁신자문단, 행정부, 공공부분, 국회, 법원 등과 밀접하게 연계되어 있다. 그 중 정부혁신지방분권위원회, 국가기록물관리위원회, 대통령비서실에서 수행되는 주요업무는 다음과 같다.

(1) 정부혁신지방분권위원회

기록관리혁신과제 추진상황의 점검, 관련법의 방향 및 내용 제시, 국가기록관리 표준방향의 제시를 담당한다.

(2) 국가기록물관리위원회

영구기록물관리기관 간의 협력사항 심의, 기록관리 표준의 제정, 개정 및 폐지의 심의를 담당한다.

(3) 대통령비서실

대통령비서실 기록관리시스템의 구축, 기록관리 기준과 표준모델의 마련을 담당한다.

7) 주요계획

공직 사회의 기록문화쇄신을 위한 '기록관리혁신 종합계획'은 다음과 같다.

(1) 기록관리혁신방향

① 투명하고 책임 있는 기록행정의 구현

② 기록관리 전 과정의 전자화

③ 고객중심의 기록정보 서비스의 확대

④ 기록관리 혁신역량의 강화

(2) 기록혁신 비전과 목표

① 책임 행정의 구현. 모든 공적기록의 철저한 관리

② 업무 혁신의 강화. 범정부 전자기록관리 체계 구축

③ 국민 참여의 촉진. 기록정보의 공개활용 확대

④ 혁신 역량의 강화. 기록관리 체계 혁신 및 인프라 구축

(3) 기록 혁신 단계별 추진 전략

① 2006년 법·제도 및 시스템 기반의 구축

② 2008년 기록관리 시스템의 고도화

③ 2013년 선진기록관리체계의 완성

(4) 기록혁신 3대 약속(3WBA: World Best Archives)

① 모든 공적 행위의 철저한 기록화

② 고객만족의 기록정보서비스 실현

③ 디지털 아카이브 구현 및 다양한 서비스 제공

8) 주요행사

(1) 기록엑스포 2008(National Archives of Korea Expo 2007, NAKE 2007)
- 전시기간: 2007년 11월 1일~11월 3일
- 전시장소: 서울무역전시관(SETEC) 제1전시관 및 국제회의실
- 전시주제: 대한사람 대한역사 기록으로 보존하세
- 전시내용: 기록혁신 사례를 포함한 기록물 전시 및 기록보존장비를 전시
  하고 기록문화 체험행사 및 세미나 등 다양한 부대행사 개최

- 후원기관: 교육인적자원부, 산업자원부, 문화관광부, 정보통신부, 중소기 업청, 전자신문사
- 주최기관: 행정자치부 국가기록원
- 주관기관: (사)한국기록관리협회, 한국기록관리학회

(2) 제2회 기록관리 포럼
- 주제: 뉴패러다임, 웹 아카이빙
- 일시: 2008년 6월 27일 금요일 14:00∼17:40
- 장소: 국가기록원 나라기록관

9) 국제활동

(1) 국제기구

① ICA(International Council on Archives)

이는 세계 각국의 기록관리기구 및 기록관리자 상호 간의 교류협력 및 정보교환을 위하여 1950년 8월 파리에 설립된 국제기구이다. 현재 170개국이 가입되어 있으며, 우리나라는 1979년 7월 A급 회원으로 가입하였다.

② EASTICA(East Asian Regional Branch of ICA)

이는 동아시아 각국의 기록관리 정보·기술 교류를 위하여 1993년 7월 중국 북경에서 설립된 ICA의 지역협의회이다. 우리나라는 1993년 창립 회원으로 가입하여 활동 중이며, 현재 우리나라를 포함하여 중국, 일본, 북한, 몽골, 홍콩, 마카오 등 7개국으로 구성되어 있다.

(2) 중국과의 교류

1996년 9월 중국 국가당안국(國家檔案局) 대표단의 본 기관 방문을 시작

으로 기록물수집·직원연수 등 양국 간 협력방안을 논의하는 등 1997년 6월 '한·중기록물교환프로그램' 체결, 2001년 7월과 2004년 12월 두 차례에 걸쳐 재체결하였다.

(3) 러시아와의 교류

1996년 12월 러시아연방 문서관리국과 기록물 교류협력에 관한 약정 체결을 위한 의정서를 교환하고, 2000년 11월 '한·러기록보존교류협정'을 체결하였다. 2005년 9월 러시아 연방기록관리청과 기록물 사본 교환 조건에 관한 의정서 체결, 러시아 국립사회정치사 문서관리소와 협력에 관한 약정 체결, 러시아 연방국립문서관리소와 기록물 정보협력과 이용에 관한 협약을 체결하였다.

(4) 몽골과의 교류

2001년 10월 한국대표단이 한·몽골 기록보존 교류협력 방안 협의를 위한 몽골방문을 시작하여 2002년 10월 '한·몽기록관리교류협정'을 체결하였다.

10) 서비스헌장

국가기록원은 민원행정서비스를 위한 다음과 같은 서비스헌장을 두고 있다.
- 국민은 당연히 친절한 서비스를 받을 권리가 있고, 공무원은 국민에게 열과 성을 다하여 친절서비스를 제공할 의무가 있다는 것을 깊이 인식하겠다.
- 찾아오시는 민원인에게 불편함이 없도록 하고 최대한 만족을 드리겠다.
- 모든 민원은 국민의 입장에서 생각하며 친절하고 신속, 공정하게 처리하겠다.
- 국민에게 불친절한 부당한 행정처리로 불편을 초래할 경우는 즉시 시정함과 아울러 응분의 보상을 하겠다.
- 정책수립과 집행과정에서도 국민의 의견을 존중하며 적극 반영하겠다.

11) 관련법률

(1) 기록물분류기준표

2004년 1월부터 전면 시행되었다.

(2) 공공기록물관리에 관한 법률

이는 1999년 1월 22일 국가 전반의 기록들을 체계적으로 관리할 수 있는 기록물관리 관련 기본법으로 제정된 '공공기관의기록물관리에관한법률'을 2006년 10월 전면적으로 개정한 것이다. 2007년 4월부터 시행되었다.

12) 주요 시범사업

① 프라하 원고본(原稿本, Manuscripts of Prague) 사업
② 라지빌 연대기(Radzivil Chronicle) 사업
③ 성 소피아(Saint Sophia) 사업
④ 사나 원고본(原稿本, The Sana's Manuscripts) 사업
⑤ 이베로 아메리카의 기억(Memoria de Iberoamerica) 사업
⑥ 칸딜리 천무대의 원고본(原稿本, Manuscripts of Kandilli Observatory) 사업
⑦ 러시아의 기억(Memory of Russwia) 사업
⑧ 아프리카 엽서(Africa Postcards) 사업
⑨ 다르 알 쿠툽의 보물(Treasures of Dar Al Kutub) 사업
⑩ 빌니우스 대학 필사본(Manuscripts of Vilnius University) 사업
⑪ 라틴아메리카 및 카리브 지역의 사진 컬렉션(Photographic Collection in Latin America and the Caribbean) 사업

13) 관련기관

다음은 국가기록원의 관련기관이다.

- 국립중앙도서관

  홈페이지: http://www.nl.go.kr
- 국사편찬위원회

  홈페이지: http://kuksa.nhcc.go.kr
- 국회도서관

  홈페이지: http://www.nanet.go.kr
- 규장각

  홈페이지: http://kyujanggak.snu.ac.kr
- 한국영상자료원

  홈페이지: http://cinematheque.or.kr
- 한국국가기록연구원

  홈페이지: http://www.rikar.org/
- 한국기록관리협회

  홈페이지: http://www.girok.or.kr/

② 정보원

1) 정보원 열람 및 배포 정책

소장정보원은 온라인신청서비스와 온라인공개열람신청서비스, 정보공개서비스 등을 통하여 열람되며, 국가기록포털을 통하여 주제별 등으로 검색가능하다.

특히 국가기록원 발간자료 중 연간계획 등은 PDF로 제공되어 홈페이지를 통하여 열람가능하다. 연보의 경우 PDF 파일과 HWP 파일로 제공하고 있다. 견학이나 전시를 통하여 기록물의 일반인에게의 접근에 힘쓰고 있다.

2) 소장 기록물

문서류, 시청각기록물 등을 소장하고 있으며, 현황은 다음과 같다.

(1) 문서류(Documents)

일반문서, 해외기록물, 역사기록물을 포함하여 2006년 4분기까지의 소장기록물의 현황과 내용은 다음과 같다.

① 문서: 소계 1,343,931(권)
- 조선시대: 1,193(권), 조선왕조실록, 구황실문서, 기타
- 일제시대: 40,500(권), 조선총독부문서 등
- 정부수립후: 1,302,238(권), 각 기관 영구보존 이관기록물

② 도면: 소계 1,238,306(매)
- 조선시대: 6,936(매), 기상관측도 등
- 일제시대: 941,138(매), 지적원도, 국유림경계도, 삼각원도 등
- 정부수립 후: 290,232(매), 광구도, 청사설계도, 각종공사설계도 등

③ 카드
- 정부수립 후: 5,290,190(매), 인사기록, 병적카드, 공무원연금카드 등

④ 대통령재가문건: 소계 220,467(건), 역대 대통령재가문서

(2) 시청각(A－V)기록물

시청각류와 행정박물로서 합계 1,483,102(점)으로 현황은 다음과 같다.

① 시청각

소계 1,462,724(점)이며, 소장현황과 내용은 다음과 같다.
- 비디오류: 계 33,975(점)이며, 대한뉴스 및 기록영화, 대통령해외순방 등
- 오디오류: 계 9,401(점)이며, 대구하계유니버시아드 대회 개·폐회식, 대통령 신년사, 기자회견 등
- 사진류: 계 1,419,348(점)이며, 윤보선 대통령 청년시절, 역대 3부요인 및 역대장관인물 등
- 그림류: 계 98(점)이며, 그림(모사도)

② 행정박물

소계 20,378(점)이며, 소장현황과 내용은 다음과 같다.
- 비디오류: 계 33,975(점)이며, 대한뉴스 및 기록영화, 대통령해외순방 등
- 도안류: 계 11,691(점)이며, 서울세계박물관대회기념, 기념우표, 엽서, 화보, 팸플릿 등
- 행정박물류: 계 8,252(점)이며, 관인, 메달, 배지, 문장, 시계, 현판 등
- 스크랩류: 계 337(점)이며, 대통령집무일지, 국회의원수첩, 방명록 등
- 그림류: 계 98(점)이며, 그림(모사도)

(3) 간행물류(Publications)

계 350,866(건)이며, 소장간행물의 소장현황과 내용은 다음과 같다.

① 행정간행물: 계 276,438(점)이며, 기관별 수집 간행물이다.
② 일반도서류: 계 74,428(건)이며, 일반출판사 발행도서이다.

(4) 마이크로필름류(Micro - films)

계 3,774(롤)이며, 미국, 영국, 프랑스, 독일, 중국, 일본 등에서 수집한 한국관련 마이크로필름 기록물이다.

3) 소장 특수기록물

(1) 역대 대통령관련 기록물

역대 대통령관련 기록물은 문서류, 시청각류, 전자기록물류, 행정박물 등이 포함된다. 전체 합계 295,070(건), 문서류 소계 184,442(건)(대통령비서실 소계 130,061(건), 각급기관 소계 54,381(건), 시청각류 소계 79,605(점), 전자기록물 소계 30,624(점), 행정박물 등 소계 399(점)을 소장하고 있다. 각 역대 대통령관련 기록물의 전체 소장 현황은 다음과 같다.

- 이승만: 8,822(건 및 점)
- 허정: 184(건 및 점)
- 곽상훈: 1(건 및 점)
- 윤보선: 2,062(건 및 점)
- 박정희: 38,774(건 및 점)
- 최규하: 2,641(건 및 점)
- 박충훈: 25(건 및 점)
- 전두환: 39,211(건 및 점)
- 노태우: 20,212(건 및 점)
- 김영삼: 1,842(건 및 점)
- 김대중: 170,296(건 및 점)

(2) 해외소재 한국관련 기록물

1981년의 미국국무성 외교훈령에서부터 2005년의 일제시기 '동방노력자공산대학' 등 기록물에 이르기까지 문서 146권, 250,912매, 마이크로필름 기록물 3,774롤, 지도 419점, 시청각류 571점, 사진 및 서신 등 328점을 소장하고 있다.

(3) 국내 민간기록물

1977년의 규장각 소장기록물과 조선시대 중앙 및 지방관의 고문서에서부터 2005년의 일제강제연행자명부에 이르기까지 마이크로필름 57롤, 문서 584권, 753매를 소장하고 있다.

4) 소장 WEB-DB

(1) KRPIA

- 한국역대제도용어사전
- 한국학언어용어사전
- 한국인명대사전
- 한국역사지명사전
- 한국지방사자료총서
- 디지털한국사 등

전화번호: +42-481-6246

홈페이지: http://www.krpia.co.kr

(2) DBPIA

- 345개 학회 52만 편의 국내 학술지 논문 DB
- 기록학연구, 문헌정보학회지 등

전화번호: +42-481-6246

홈페이지: http://www.dbpia.co.kr

(3) 동방미디어
- 민족문화대백과사전
- 한성순보 · 한성주보
- 매일신보
- 일제시대민족지압수기사모집
- 한국연표
- 조선시대법전
- 한국전적인쇄사
- 해외독립운동유적지 등

접   속: 대전, 부산 및 서울센터 내에서만 가능
홈페이지: http://gate.dbmedia.co.kr/archives

5) 주요 컬렉션

국가기록원 소장의 주요 컬렉션의 내용과 보유현황 및 검색방법은 다음과 같다.

(1) 조선총독부 기록물

조선총독부 기록물은 일제강점기에 조선총독부에 의해 생산된 기록물로서 한국의 독립운동 및 일제의 식민통치 실상 등을 규명하거나 각종 신분, 재산을 증빙하는 데 활용되는 매우 귀중한 국가기록이다. 2007년 현재 문서 약 3만 3천여 건, 도면 85만여 매와 1945년 이전 조선총독부 문서과에서 관리했던 조선총독부 자체 문서만도 약 14,000건이다.

(2) 독립운동관련 판결문 컬렉션

국가기록원이 소장하고 있는 형사사건 판결문 중 일제강점기하의 독립운동관련 판결문 약 4,300여 건에 대한 원문정보, 판결주문해제내용, 사건

개요 등을 보다 쉽고 편리하게 찾아볼 수 있도록 구축한 컬렉션이다.

(3) 국무회의관련 컬렉션

국정을 위해 대통령 및 국무총리와 15명 이상 30명 이하의 국무위원으로 구성되는 정책회의인 국무회의 관련 공개된 회의록이다. 국무회의관련 기록물은 누구나 열람이 가능하며, 국가기록원에서는 국무회의관련 기록물의 원문을 자체 뷰어로 서비스하고 있다. 소장현황은 다음과 같다.

① 일반 문서류
- 국무회의록(1949~2001) 230건
- 국무회의 안건철(1949~2001) 1,675건
- 기타 국무회의관련 기록물

② 시청각기록물
- 녹음테이프 카세트 35점
- 녹음테이프 릴 16점
- 비디오테이프 160점
- 사진 705점

(4) 지적관련 컬렉션
- 지적이란 국가기관이 국토의 전체를 필지 단위로 구획하여 토지에 대한 물리적 현황과 법적 권리관계 등을 등록 공시하고 변동사항을 연속적으로 등록 관리하는 국가의 제도이다. 따라서 지적관련 기록물이란 지적을 명확하게 하기 위하여 작성된 토지대장 · 지적도 · 임야대장 · 임야도 · 수치지적부(數値地籍簿)로서 내무부령이 정하는 바에 의하여 작성된 대장 및 도면과 전산정보처리조직에 의하여 처리할 수 있는 형태로 작성한 파

일(지적법 2조 1호)을 의미한다.

- 국가기록원에는 조선총독부의 토지조사사업 시행당시 작성된 토지조사부, 임야조사부, 지적원도, 임야원도와 분배농지 상환대장, 분배농지부 등의 지적 관련 기록물을 소장하고 있다. 이러한 기록물은 각 자치단체에서 오랫동안 보관해 오다가 서울의 경우 토지조사부는 1985년, 상환대장은 1981년, 경기지역은 토지조사부 1990년, 상환대장은 1985년 등 1980년대부터 최근까지 점차적으로 국가기록원으로 이관된 것이다. 이관된 문서의 보존매체를 보면 중요도와 활용도가 높은 기록물은 스캐닝 작업 후 광디스크에 수록하여 광파일 형태로 또 활용도가 비교적 낮은 기록물은 마이크로필름 형태로 보존하고 있다.
- 기록물검색방법은 옛 지명을 모르더라도 현재 지도를 통해서 원하는 지역의 기록물을 찾을 수 있는 '지도검색', 옛 지명을 알고는 있지만 정확한 명칭을 모를 경우 기록물의 옛 지명 리스트를 통하여 원하는 지역의 기록물을 찾을 수 있는 옛 지명검색, 정확한 지명을 알고 있어 직접 기록물의 지명을 입력하길 원하거나 기록물의 종류별·연도별로 조건검색을 할 수 있는 상세검색의 세 가지 방법이 있다.

(5) 정책정보 컬렉션

정책정보 컬렉션은 일선 공무원의 업무처리에 필요한 기초 행정자료나 중간 관리자 및 정책결정자의 의사 결정을 돕는 각종 정책정보를 체계적으로 수집, 분류, 정리하여 활용토록 구축한 사이트이다. 양질의 정책정보 확보 및 종합적 관리와 대국민 원스탑(One-stop) 서비스 제공을 목적으로 한다. 주로 국가기록원이 소장하고 있는 정부간행물 중 연구조사 보고서와 사업보고서가 제공된다.

(6) 관보 컬렉션

① 관보(官報)는 정부의 정보인 뉴스미디어로서 민간에서 발행하는 뉴스와는 달리 국가의 정보를 국민에게 알리기 위해 발행되는 일종의 정기간행물이다. 현재 다음과 같은 관보의 원문을 이용할 수 있다.

- 1910~1945: 조선총독부관보(국립중앙도서관 연계)
- 1945~1948: 미군정청관보
- 1948~2000: 정부수립 직후 1948년부터 2000년도까지 관보

② 2000년 이후: 전자관보(행정자치부 전자관보 연계)

③ 검색방법은 고시명, 관보호수, 고시호수, 관보종류, 편찬구분, 게재의뢰기관 등 관보가 포함하고 있는 항목을 다양하게 제공하는 키워드검색과 관보의 발행일자 및 기간으로 탐색하는 날짜별 검색의 두 가지가 있다.

(7) 일제 강제연행자명부 컬렉션

일제 강제연행자명부는 일제말기 강제로 연행된 한국인들이 등재되어 있는 명부이다. 일본 후생성(厚生省)과 일본 각 기업 등에서 작성한 이 명부는 1971년 『피징용사망자연명부(被徵用死亡者連名簿)』의 인수를 제1차로 하여 노태우 대통령의 방일(訪日)을 전후한 1991년~1993년 4차례에 걸쳐 일본정부로부터 전달받은 것들이다. 국가기록원은 현재 일제 강제연행자명부(480,693명) 중 452,678명분(94.2%)을 공개하고 있다. 다만 이력(履歷), 병력(病歷) 등 개인 신상이 자세히 기록되어 있거나 '군위안부'가 포함된 명부(28,015명분, 5.8%)만은 이해관계인에만 공개하고 있다. 국가기록원은 1996년 이관받은 명부에 대해 마이크로필름 촬영을 완료하여 보존, 열람활용 중이므로, 명부의 직접 열람은 대전 본원은 물론 부산지원과 서울사무소에서도 가능하다.

(8) 대통령 컬렉션

대한민국 정부수립 이후 1대 이승만 대통령에서부터 15대 김대중 대통령에 이르기까지 한국의 역대 대통령관련 기록물과 행정박물을 제공하는 컬렉션이다. 제목, 생산기관, 생산년도 항목 중 하나 이상 입력하는 키워드로 검색가능하다.

6) 출판물(Publications)

국가기록원 출판물로서 기록보존, 기록관리연구회자료집, 국가기록연구 외에 국가기록원 소식지, 해제집, 편람, 홍보지, 목록집, 연보, 번역집 등이 있다.

(1) 기록관리연구회자료집

현재 *제7회 기록관리연구회자료집*(2007년 7호)이 PDF로 제공되어 있다.

(2) 연간계획

국가기록원의 주요 연간활동 관련 자료와 각 팀별 연간계획이다. 국가기록원의 주요 연간활동은 2005년부터 2007년도까지의 연간계획이 PDF로 제공되고 있다. 그 외에 2007년도 각 팀별 연간계획은 대통령기록관리팀, 총무팀, 제도기획팀, 프로세스혁신팀, 기록표준화팀, 교육평가팀, 수집기획팀, 수집관리팀, 보존관리팀, 보존복원센터, 평가기술팀, 공개관리팀, 기록정보화팀, 홍보서비스팀, 부산지원으로 구분하여 제공하고 있다.

(3) 연보

1969년 정부기록보존소로 출발하여 국가기록원이란 이름으로 면모를 새롭게 하기까지 우리나라의 공공기록관리 분야 발전의 역사와 그 궤를 함께 하여 왔으며, 연보에는 한 해의 국가기록원의 활동 내역이 수록되어 있다.

현재 PDF로 제공되는 연보는 다음과 같다.

- ***2007 국가기록백서***
- ***2006 국가기록연보***
- ***2005 국가기록연보***

7) 최근 비공개 해제 기록물

- 2006. 2. 29: 30년 경과(75년 생산) 재분류 공개
- 2006. 1. 18: 30년 경과(74년 생산) 재분류 공개
- 2006. 1. 18: 공개재분류목록(1973생산)

8) 최근 수집기록물

- 2007. 9. 18: 1948～1970년대 국세청생산 주요기록물 수집
- 2007. 7. 24: 대전세계박람회조직위원회 기록물 수집
- 2007. 7. 11: 오키나와 거주 일본군위안부 피해자 배봉기증언
- 2007. 7. 3: 최근 수집기록물 현황

9) 기록관

(1) 나라기록관

국가기록원 나라기록관(Nara Repository)은 1900년대 맥이 끊긴 우리나라 기록문화의 우수성을 보여 주는 팔만대장경 경판고, 조선시대 춘추관사고 등의 전통을 계승하는 기록관리시설이다. 나라기록관의 건물미관은 '역사 기록 보석함'을 상징한다. 보존서고를 중심으로 작업실동, 사무동, 전시 점·열람동, 파워플랜트 등 5개 영역으로 설계되었다. 2008년 현재 홈페이 지(http://nara.archives.go.kr/)가 개설되어 있다.

(2) 역사기록관

국가기록원 역사기록관의 전신은 1984년 11월 조선시대 사고의 전통을 계
승하여 금정산 기슭에 설치한 현대적 보존시설인 '정부기록보존소부산지
소'이다. 이는 2006년 12월 12일 '행정자치부국가기록원부산지원'으로 개명
하였다가 2007년 12월 30일 '행정자치부국가기록원역사기록관'으로 기관명
을 변경하였다. 2008년 2월 29일 '행정안전부국가기록원역사기록관(홈페이
지 http://busan.archives.go.kr/)'으로 기관명을 변경하여 오늘에 이르고 있다.

10) 정보원 관련서비스

다음과 같은 종류의 정보원 관련 서비스가 제공되고 있다.

(1) 온라인서비스
① 온라인 신청서비스
국가기록원이 소장하고 있는 전체 기록물 중 공개기록물을 대상으로
온라인으로 기록물 사본 신청을 한 후, 우편을 통해 사본을 받거나 직
접 방문하여 수령할 수 있는 서비스이다. 온라인상에서 직접 기록물을
제공하지 못하는 이유는 증거적 가치가 있는 기록물의 위변조 및 불법
유통을 방지하기 위함이다. 관보나 정책정보 컬렉션은 'One Stop'으로
기록물을 열람하고 있는 PC에서 출력이 가능하다. 다만 국가기록원의
전 기록물 중 20%만이 디지털화되어 있다.

② 온라인 공개열람신청서비스
검색 후 열람을 원하는 기록이 비공개일 경우, 온라인상에서 비공개기
록물 공개신청을 하는 서비스이다. 이 경우 비공개기록의 공개신청이
접수되면 국가기록원에서는 정보공개심의회가 개최된다. 심의회 결과에

따라 공개로 결정되면 기록물 온라인 신청이나 방문열람서비스를 이용할 수 있고, 비공개로 결정되면 제한열람을 신청할 수 있다.

③ 정보공개서비스

이는 국가기록원 본연의 업무를 수행하면서 생산한 기록을 공개하는 서비스이다.

(2) 방문열람서비스

대한민국 국민이나 거주민이 아니라 하더라도 누구든 국가기록원을 방문하여 국가기록원에서 제공하는 서비스를 이용할 수 있다. 방문 전에 먼저 국가기록원에 열람을 원하는 기록의 소장 여부를 전화, 이메일을 통해 문의하거나, 홈페이지의 '기록물검색' 메뉴를 이용해 기록물 소장 여부를 확인가능하며, 열람신청의 방법은 방문신청·우편 및 팩스신청·온라인신청의 세 가지가 있다. 한편 대전본원과 각 지역 정보센터 어느 곳에서든 모두 열람할 수 있도록 통합열람시스템이 구비되어 있다. 방문열람서비스 각 정보센터 소재지와 방문열람관련 사항은 다음과 같다.

- 국가기록원 본원 국가기록정보센터
  주   소   대전광역시 서구 선사로 139(둔산2동 920) 정부 대전청사 2동
              국가기록열람실 Ⅱ (101호)
  전   화   +42 – 481 – 6304/6305
  팩   스   +42 – 481 – 6372
  전자우편   ppokkari2@mogaha.go.kr

- 국가기록원 부산기록정보센터
  주   소   부산광역시 연제구 거제2동 산126번지 부산기록정보센터 1층

전　　화　　＋51 － 550 － 8025 ～ 6

팩　　스　　＋51 － 504 － 6963

전자우편　　addamora@mogaha.go.kr

• 국가기록원 서울기록정보센터

주　　소　　서울특별시 종로구 적선동 156번지 광화문플래티넘 201호

전　　화　　＋2 － 720 － 2721

팩　　스　　＋2 － 739 － 8944

전자우편　　mj555@mogaha.go.kr

• 국가기록정보센터

이용시간: 월요일～금요일 09:00～18:00

• 국가기록전시관

개관시간: 월요일～금요일 09:00～18:00

정례투어: 매일 13:30～14:10(40분간)

견학시간: 수～금요일 10:00～12:00, 14:00～16:00(중 택일)

11) 정보원 검색

국가기록포털(National Archives Portal Service, 홈페이지: http://contents.archives.-go.kr/)을 통하여 기록정보콘텐츠를 구축하여, 분야별·주제별로 각종 정보원을 검색할 수 있도록 하고 있다.

(1) 기록정보 콘텐츠

국가기록원은 기록정보에 대한 공개 활용을 확대하고 대국민 기록정보 서

비스를 개선하고자 2006년부터 구축, 서비스를 개시하였다. 국정의 전 분야에 걸쳐 기록으로 관리해야 할 사항을 국민에게 친숙한 주제구조로 제공하고, 국정분야를 28개로 나누고 각 분야별로 콘텐츠 주제를 선정, 주제에 대한 배경지식과 관련 기록물에 대한 정보를 제공하는 서비스이다.

(2) 정보원의 검색

다음과 같은 항목으로 구분하여 각종 정보원을 검색할 수 있도록 하고 있다. 유형별 검색과 검색항목은 다음과 같다.

① 국정 주제별 검색

공공질서, 과학기술, 교육, 국가보훈, 국무조정·감사·홍보, 국방·병무, 국토 및 지역개발, 노동, 농림해양수산, 문화체육관광, 법무·법제, 보건, 보육·가족·여성, 사회복지, 산업·중소기업, 수송 및 교통, 에너지 및 자원개발, 외교, 인사·조직·전자정부, 재난방재민방위, 재정·금융, 정보통신, 조달 및 물자관리, 지방행정·재정지원, 통계, 통상, 통일, 환경

② 주제별 유형 검색

정책·제도, 사업, 역사적 사건, 인물, 조직·기구, 사건·사고, 조약·회담, 회의, 행사·이벤트, 기타

③ 조직·기능별 검색

건설교통부, 경찰청, 공정거래위원회, 과학기술부, 관세청, 교육인적자원부, 국가보훈처, 국무조정실, 국무총리비서실, 국세청, 국토관리청, 기상청, 기획예산처, 노동부, 농림부, 농촌진흥청, 문화관광부, 문화재청, 법무부, 법제처, 병무청, 보건복지부, 산림청, 산업자원부, 여성가족부, 외교통상부, 재정경제부, 정보통신부, 조달청, 중소기업청, 통계청, 통일부

5.9 호주

NAA

National Archives of Australia

호주국가기록관

① 기록관

1) 소재사항

소재국가	호주[48]
주 소	PO Box 7425, Canberra BC, ACT 2610, Australia
전 화	+61 2 6212 3600
팩 스	+61 2 6212 3999
전자우편	archives@naa.gov.au/ref@naa.gov.au
홈페이지	http://www.naa.gov.au

---

[48] 오스트레일리아(Commonwealth of Australia, 濠州)는 6개 주와 2개의 자치령으로 구성된 연방 국가이다. 1901년 1월 1일 영국으로부터 독립하였다. 정식명칭: Commonwealth of Australia, 수도: 캔버라(Canberra), 면적: 7,741,220km², 인구: 약 20,623천명(2006.9.), 민족: 영국계(77%) · 기타 유럽 및 아시아계(21%) · 원주민(2.0%), 언어: 영어, 종교: 기독교(성공회 24% · 천주교 26% · 감리교 2.6% · 연합회 7.6% · 장로교 3.6% · 희랍정교 2.9% 등).

2) 성격

호주국가기록관(NAA: National Archives of Australia)은 호주정부의 정부기관이자 호주를 대표하는 공공기록관으로서의 업무를 담당하고 있다.

3) 설립연혁

호주국가기록관은 1983년 '기록법(Archives Act)'에 의해 설립되었다. 국가기록관 본부는 캔버라(Canberra)에 위치하고 있으며, 각 주정부기록관은 국가기록관의 지방사무소로 운영되고 있다.

4) 비전 및 임무

호주국가기록관의 임무는 다음과 같다.
① 호주정부기관의 기록 생성 및 관리 지원
② 호주정부기관에 의해 생성된 가장 가치 있는 기록들을 호주국가기록관 컬렉션으로 선정
③ 국가기록관 컬렉션의 저장, 기술 및 보존
④ 국가기록관 컬렉션의 기록을 대중의 이용에 제공

5) 조직

(1) 거버넌스(Governance)

호주국가기록관은 재정 및 규제완화와 관련된 집행기관으로서 국가특별장관(Special Minister of State)에게 보고의 의무를 갖고 있다. 호주국가기록관 자문위원회는 장관 및 기록관 관장에게 자문을 제공하고 있다.

(2) 자문위원회(Advisory Council)

2007년 12월 호주국가기록관 자문위원회가 발족되어 기록 및 기록관리 관련 사항에 대한 자문을 제공해 오고 있다.

6) 주요행사

최근 주요 행사로 '자유토론(Speaker's Corner: Max Dupain on Reflection)'을 실시하였다. 구체적으로 다음과 같다.
- 전시기간: 2007년 11월 1일~11월 3일
- 전시장소: 호주국가기록관 멘지스룸(Menzies Room)
- 전시주제: 막스 듀팡(Max Dupain)의 사진작품에 비춰진 호주
- 전시내용: 호주의 성장과 변화하는 성격을 반영한 막스 듀팡의 사진작품에 대한 토론회

7) 관련법률

- 1983년의 기록법(Archival Act)

8) 국제활동

- 호주국가기록관은 호주뿐 아니라 세계적으로 기록 및 기록관리에 관한 리더십을 발휘하고 있다.
- 호주의 가장 큰 기록 및 기록관리 관련 기관이자 국제기록커뮤니티의 활동적인 회원으로서 호주국가기록관은 디지털 기록유지, 기록 기술(description), 컬렉션 관리, 기록의 온라인접근, 교육 및 대중 프로그램의 일환으로 기록 사용, 디지털 보존을 포함한 기록자료의 보존 및 보전과 관련된 분야에서 그 전문성을 인정받고 있다.

• 구체적인 국제활동은 다음과 같다.

(1) 국제아카이브스협의회(ICA: International Council on Archives)

호주국가기록관은 현재 ICA와의 협동프로젝트를 이끌고 있다. 또한, 기록 관리를 위해 세계적으로 조화를 갖춘 소프트웨어 개발을 위한 호주디지털 이니셔티브를 수행 중이다.

(2) 국제아카이브스원탁회의컨퍼런스(CITRA: International Conference of the Round Table on Archives)

국가기록관 관장(Director‒General)은 매년 CITRA에 참석하여 아시아 및 오세아니아 지역의 대표역할을 수행한다.

(3) 인도네시아 국가기록관과의 양해각서(MoU with the National Archives of Indonesia)

• 2007년 2월 호주국가기록관은 인도네시아국가기록관(Archives Nasional Republik Indonesia)과 양해각서(MoU: Memorandum of Understanding)를 교환하였다.

• 이 양해각서의 목적은 두 기록관이 정보 및 출판물 교환, 전시회 및 워크숍 주최, 기록전문가 및 보존전문가 교환, 기록 및 기록관 관리에 대한 교육 강좌 제공, 기술적 협력 촉진을 통해 전문적인 협력을 촉진하고 능력함양 프로그램을 추진하는 데에 있다.

(4) ICA 태평양지역지부(PARBICA: Pacific Regional Branch of the ICA)

• PARBICA는 20개 이상의 태평양 국가 및 영역을 대표하는 정부기록관, 비정부기록기관 및 협회, 개인회원으로 구성되어 있다.

• 호주국가기록관은 PARBICA에서 PARBICA의 재정 및 웹사이트를 관리

하면서 탁월한 리더십을 발휘하고 있다.

- 호주국제개발처(AusAID)와의 협력을 통해 국가기록관은 솔로몬아일랜드 정부의 기록유지를 향상시키고 솔로몬아일랜드 국가기록관을 지원하는 프로젝트를 진행 중이다.
- PARBICA에 의해 지원받고 있는 태평양지역의 '굿가버넌스를 위한 기록유지(Recordkeeping for Good Governance)'를 위한 방안을 개발하는 프로젝트도 수행하고 있다.

(5) 국제방문, 컨퍼런스 및 포럼(International Visits, Conferences and other Forums)

국가기록관이 국제사회에 참여하는 하나의 방법은 기록관 직원의 다른 국가기록기관으로의 정기적 방문이다. 호주국가기록관의 직원들은 순차적으로 국제컨퍼런스 및 자문위원회 등에 참석한다.

(6) 호주기록및기록당국협의회(CAARA: Council of Australasian Archives and Records Authorities)

- 국가기록관의 장관은 CAARA를 통해 호주와 뉴질랜드의 국가 및 영역 기록전문가들과의 만남을 추진하고 있다.
- CAARA는 호주와 뉴질랜드 정부기록관 및 기록기관의 최고기관으로서, 호주국가기록관이 본부 및 웹사이트의 관리를 담당하고 있다.

2 정보원

1) 정보원 열람 및 배포 정책

소장정보원의 대부분은 홈페이지상으로 검색 및 열람가능하도록 제공되고 있다. 호주국가기록관의 홈페이지는 방대한 분량의 정보원을 제공하고 있다. 즉 '국가기록관 및 전문위원회에 의한 파일', '기록물 디지털화', '보도자료', '출판물' 등으로 구분하여 검색 및 열람에 제공하고 있다. 일반적인 키워드 검색뿐 아니라 이미지 검색과 기록물 검색을 따로 구분하여 대부분 PDF 파일로 원문이 제공되며, 온라인 열람 외에 방문을 통한 문서열람서비스 또한 제공하고 있다.

2) 국가기록관 및 자문위원회에 의한 파일(Files Created by the National Archives and its Advisory Council)

모든 자료는 PDF 파일로 제공되며, 2000년부터는 온라인 열람 및 문서파일 사본 요청에 의한 문서열람서비스가 모두 제공되고 있다. '*1 July to 31 December 2007* - Electronic and Paper Files'와 같이 파일생성일자별로 자료를 제공하고 있다.

3) 기록물 디지털화

해마다 국가기록관은 디지털화할 기록 시리즈를 선정하여 홈페이지상에서의 열람이 가능하도록 하고 있다. 2008년 현재 2006년과 2007년의 기록들이 디지털화되어 있다. 대표적인 기록물은 다음과 같다.

416

(1) 2007년

- *Alien Registration Documents 1939~64 D4878*
- *Commonwealth Railways Staff Record of Service Cards 1912~61 MP992/4*
- *Names of Aliens Who Made an Application to be Naturalised 1860~64 A6549*

(2) 2006년

- *Memorials of Naturalisation, South Australia 1865~1903 A711*
- *Records Created by the Special Intelligence Bureau during WWI 1917~18 BP230/2*
- *Correspondence Relating to Certificates of Exemption from the Dictation Test 1924~45 BP234/1*

4) 보도자료(Media Releases)

2008년 3월 현재 홈페이지에서 제공되는 최근 보도자료의 예는 다음과 같다.
- *Family Journeys Book Launch.* 19 March 2008
- *What's in a Name: Canberra or Frazer Roo?* 11 March 2008
- *Senator Faulkner to Launch Family History Day.* 26 February 2008

5) 출판물(Publications)

호주국가기록관의 발간자료는 다음과 같이 각 알파벳 순서의 제목, 주제, 형식별로 구분하여 제공하고 있다. 각 구분별 주요 출판물 또는 상세구분은 다음과 같다.

(1) 제목별(Title)

* ***Administrative Functions Disposal Authority***
* ***AGLS Metadata Element Set***
* ***Archival Quality Trademark: Rules of Use***
* ***Check-up: A Tool for Assessing Your Agency's Information and Records Management***
* ***Designing and Implementing Recordkeeping Systems(DIRKS) Manual***
* ***Making, Keeping and Using Digital Records***
* ***Recordkeeping and Online Security Processes: Guidelines for Managing Commonwealth Records Created or Received Using Authentication and Encryption***
* ***Why Records Are Kept: Directions in Appraisal***

(2) 주제별(Topic)

① 정보관리구조(Information Management Framework)

② IT 시스템(IT Systems)

③ 생산, 기록, 기술(Create, Capture and Describe)

④ 이용(Access)

⑤ 유지, 폐기, 이동?(Keep, Destroy or Transfer?)

⑥ 보안, 보관, 보존(Secure, Store and Preserve)

(3) 형식별(Format)

① 매뉴얼(Manuals)

② 보고서 및 브로슈어(Reports and Brochures)

③ 표준, 특정구분, 안내서(Standards, Specifications and Guidelines)

④ 방법(Tools)

6) 정보원 관련서비스

(1) 기록제공 관련 서비스

호주국가기록관은 다음과 같은 기록제공 관련 서비스를 제공하고 있다.

- 대중의 이용을 위한 확실한 기록제공
- 기록의 사본제공
- 열람실에서 이용가능한 기록제공

(2) 온라인서비스

① 국가기록관의 컬렉션, 서비스, 행사, 전시회에 대한 검색

② 국가기록관 데이터베이스를 이용한 컬렉션 기록 검색

③ 기록의 디지털이미지 열람

④ 일반 사본 및 기록의 온라인 디지털 사본에 대한 구매 및 지불

⑤ 국가기록관 컬렉션 기록에 대한 문의

⑥ 국가기록관 출판물의 열람 및 사본 구매

(3) 방문열람서비스

호주국가기록관의 방문열람가능 시간은 다음과 같다.

① 캔버라 본부(Canberra)

주   소   Queen Victoria Terrace, Parkes ACT 2600

전   화   +61 2 6212 3900

팩   스   +61 2 6212 3999

- 열람실

월요일~금요일 9:00~17:00, 토요일 9:00~17:00

• 전시갤러리(Exhibition Galleries)
  매일 9:00~17:00

② 시드니기록관(Sydney)

주 소	120 Miller Road, Chester Hill, NSW 2162
전 화	+61 2 9645 0110
팩 스	+61 2 9645 0108

• 개관시간
  수요일~금요일 9.:00~16:30, 토요일 9:00~13:00

③ 멜버른기록관(Melbourne)

주 소	Victorian Archives Centre 99 Shiel Street, North Melbourne, VIC 3051
전 화	+61 3 9348 5600
팩 스	+61 3 9348 5628

• 개관시간
  월요일~금요일 9:00am~4:30pm
  매달 두 번째와 마지막 토요일(국경일 제외) 9:00~16:30

참고문헌

국가기록원. http://www.archives.go.kr/.

국가기록원 관보. http://contents.archives.go.kr/next/gazette/viewMain.do.

공공기록물관리에관한법률.

국립중앙도서관. http://www.nl.go.kr/.

국립중앙도서관 정책정보서비스. http://www.nl.go.kr/policy/index.php.

국회도서관. http://www.nanet.go.kr/main/index.jsp.

국회도서관법.

김상호. 2003. "미국, 영국, 호주 지방기록보존소 간행물의 유형과 성격". *서지학연구.* 26: 175-196.

노영희, 한미경. 2008. *기록관련 국제기구 정보원.* 파주: 한국학술정보.

도서관법.

사공철 [등]. *한국문헌정보학사전.* 서울: 한국도서관협회.

서향기. 2008. 정부간행물의 납본 및 보존 개선방안에 관한 연구. 韓國外國語大學校 大學院 석사학위논문.

신춘희. 2006. 우리나라 정부간행물의 유통구조 개선에 관한 연구. 한남대학교대학원 석사학위논문.

안인자. 1993. 한국정부간행물에 대한 분류표 연구. 중앙대학교대학원 박사학위논문.

이세경. 2007. 공공기관 간행물의 납본체계 개선방안 연구: 지방자치단체를 중심으로. 충남대학교대학원 석사학위논문.

이윤식. 1994. *행정정보체계론.* 서울: 법문사.

日本国立印刷局(National Printing Bureau). http://www.npb.go.jp.

全國官報販賣協同組合. http://www.gov-book.or.jp.

전자정부법.

政府刊行物/官報/官報公告. http://www.gov-book.or.jp.

정부간행물판매센터. http://www.gpcbooks.co.kr/member/member01.php.

정부기록보존소. *각국 기록보존소의 건물현황*. 대전: 정부기록보존소.

최정태. 2006. *기록학개론*. 서울: 아세아문화사.

최정태 외. 2007. *기록관리학사전*. 서울: 한울아카데미.

한미경, 노영희. 2007. *기록관리학의 이해*. 파주: 진리탐구.

한미경, 노영희. 2008. *기록관련 주요기구 정보원*. 파주: 한국학술정보.

한상완 외. 2002. *한국 공공기관 기록보존 관리의 현황과 중장기 정책*. 서울: 한국기록
    관리학회 · 한국기록관리협회.

홍현진, 노영희. 2007. *국립중앙도서관 정책정보서비스 운영 및 발전방안연구*. 서울: 국립
    중앙도서관.

Access to Australian Government Publications. http://www.publications.gov.au.

AGIMO(The Australian Government Information Management Office).
    http://www.finance.gov.au/agimo/.

Carpenter, K. E. 2003. "Government Publications and the Development of Libraries".
    Alexandria − Aldershot. 15: 49 − 62.

Government of Canada Publication. http://publications.gc.ca.

Engle, S. 2003. "U.S. Government Publications About the Internet: A Review of Recent
    Titles Available On − line". *Communication Booknotes Quarterly*. 34(1): 7 − 18.

GPO. http://www.gpo.gov/.

GPO Access. http://www.gpoaccess.gov/.

Kendall, S. L. 2003. "Korean Government Publications: An Introductory Guide".
    Government Information Quarterly. 20(2): 207 − 208.

Lin, C. S. Eschenfelder, K. R. 2008. "Selection Practices for Web − based Government
    Publications in State Depository Library Programs: Comparing Active and
    Passive Approaches". *Government Information Quarterly*. 25(1): 5 − 24.

Notess, G. R. 2000. "Finding Online Government Publications". *EContent*. 23(3): 67 − 70.

______. 2003. "Government Information on the Internet". *Library Trends*. 52(2): 256 − 257.

TSO Online Bookshop. http://www.tsoshop.co.uk.

UK Official Publications. http://www.ukop.co.uk.

USC Title 44. http://www.access.gpo.gov/su_docs/fdlp/pubs/title44/index.html.

국문색인

영문색인

· 저자 ·

노영희
(魯榮姬)

·약 력·

연세대학교 문헌정보학과 정보학 박사
한국과학기술연구원(KIST) 자료실 연구원
한국정보공학(KIES) 정보검색엔진개발팀 팀장
이화여대 국제정보센터 자료실장
현) 건국대학교 문헌정보학과 교수
　　교육인적자원부 대학도서관 정책자문위원
　　DLS 표준관리위원회 위원

·주요 저서 및 논문·

「개념기반 검색을 위한 시소러스 관계의 효과적 활용방안에 관한 연구」
「주제별 분산 지식베이스에 의한 개념기반 정보검색 시스템의 성능향상에 관한 연구」
「A Study on Automatic Text Categorization of Internet Documents」
「A Study on the Estimation of Performance of Concept Based Information Retrieval
Model Using the Web」
「기계학습 기반 피드백 과정을 통한 SDI 시스템의 성능향상에 관한 연구」
「문헌정보학 교육과정의 특성화된 프로그램 개발 및 활용에 관한 연구」
『디지털콘텐츠의 이해』
『인문과학과 예술의 핵심 지식정보원』
『경제학의 핵심 지식정보원』
『2008 한국문헌정보학 교과과정』
『개념기반 정보검색 기법』
외 다수

한미경
(韓美鏡)

·약 력·

대만 National Taiwan University(國立臺灣大學) 대학원 도서관학과 석사
중국 Wuhan University(武漢大學) 정보관리대학 박사과정수학
이화여자대학교 문헌정보학과 박사
Harvard-Yenching Institute Visiting Scholar
한국국가기록연구원 연구위원
현) 국립중앙도서관 고전자료 해제위원
　　경기대, 건국대 문헌정보학과 강사

·주요 저서 및 논문·

「중국의 도시건설기록물 관리사업에 대한 고찰」
「譯科譜의 譯科人格者 再現에 대한 고찰」
「譯科類輯에 관한 연구」
「역과보(譯科譜)에 대한 서지적 연구」
「역과방목에 대한 서지적 연구」
「하버드옌칭도서관 소장 司馬榜目에 관한 고찰」
「『金泥石屑』千佛銅牌에 관한 연구」
「중국 근대출판물의 출현과 근대도서관의 발달과정」
「초기 한국성서와 중국성서의 서지학적 연구」
「北宋·高麗書籍交流之研究」
『기록관리학의 이해』
외 다수

국가기록관
지식정보원

초판인쇄 | 2009년 7월 1일
초판발행 | 2009년 7월 1일

지은이 | 노영희, 한미경
펴낸이 | 채종준
펴낸곳 | 한국학술정보㈜
주　소 | 경기도 파주시 교하읍 문발리 파주출판문화정보산업단지 513-5
전　화 | 031) 908-3181(대표)
팩　스 | 031) 908-3189
홈페이지 | http://www.kstudy.com
E-mail | 출판사업부　publish@kstudy.com

등　록 | 제일산-115호(2000. 6. 19)
가　격 | 36,000원

ISBN　978-89-268-0224-3　93060(Paper Book)
　　　　978-89-268-0225-0　98060(e-Book)